ノーベル経済学賞受賞

ダニエル・カーネマン
オリヴィエ・シボニー
キャス・R・サンスティーン

# NOISE《ノイズ》

## 組織はなぜ判断を誤るのか?

## 上

村井章子
訳

早川書房

# NOISE〔上〕

——組織はなぜ判断を誤るのか?

NOISE

*A Flaw in Human Judgment*

by

Daniel Kahneman, Olivier Sibony, and Cass R. Sunstein



Translated by

Akiko Murai

First published 2021 in Japan by
Hayakawa Publishing, Inc.
This book is published in Japan by
direct arrangement with
Brockman, Inc.

---

装幀／水戸部 功

ノガ、オリ、ジリへ　ダニエル・カーネマン
ファンティンとレリアへ　オリヴィエ・シボニー
サマンサへ　キャス・R・サンスティーン

上巻　目次

序章　二種類のエラー　9

# 第1部　ノイズを探せ　19

第1章　犯罪と刑罰　23
判断のノイズを減らすには　29
**量刑のノイズについて話そう**　34

第2章　システムノイズ　36
ノイズを生み出す偶然　37
ノイズ検査　40
望ましいばらつきと望ましくないばらつき　42
一致の錯覚　45
**保険会社のノイズについて話そう**　50

第3章　一回限りの判断　52
一回限り？　繰り返し？　53
一回限りの判断におけるノイズ　54
一回限りの判断におけるノイズ・コントロール　57
**一回限りの判断について話そう**　58

# 第2部　ノイズを測るものさしは？　59

第4章　判断を要する問題　65
判断の実験をしてみよう　66
内なるシグナル　70
判断を評価する　73
評価的判断　76
ノイズの何が問題か　77
ノイズは計測可能である　79
**プロフェッショナルの判断について話そう**　80

第5章 エラーの計測 81
ノイズを減らすべきか？ 82
平均二乗誤差 86
誤差方程式 90
ノイズのコスト 96
**誤差方程式について話そう** 98

第6章 ノイズの分析 100
量刑のノイズ検査 101
量刑の平均 102
量刑くじ引き 104
レベルノイズ 105
パターンノイズ 107
ノイズの成分 111
**ノイズ分析について話そう** 113

第7章 機会ノイズ 115
第二のくじ引き 116
機会ノイズの計測 118
一人は群衆？ 120
機会ノイズの原因 125
機会ノイズの大きさは 131
機会ノイズの内的要因 132
**機会ノイズについて話そう** 135

第8章 集団によるノイズの増幅 136
選曲のノイズ 137
話は音楽だけでは終わらない 140
カスケード効果 144
集団極性化 149
**集団での意思決定について話そう** 153

**第3部 予測的判断のノイズ** 155

第9章 人間の判断とモデル 161
人間の判断か、それとも数式か？ 162

統計的予測モデルは人間に勝つ 165
「あなたのモデル」はあなたに勝つ 169
**人間の判断とモデルについて話そう** 177

## 第10章 ルールとノイズ 179

均等な重み付け 180
単純なルール 184
機械学習 186
保釈の決定 188
なぜもっとルールを使わないのか？ 193
**ルールとアルゴリズムについて話そう** 196

## 第11章 客観的無知 198

客観的無知 200
自信過剰な連中 203
人間はお粗末だがモデルもたいしてよくはない 205
無知の否定 208
**客観的無知について話そう** 211

## 第12章 正常の谷 212

子供の将来を予測する 213
理解と予測 217
因果論的思考 219
正常の谷 221
統計的思考と因果論的思考 224
**理解の限界について話そう** 227

# 第4部 ノイズはなぜ起きるのか 229

## 第13章 ヒューリスティクス、バイアス、ノイズ 233

診断バイアス 234
置き換え 237
結論バイアス 245
過剰な一貫性 248
心理的バイアスとノイズ 252
**ヒューリスティクス、バイアス、ノイズについて話そう** 254

第14章 レベル合わせ 256
レベル合わせと一貫性 257
度合いのレベル合わせ 259
レベル合わせ予測のバイアス 261
レベル合わせに伴うノイズ 266
**レベル合わせについて話そう** 271

第15章 尺度 272
怒りの置き換え仮説 277
尺度のノイズ 279
金額とアンカー 282
不幸な現実 286
**尺度について話そう** 288

原注 306
索引 314

# 序章　二種類のエラー

仲間と射撃場へ行き、五人編成のチームを四つ作って競ったと想像してほしい。五人は同じライフルを使って一人一発ずつ撃つ。その結果を図1に示した。

もちろん理想は、全員が標的の中心に命中させることである。それに近いのがチームAだ。中心近くに集中しており、パーフェクトに近い。

チームBのように一定の規則性をもって的から外れている結果を「バイアスがかかっている」という。図からわかるように偏りに一貫性があるので、結果の予測が可能になる。チームのメンバーがもう一回撃ったら、おそらく最初の五発の近くに着弾するだろう。ここから、原因も推測できる。おそらくこのチームのライフルは照準がずれている、というふうに。

チームCのように広い範囲で不規則にばらついている結果を「ノイズが多い」という。ただ、ばらつきの中心はおおよそ標的の中心と重なっており、あきらかな偏りは認められない。チーム

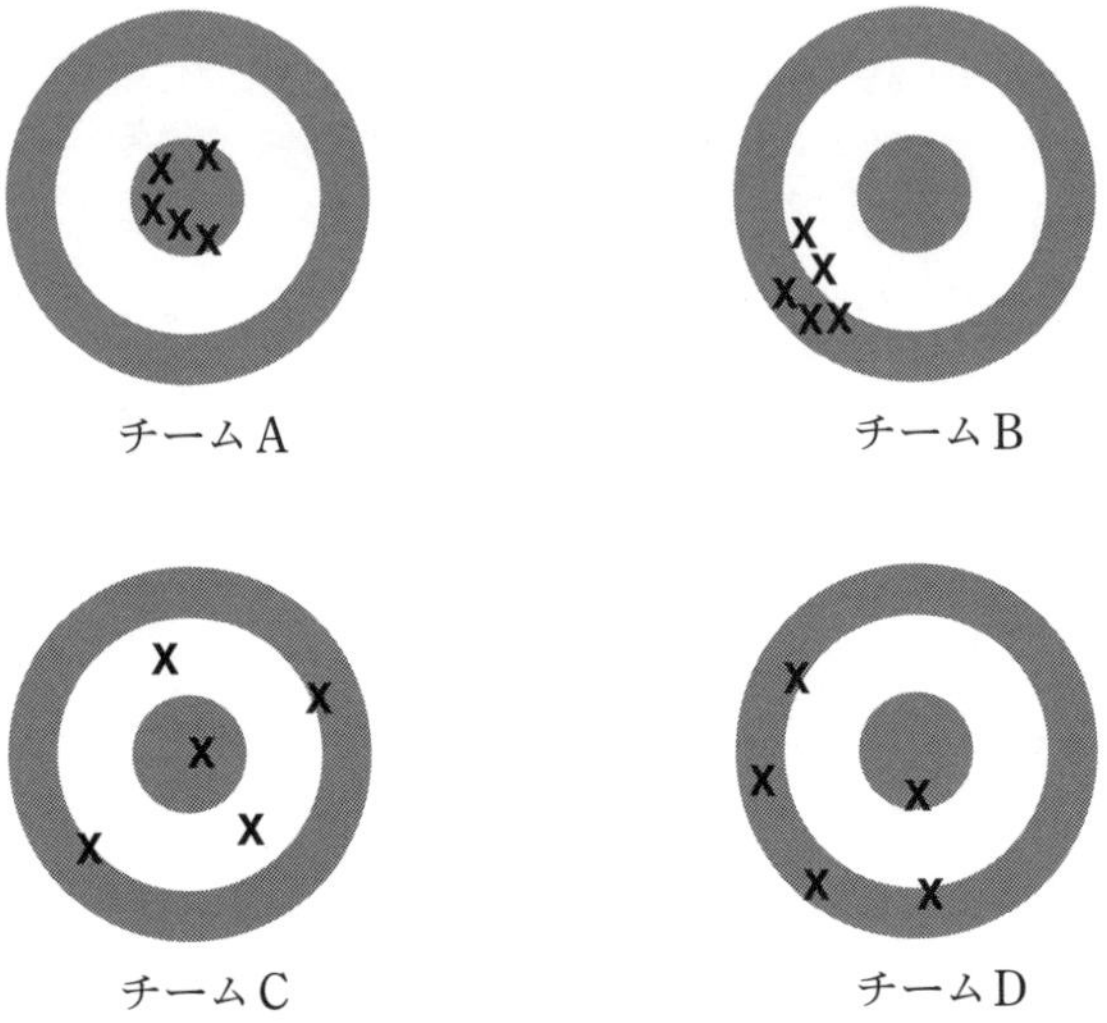


**図1：４チームの射撃の結果**

のメンバーがもう一回撃ったらどこに着弾するか予測するのはむずかしい。そのうえ、なぜこういう結果になったのか、原因を推測するのもむずかしい。このチームは全員射撃が下手だとしても、なぜこんな具合にばらつくのかはわからない。

　チームDのように偏ってばらつきのある結果を「ノイズが多くバイアスもかかっている」という。チームBのように着弾が標的の中心から一方向に偏っていると同時に、チームCのように広い範囲でばらついているからだ。以上のように、標的は多くのことを物語ってくれる。[1]

　言うまでもなく本書は射撃の本ではない。本書が扱うのはヒューマンエラーである。バイアスすなわち系統的な偏りと、ノイズすなわちランダムなばらつきは、どちらもエラーを構成する要素だ。図1に示した標的は、両者のちがいを鮮明に示している。

射撃の例は人間の判断に起こりうる誤りを端的に表しているが、組織で下されるさまざまな意思決定でもこの二種類のエラーがひんぱんに見受けられる。一部の判断にはバイアスがかかっており、つねに一定の偏りがある。また一部の判断にはノイズが多く、本来一定の判断を下すべき人がその時々でちがう判断を下したり、同じ職務に就いている人たち、それも高度な専門知識を備えている人たちが人によってちがう判断を下したりする。さらに嘆かわしいことに、多くの組織はバイアスにもノイズにも悩まされている。

図2にはバイアスとノイズの重要なちがいを示した。この図は図1から標的を取り去ったもので、射撃場で標的の裏側から見るとこんな感じになるだろう。

このように裏側から見ると、チームAとチームBのどちらが標的に近いのかはわからない。それでも一目でわかることがある。チームCとチームDはノイズが多いが、チームAとチームBにはノイズは認められないことだ。つまり、標的のある図1を見たときと同じぐらい、標的のない図2からも、ばらつきが大きいことは見てとれる。このようにノイズには、標的やバイアスについて何もわかっていなくても、認識可能で計測も可能だという特徴がある。

ノイズにこうした特性が備わっていることは、本書の目的にとって欠かせないと同時に好都合でもある。というのも、本書ではさまざまな判断を分析し結論を導き出すが、その判断が結果的に正しかったかどうかはわからないケース、それどころか結果は知り得ないようなケースも多い

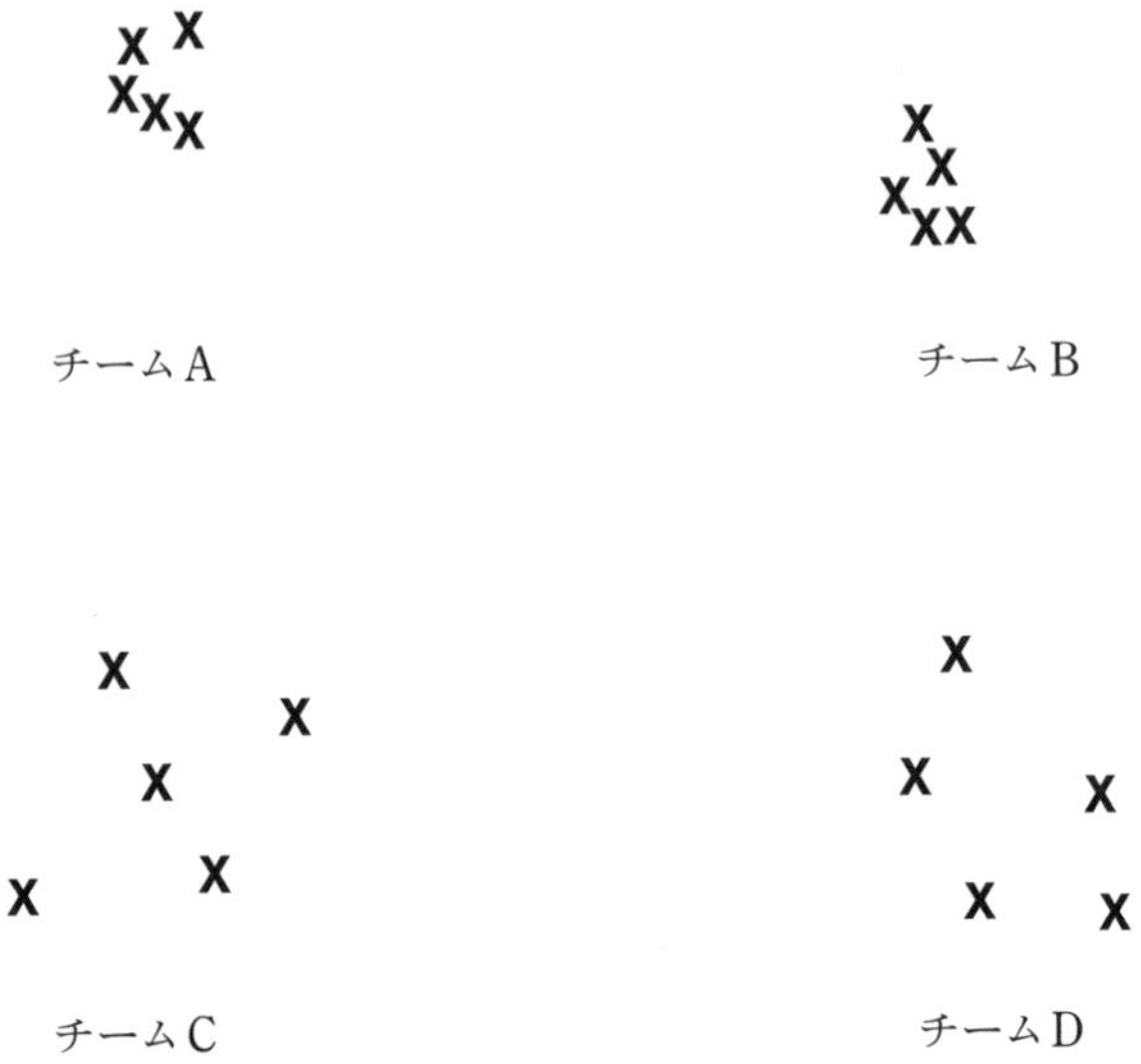


**図2：図1を標的の裏側から見た状況**

からだ。たとえば同じ患者について複数の医師がちがう診断を下した場合、実際に患者の病気は何だったのかを知らなくても、診断の不一致を分析することは可能である。映画会社の経営陣がある映画の企画を有望だと判断した場合、実際の観客動員数がどうだったのか、それどころか実際にその映画が制作されたのかどうかさえ知らなくても、彼らの判断のばらつきを評価することは可能だ。同じ事柄の判断にどれほどばらつきがあるかを計測するにあたっては、誰が正しかったかを知る必要はない。ノイズの計測に必要なのは、標的の裏側から見ることだけである。

　判断のエラーを理解するには、バイアスとノイズの両方を理解することが必要になる。これから見ていくように、ノイズのほうが重大な問題であることもめずらしくない。ところがヒューマンエラーを研究者が論じるときも、公的機関や企業が問題にするときも、ノイズはほとんど意識されない。いつも主役はバイアスである。ノイズはほんの端役で、舞台にも上がらないことが多い。バイアスは専門誌の数千本もの論文で取り上げられ、一般向けの書籍も十数冊は出版されている。だがそれらのうちノイズに言及したものはほとんどない。私たちはこの本を書くことで、いくらかでもアンバランスを是正したいと考えている。

現実の世界で下される意思決定にはノイズが途方もなく多い。判断の精度が問われる場面でどれほどノイズが多いか、ここでほんの一例を挙げておこう。

・**診療現場**：同じ患者について複数の医師がちがう診断を下すことはめずらしくない。この患者は皮膚癌なのかそうでないのか、肺癌か、心臓病か、結核か、肺炎か、鬱病か等々さまざまなことで意見が食い違う。とりわけノイズが多いのは、主観的判断の要素が大きい精神科の診断である。だがそのほかの分野でもやはりノイズは多く、X線画像診断のようにノイズはないと考えられている分野も例外ではない。

・**子供の保護**：児童相談所などのケースマネジャーは、子供に虐待の恐れがあるかどうかを判断し、該当する場合には保護施設で預かるかどうかを決めなければならない。その判断にはノイズが多く、マネジャーの中には強権的に介入して施設入所を促す判断を下しやすいタイプがいる。しかし親から引き離され保護施設で育った子供は、後年になって非行に走ったり十代で出産したりする確率が高く、所得水準が低いことが報告されている。[2]

・**予測**：新製品の売れ行き、失業率の推移、経営不振企業の倒産の可能性などさまざまなことをそれぞれの分野の専門家が予測しているが、これらはおしなべてノイズが多い。複数の専門家の見方が一致しないだけでなく、同じ専門家がその時々でちがう予測をすることもある。たとえば同じソフト開発者に同じ作業にかかる日数を二度見積もってもらう実験では、一回目と二日後とで平均七一％もの乖離があった。[3]

・**難民認定申請**：アメリカで難民認定の申請が承認されるかどうかは、宝くじのようなものだとよく言われる。申請書類の審査担当者がランダムに割り当てられるケースを調査したところ、ある審査官は申請の五％しか許可しないが、別の審査官は八八％を許可することがわかった。この調査のタイトル「難民ルーレット」がすべてを物語っている（本書ではたくさんのルーレットを見ることになるだろう）。[4]

・**人事**：採用面接では、同じ候補者に対する評価が面接官によってまちまちになりがちだ。また従業員の人事評価もばらつきが多い。ばらつきの原因の多くは、その従業員の仕事ぶりよりも評価者のほうにある。

・**保釈審査**：公判開始まで容疑者を保釈するか留置するかの判断はノイズが多い。担当裁判官にかなり左右され、寛大な裁判官とそうでない裁判官がいる。どんなタイプの被告が逃亡や再犯のリスクが高いかについての評価もばらつきが大きい。

・**科学捜査**：指紋鑑定にまちがいがあるはずがない、と私たちは考えがちだ。だが指紋の専門家でさえ、犯罪現場で発見された指紋が容疑者の指紋と一致しているかどうかで意見が割れることがある。しかも専門家同士の意見が食い違うだけでなく、同じ専門家が同じ指紋を別の場面で見せられると、前回とはちがう判断を下したりする。同じようなばらつきは、科学捜査の他の面でも見受けられる。ＤＮＡ判定ですら例外ではない。

・**特許審査**：特許出願でもノイズの多さが指摘されている。ある調査によると、「特許が審査を通過するか却下されるかは、どの審査官が担当するかという偶然に大きく左右される」[5]。これは公平性の観点からきわめて好ましくない。

いま挙げた例は、氷山の一角にすぎない。人間の下した判断を調査・分析したら、そこかしこでノイズを発見する可能性が高い。判断の質を高めるには、バイアスだけでなくノイズを排除する必要がある。

本書は六つのパートで構成される。第1部ではノイズとバイアスのちがいを検討し、官民を問わずあらゆる組織にノイズが多いこと、ときには衝撃的に多いことを示す。どれほどノイズが多いかを吟味するために、まずは二つの領域における判断を取り上げる。第一は刑事裁判における量刑で、これは公的部門である。第二は保険で、こちらは民間部門である。一見すると両者はひどくかけ離れているようだが、ノイズに関する限り共通点は多い。この点をはっきりさせるために、私たちは「ノイズ検査」というものを導入した。同一組織で同種のケースを評価するプロフェッショナルの間でいかに判断のばらつきが多いかを計測する検査である。

第2部では、人間の判断とはどういうものかを分析し、その精度や誤差をどのように計測するかを検討する。人間の判断にはバイアスだけでなくノイズも多いのであって、両者はほぼ対等だと言える。たとえば、同じ人や同じ集団が同じケースについて下す判断に、その時々でばらつきが出ることがある。このばらつきを機会ノイズと呼ぶが、会議など集団での討論では驚くほど機会ノイズが大きい。誰が最初に発言したかといった本質的でない要因によって、結論が大きくちがってくる。

第3部では、予測的判断を集中的に取り上げ深く掘り下げる。予測は幅広い研究の対象になってきた。ここでは、予測に関してルールやシンプルな計算式やアルゴリズムが人間の判断にまさる点を論じる。じつはルールやアルゴリズムがすぐれているのは、単純にノイズがないからだ。このほか、予測的判断の質には限界があること（端的に言って未来は知り得ないのであり、このことを私たちは客観的無知と呼ぶ）、客観的無知とノイズによって予測精度が大幅に下がることも論じる。最後に、読者が自問したにちがいない問いにも取り組む。ノイズがそれほどはびこっているなら、どうしてもっと前からそれに気づかないのか？

第4部では人間心理に立ち戻り、ノイズが生じる根本原因を検討する。個人間のちがいにはさまざまな要因がある。性格や知覚のちがいはもちろんのこと、複数の要素を天秤にかけるときのやり方がちがったり、まったく同じものさしでも使い方がちがったりする。人はなぜノイズに気づかないのか、予測できるはずもない出来事や判断に直面しても「起こるべくして起きた」と受け止めやすいのはなぜかも併せて検討する。

第5部では、判断を改善しエラーを防ぐという実際的な問題に取り組む（ノイズを減らすことにとくに関心をお持ちの読者は、第3部と第4部を飛ばして第5部を先に読んでもかまわない）。ここでは、医療、企業、教育、政府などさまざまな現場でノイズ問題に取り組んできた私たちの成果として衛生管理の理念を取り入れた対策パッケージ「判断ハイジーン」を提案し、五つの分野についてケーススタディを紹介する。科学捜査、予測的判断、医療診断、人事評価、人材採用の順で論じる。成果が上がった例、上がらなかった例、いずれも参考になろう。最後に、複数の選択肢を比較評価するときに汎用的に使える評価支援ツールとして、「媒介評価プロトコル」を提案する。このツールは判断のノイズを減らし信頼性を高めるための手順を定める。

では、ノイズの適正水準はどの程度なのか。第6部ではこの問題を扱う。直感に反するかもしれないが、適正水準はゼロではない。ノイズを排除できない分野もあれば、コストがかかりすぎる分野もある。また、ノイズを減らそうとすると重要な価値が損なわれてしまう分野もある。たとえば、ノイズを減らす努力が人々にやる気を失わせたり、自分は機械の単なる歯車なのかと感じさせてしまったりする。またアルゴリズムで問題を解決しようとすれば、さまざまな理由から猛反対を受けかねない。そうした批判の一部をここで取り上げる。ただ、ノイズの適正水準がゼロではないとしても、現在の水準はとうてい容認できない。官民を問わずすべての組織がノイズ検査を実施し、ノイズを減らすべく真剣に努力することを強く求める。そうすればはびこる不公平を正すことができるし、多くの場合にコスト削減にもつながるはずだ。

この願いを込めて、各章の終わりに会話のきっかけという形で問題提起をしている。読者はぜひ活用してほしい。分野が医療、保険、教育、金融、雇用、エンターテイメントなど何であってもかまわない。ノイズの存在を知り原因を理解しても、解決するには時間がかかるし、組織を挙げての努力が必要だ。誰もがこの難事業に貢献するチャンスを与えられているのであり、本書がそのチャンスを活かす助けになれば幸いである。

# 第1部　ノイズを探せ

同じ種類の罪を犯した同じような人が全然ちがう刑を宣告されたら、たとえば一人は懲役五年でもう一人は執行猶予だったら、不公平で許しがたいと誰もが感じるだろう。ところが現実にはこれに類することがあちこちで起きている。刑事司法制度にはバイアスも蔓延しているが、第１章で注目するのはノイズである。ある著名な裁判官がノイズの存在に気づき、これを恥ずべきことと考えてノイズ撲滅の取り組みを始めたとき、何が起きたかお話ししたい。これは、ある意味で世界を変えるような出来事だった（だが十分ではなかった）。この話はアメリカで起きたことだが、同じようなことは他の多くの国で起こりうるし、これからも起きると確信している。中には、ノイズの問題がアメリカより深刻な国もあるだろう。刑罰の重さの例を通じて、ノイズがいかに甚だしい不公正を生むかを示す。

刑事裁判はとかく世間の注目を集めやすいが、民間部門はどうだろうか。民間部門でも、ノイズが引き起こす問題は小さくない。第２章では、大手保険会社を例に取り上げる。損害保険会社では引受担当者が適切な保険料率を決定して受け取る保険料を算出する一方で、損害査定担当者が損害額を査定して払い出す保険金を決定する。こうした仕事は定型化されていて機械的に行われるので、どの担当者がやってもほぼ同じ金額になるものと予想される。ほんとうにそうかどうかを確かめるために、私たちはノイズ検査を設計し、実際にやってみた。その結果には私たち以上に保険会社の経営陣が驚愕し、動揺したものである。大量のノイズは企業に大量のコストを発生させる。保険会社の例は、ノイズが巨額の経済損失を生むことを教えてくれる。

いま挙げた二つの例ではどちらも、大勢の人が大量の判断を日々下している。だが多くの重要な判断は一回限りのものだ。千載一遇のビジネスチャンスをどうするか。まったく新しい製品を開発すべきか否か。感染症の大流行にどう対応すべきか。一般的な基準を満たしていない人物を採用すべきか否か。こうした一回限りの状況で判断にノイズが生じるということはありうるのか。この場合、ノイズはないと考えたくなる。ノイズというものが望ましくないばらつきだとすれば、一回限りの判断にばらつきはあり得ないからだ。ほんとうにそうだろうか。第3章では、この問いに答えを出そうと試みる。人間の下す判断は、見かけは一回限りの状況であってもたくさんの可能性の中から選んでいる。そこにはやはりノイズが存在する。

この三つの章から浮かび上がってくるテーマは、たった一つの文章で表現できる。それは、「判断のあるところノイズあり」ということだ。そしてノイズは、あなたが思うよりずっと多い。これは、そのまま本書のテーマでもある。どれほど多いのか、ノイズ探しの冒険に乗り出そう。

# 第1章　犯罪と刑罰

誰かが犯罪行為をしたとしよう。万引き、麻薬所持、暴行、あるいは強盗……。この場合、刑罰はどうなるだろうか？

答えは裁判官次第――であってはならない。誰が裁判官かとか、判決当日は暑かったとか寒かったとか、判決の前日に地元のチームが勝ったとか負けたとか、そういうことに量刑が左右されてはならない。もしそんなことで刑が重くなったり軽くなったりしたら、誰だって怒る。ここに三人の同じような人間がいて、同種の犯罪をしたとする。それなのに一人は執行猶予、一人は懲役二年、もう一人は懲役一〇年になったとしたら。じつはこうしたことが多くの国で起きている。それも大昔の話ではない。今日だ。

世界のどの国でも、裁判官には適切な刑罰を決定する大幅な裁量の余地が昔から与えられてきた。これは大いに好ましいとされ、正義であると同時に人間的でもあると評価されている。量刑を決めるには、じつにさまざまな要素を考慮しなければならない。その対象は犯罪そのものの動機や手段などだけでなく、被告人の性格や置かれた環境、さらには社会的影響などまで広範囲におよぶ。そうした個別の事情を汲み取って判断することが望ましいというわけだ。裁判官がルールで厳格に縛られることになったら、犯罪者は機械的に非人間的なやり方で処理されることになりかねず、こまやかな配慮を要する個人とはみなされなくなってしまう。こうした法の適正手続《デュープロセス》きという考え方から、多くの国では裁判官にほとんど無制限の裁量権が認められている。

しかし裁判官に裁量権を与えることが諸手を挙げて称賛されていた状況は、あるたった一つの理由から一九七〇年代に変わり始める。ノイズの証拠を突きつけられたのだ。突きつけたのは、マービン・フランケルという著名な連邦裁判所判事である。彼は一九七三年にこの問題を提起して世間の注目を集めた。裁判官になる前のフランケルは言論の自由と人権の熱心な擁護者だった。彼は弁護士による人権擁護委員会（現在はヒューマンライツ・ファーストとして知られる）の設立に尽力している。

フランケルは攻撃的になることもできる人間だった。刑事裁判制度にはびこるノイズに関する限り、彼は激怒する。自分の動機について、フランケルは次のように書いている。

「銀行強盗の被告人が有罪を宣告された場合、最長二五年の懲役刑となる。つまり、〇年から二五年の間ということだ。ではどの数字になるのか。私がすぐに気づいたのは、刑の重さは犯罪そのものや被告人個人よりも担当する裁判官に左右されることだ。つまり、裁判官自身の価値観や好みや先入観に左右される。このため、同じ罪を犯した同様の被告人でも、誰が裁判を担当するかによって量刑が大幅にちがうことになる」[1]

フランケルはこの主張を裏付ける統計解析のようなことはしていないが、類似の被告人の扱いにおける不当な格差を示す一連の強力な証拠を提示した。たとえば、ともに前科のない二人の男性が偽造小切手の現金化で有罪になった。金額は、一人は五八・四〇ドル、もう一人は三五・二〇ドルである。下された量刑は、前者は懲役一五年、後者は三〇日だった。また、よく似た着服事件では、一方が懲役一一七日に対し、他方は二〇年だった。この種の事例を延々と挙げたフランケルは、連邦判事の「ほとんど野放しの圧倒的な権力」[2]が「恣意的な残虐行為を日々行っている」[3]と慨嘆し、「法ではなく人による支配」は許されないと結論づけた。[4]

フランケルはこのような「不公平な扱い」は「恣意的な残虐行為」であるとして、すぐに終わらせるべきだと議会に訴える。この言葉でフランケルが意味したのは、判決に見受けられる説明のつかないばらつきであり、ノイズである。だが彼はノイズだけでなく、人種、社会階層、経済格差などに基づく差別的偏見という意味でのバイアスも懸念していた。ノイズとバイアスを撲滅するために、被告人の量刑の差は「適切なテストによって正当化できる」もの以外は認められるべきではない、とフランケルは主張した。そのテストは、量刑の差が「特定の裁判官その他の公務員の特異的な命令の結果ではないことを確認できるような十分な客観性を備え、定式化して適用できるようなもの」でなければならない[5]（この「特異的な命令」という言葉でフランケルが意味したのは、個人の特性に不当に左右される命令ということである）。それだけではない。ノイズの削減には「統計データやチェックリストの活用」が有効だと述べ、そこには「可能な限り何らかの数値基準その他の客観的な評価基準を含める」ことが望ましいとした。[6]

フランケルはこれらの主張をまとめた著作を一九七〇年代前半に書いているが、「人間による判断を機械に置き換える」ことまで主張したわけではない。それでも、驚くほどそれに近づいたと言ってよい。彼は「法の支配には人間に依拠しないルールが欠かせない。そのルールは例外なく適用され、裁判官はもちろんすべての人に拘束力を持つようにすべきだ」と考えていた。そして「量刑をルールに則って決定する支援としてのコンピュータ」の活用もはっきり支持している。[7]

さらに、量刑を審査する委員会の設置も勧告した。[8]

フランケルの著作は、刑法の歴史全体を通してみても最も影響のあった著作の一つである。アメリカだけでなく、世界全体についてそう言える。なるほど彼の本はしかるべき形式に則っておらず、衝撃的ではあるが印象に基づいている。だが同書の出版後、刑事裁判の量刑に関するノイズの実態を調べる研究が直ちにさまざまなグループによって行われた。

その種の調査で最も初期に大規模に実施されたのは、一九七四年にフランケル自身が中心になって行ったものである。架空の事案を数種類用意し、さまざまな地方の裁判官五〇人に各事案の被告人の量刑を決定するよう求めた。その結果わかったのは「判断が一致することのほうがめずらしい」ということであり、[9] 量刑のばらつきは「度肝を抜かれるほどだった」。[10] たとえばヘロインの売人の量刑は懲役一年から一〇年の間でばらつきがあった。[11] 銀行強盗は五年から一八年である。[12] 恐喝では、最も軽くて懲役三年罰金なし、最も重いと懲役二〇年プラス六万五〇〇〇ドルの罰金だった。[13] とりわけ驚愕させられるのは、二〇件中一六件では、そもそも刑務所に送るべきかどうかで意見が一致しなかったことである。

その後にも多くの調査が行われており、どれもノイズが言語道断に多いことを裏付ける結果となった。たとえば一九七七年にはウィリアム・オースティンとトーマス・ウィリアムズが裁判官四七人を対象に、いずれも軽度の犯罪事案五件について量刑を決定してもらう調査を実施した。[14] 五件いずれについても、実際の量刑の決定において裁判官が参照する情報（罪状、証言、前科、社会的背景、被告人の性格など）を含むくわしい状況説明が用意されている。結果はやはり「驚くほど大幅な量刑の差」だった。たとえば窃盗では軽ければ懲役三〇日プラス罰金一〇〇ドル、重いと懲役五年、大麻所持では執行猶予から懲役刑までのばらつきがあった。

一九八一年には連邦判事二〇八人を対象にした大規模な調査が行われている。[15] 裁判官には架空の事案一六件について判断が求められた。その結果はまたしても驚くべきものだった。「実刑判決に全員の意見が一致したのは一六件中わずか三件である。また、ほとんどの裁判官が懲役刑に賛成したケースでも、刑期には大幅なばらつきがあった。ある詐欺事案では、平均八・五年、最長は無期懲役だった。また別の事案では、平均は一・一年だが最長は一五年だった」

これだけでも十分に衝撃的だが、これらはコントロールされた状況で行われた調査であることを忘れてはならない。現実の刑事裁判においては、ノイズの量はまちがいなくはるかに多い。現実の裁判官は、調査参加者のために注意深く用意された状況説明よりずっと多くの情報にさらされている。その中には量刑の決定に際して勘案すべき情報ももちろんあるだろう。しかし無関係な情報も、一見瑣末で気まぐれな要素の形をとって否応なく降り注いでくる。そうした要素が結果に大幅なちがいを生み出すことがある。たとえば多くの裁判官は、一日の始まりと昼食後には、昼食直前よりも寛大な判断を下す傾向にある。お腹の空いた裁判官は厳しくなるのである。[16]

未成年の被告人を扱った事案数千件を分析した調査では、週末に地元のフットボールのチームが負けた場合、月曜日の判決は厳しくなることがわかった（程度は小さくなるものの、火曜日以降も厳しめである）。また黒人の被告人は、ひいきのチームが負けて不機嫌な裁判官のとばっちりを受けやすい。[17]三〇年間に下された判決一五〇万件を分析した別の調査でも、地元のチームが負けたあとは、勝ったあとより量刑が厳しくなることが判明している。[18]

フランスの裁判官が一二年間で下した判決六〇〇万件を分析した研究によると、被告人は誕生日には寛大な判決を受けやすいという[19]（被告人の誕生日である。だが裁判官の誕生日でも寛大になるのではないだろうか。残念ながら、この仮説を確かめた調査は知る限りでは行われていない）。外気温のようにどう考えても無関係の要因でさえ、裁判官に影響を与える。四年間二〇万七〇〇〇件の難民認定審査を分析したところ、暑い日に難民認定を受けられる可能性は低いことが判明している。[20]祖国で政治的迫害を受け、なんとしても他国へ逃れたい人は、審査当日が涼しくて快適であることを祈るほかない。

## 判断のノイズを減らすには

一九七〇年代に行われたフランケルの主張、そして彼の主張を裏付ける数々の実証分析は、エドワード・Ｍ・ケネディの注意を引くにいたる。暗殺された大統領ジョン・Ｆ・ケネディの弟で、上院で大きな影響力を持つ人物だ。ケネディは分析結果に強い衝撃を受けた。そして一九七五年に量刑改革法案を議会に提案する。しかし審議はいっこうに進まない。ケネディは諦めなかった。証拠の存在を強調し、法律制定の必要性を何年もの間、訴え続けた。そして一九八四年についにやり遂げる。議会は、量刑の甚だしいばらつきはとうてい正当化できないとして、一九八四年量刑改革法を可決した。

この法律は、「量刑の決定および実行を担当する裁判官および保護監察官に法律が与えている自由裁量の余地」を減らすことにより、刑事司法制度に蔓延するノイズを削減することを目的とする。[21]とくに議会が問題視したのは「不当に顕著な」量刑の不統一である。[22]中でもニューヨーク地区が甚だしいとして、同種の犯罪に対する刑罰に懲役三年から二〇年の差があったと指摘した。量刑改革法が成立した結果、フランケル判事が提案した連邦量刑委員会が設立される。その任務は、量刑の幅を制限する強制的な量刑ガイドラインの策定である。

ガイドラインは翌年発表された。おおざっぱに言うと、犯罪ごとに約一万件の実際の事案を分析し、同種の犯罪の平均的な量刑を割り出して、それに基づいて科すべき量刑を定めている。ガイドライン策定に深く関わった最高裁判事のスティーブン・ブライヤーは、実際の判例を利用したことについて、委員会内の意思統一がきわめて困難だったという事情を挙げて弁明している。「なぜ委員会は、ただ過去の判例の集積から平均を導き出すのではなく、とことん議論して合理的に決めなかったのか？　一言で答えるなら、できなかったからだ。あらゆる点に関して委員の意見はまったくまとまらなかった……すべての犯罪を書き出し、適切と思われる刑罰の度合いを判断し、各自の結果を擦り合わせようとした……だが、できなかった」[23]

ガイドラインでは、裁判官は量刑の決定にあたって二つの要素だけを考慮する。罪状と被告人の犯罪歴である。犯罪にはその危害の度合いに応じて四三段階の「強度」のどれかが割り当てられる。被告人の犯罪歴は、前科の回数と重大性を主に考慮する。この二つの要素を組み合わせると量刑の範囲はかなり狭くなり、上限が下限を六カ月または二五％以上上回ることはなくなる。裁判官は状況に応じて必要と判断すればこの範囲を逸脱してもよいが、逸脱の理由を控訴裁判所に申し立てなければならない[24]。

ガイドラインの遵守は義務ではあるが、けっしてがんじがらめというわけではなく、裁判官にはかなりの裁量の余地が残されている。よって、フランケル判事が望んだものには遠くおよばない。それでも、異なる手法を使い対象期間も異なる複数の調査がいずれも、ガイドラインはノイズを排除したとの結論に達している。専門的にいえば、「どの裁判官が担当するかという偶然性に起因する量刑のばらつきは減った」ということになる。[25]

最も緻密な調査は量刑委員会自身が行ったもので、一九八五年（ガイドライン施行前）に銀行強盗、コカイン販売、ヘロイン販売、公金横領に対して決定された量刑と、一九八九年一月一九日〜一九九〇年九月三〇日に同種の犯罪に決定された量刑を比較した。[26] ガイドラインで考慮すべき二つの要素がおおむね共通する被告人を比べたところ、ガイドライン施行後にはばらつきが大幅に減ったことが確かめられている。

別の調査でも、担当裁判官のちがいによる懲役年数の差は一九八六年、八七年には一七％、絶対値で四・九カ月だったが、一九八八〜九三年には一一％、絶対値で三・九カ月に縮まったことがわかった。[27] これとは別の期間について担当件数がほぼ同じ裁判官の間の平均量刑の差を調べた調査でも、やはり裁判官のちがいによるばらつきが減ったと報告されている。[28]

こうした調査結果にもかかわらず、量刑ガイドラインは轟々たる非難の的となる。多くの裁判官を始め、さまざまな人が、刑が重くなりすぎると批判した。ただこれはノイズではなくバイアスの問題である。ノイズに関して興味深い批判は、ガイドラインは事案固有の事情を適切に考慮することを禁じている点できわめて不公正だというもので、これもまた多くの裁判官が主張した。ノイズの抑制と引き換えに量刑の決定が機械的になってしまうのはとうてい受け入れられないという。イェール大学法学教授のケイト・スティスと連邦判事のホセ・カブラネスは「必要なのは個別の事情に目をつぶることではなく、目を開き、公平を求めることだ」と述べ、「公平は、個々のケースの複雑な事情を勘案して判断の中にこそ宿る」と主張した[29]。

こうした批判を受けて、ガイドラインはあるいは合憲性が問われ、あるいは運用上の問題が問われることになる。それでも本書の目的とはまったく無関係の技術的な理由から、ガイドラインは存続していた。しかし二〇〇五年に最高裁がガイドラインの法的拘束力を否定し、格下げする決定を下す[30]。その結果、ガイドラインは単なる勧告という位置付けになった。この決定を多くの裁判官が歓迎したことは注目に値する。裁判官の七五%が好ましいとし、強制力があるほうがよいとした裁判官はわずか三%にとどまった[31]。

ガイドラインが強制から勧告に変更された影響はどのようなものだったのだろうか。ハーバード大学法学教授のクリスタル・ヤングが調査を行っている。四〇万人近い被告人に実際に下された判決の大量のデータを分析したのだ。その結果、二〇〇五年以降は裁判官のちがいによるばらつきが数倍に増えていることが判明した。ガイドラインが強制力を持っていた期間には、運悪く厳しい裁判官に当たっても、平均より二・八カ月長い量刑を言い渡されるだけで済んでいた。だがガイドラインが勧告に格下げされると、平均からの乖離が二倍になっている。四〇年前にフランケル判事が憤ったように、ヤングも「この結果には、公平に関する重大な懸念を抱かざるを得ない。同質の犯罪を犯した同種の被告人の扱いに大幅なちがいが出たのは、担当判事個人の属性に起因するからだ」と述べている[32]。

ガイドラインが勧告扱いになると、裁判官は量刑の決定を自分の価値観に基づいて下すようになる。また、強制的なガイドラインはノイズだけでなく差別や偏見の意味でのバイアスも減らす効果があったが、勧告に格下げされてからは、同質の犯罪を犯したアフリカ系アメリカ人の被告に対する量刑と白人に対する量刑にあきらかな格差が出現する。さらに女性判事は男性判事に比べ、裁量権を活かして寛大な量刑にする傾向が強い。民主党の大統領に指名された裁判官にも同様の傾向が認められる。

フランケルの死から三年後に下された量刑ガイドライン格下げの決定により、彼が憂いた「法律はあってても秩序がない」悪夢の状態に逆戻りしてしまったわけである。

＊＊＊

量刑ガイドライン制定のために奮闘したフランケル判事の物語は、本書の扱う問題の一部を垣間見せてくれる。第一は、世界は複雑で不確実であり、判断はむずかしいということだ。判決を下すことが複雑でむずかしいことは誰の目にもあきらかだが、専門家としての判断が求められる他の状況についてもそう言える。たとえば医師、看護師、弁護士、技術者、教師、建築家、映画会社の経営陣、採用担当者、出版社、さらにはあらゆる種類の企業経営者やスポーツチームの監督……。彼らの下す判断に不一致は避けられない。

第二は、不一致の度合いは一般に予想されるよりはるかに大きいことである。裁判官に裁量の余地を与えることには大方の人が賛同するだろう。それでも、実際の判断にどれほど開きがあるかを知ったら、誰もが容認できないと感じるはずだ。理想的にはつねに同一であるべき判断に不可避的に入り込む好ましくないばらつきを「システムノイズ」という。システムノイズは不正義の蔓延、金銭的コストの増大を始め、さまざまなエラーを引き起こす。

第三は、ノイズは減らせることである。フランケルが勧告し量刑委員会が実行したアプローチ、すなわちルールとガイドラインの導入は、ノイズを減らすよい方法の一つだ。判断の種類によっては別のアプローチが適している場合もある。ノイズを減らすための方法の中には、同時にバイアスも減らせるものもある。

第四は、ノイズを減らそうとすると反対が起きてノイズ退治が困難になりかねないことである。反対意見にも適切に対応しなければならない。さもないと、ノイズとの戦いは失敗に終わってしまう。

## 量刑のノイズについて話そう

「調査によると、同じ犯罪に対して刑の厳しさに大幅なちがいがあるらしい。これは不公平だ。どの判事が担当するかで量刑がちがうのは、どう考えてもおかしい」

「刑罰の重さが裁判官の機嫌だとか、その日が暑いとか寒いといったことに左右されるべきではない」

「量刑ガイドラインはこの問題に対処する方法の一つだ。だがガイドラインを嫌う人も多い。適切な判断を下すにはある程度の裁量の余地が必要なのに、それを狭めてしまうからだという。たしかに、どのケースもそれぞれにちがうとは言えるかもしれない」

# 第2章　システムノイズ

私たちが最初にノイズに気づき、この問題に興味を持つきっかけになったのは、刑事裁判制度ほどドラマティックな対象ではない。それにじつのところ、偶然のなりゆきだった。ある保険会社があるコンサルティング会社と契約しており、共同執筆者のうち二人がそのコンサルティング会社に関わっていたという関係である。

保険の話が大好きだという人はあまりいないだろう。だが保険会社で私たちが発見したのは、営利企業にあるまじき規模のノイズだった。これを放置したら、ノイズだらけの判断で相当な損失につながりかねない。保険会社の実例から、ノイズの存在がなぜ見過ごされがちなのか、どうすればノイズが減らせるのかを私たちは考え始めた。

損害保険会社では、大勢の担当者が巨額のお金に関わる判断を日々下している。彼らの判断に一貫性があり誰が下してもほぼ同じ判断になること、言い換えればノイズを減らすことは、経営陣にとってきわめて重要だ。とはいえ判断の一貫性を誰もが望んでいる一方で、完全な一致は望めないこともみなわかっている。保険料率の算定にせよ、損害額の査定にせよ、厳密に定められた公的手続きというわけではないし、主観的な要素が入り込むからだ。つまり一定のノイズは避けられない。

ではそのノイズはどの程度なのか。ここで経営陣と私たちの意見は対立した。経営陣に言わせれば、ノイズはそれほどたいした問題ではないという。それでもありがたいことに、ノイズ検査の実施に同意してくれた。そして結果を見て驚愕した。保険会社のノイズ検査もまた、ノイズ問題の存在を決定的にあきらかにしたのである。

## ノイズを生み出す偶然

大企業の専門職の多くは、会社に義務を生じさせるような判断を下すことを認められている。たとえば、保険会社にはアンダーライターと呼ばれる保険引き受けの専門職が大勢いる。私たちが調査した保険会社の引受担当者は、金融リスクに対する保険料率、具体的には銀行が詐欺や不正取引で損害を被るリスクに対して保険料率を見積もっていた。保険会社にはこのほかに、損害査定の専門職も大勢いる。彼らは保険事故が発生したときに損害額を査定し相手と交渉するほか、将来の請求コストを予測するといった仕事をする。

大手保険会社の主要部門には認定損害保険士が何人もいて、大きな案件の保険見積依頼があると、そのとき手隙の保険士が担当することになる。つまり、担当者はくじ引きで割り当てられるのと同じことだ。

料率をどう見積もるかは会社にとって重大な結果をもたらす。高く見積もって契約にこぎつけられれば会社にとって利益は大きいものの、高すぎると競合他社に契約をさらわれかねない。かといって低く見積もれば契約成立の可能性は高まるにしても、利幅は小さくなってしまう。どんなリスクについても、高すぎず低すぎない最適料率というものが存在する。そして専門家集団の平均的な判断は、最適値からそう離れていないと期待してよいはずだ。最適水準を大幅に上回っても大幅に下回っても、会社にとってコストが発生する。つまり判断にノイズが多いと会社の利益を損ねる。

損害査定担当者の仕事も保険会社の損益に直結する。たとえば、労働災害で右腕を失った社員の保険金を雇い主の企業が請求してきたとしよう。すると、引き受けの場合と同じように、そのとき手隙の査定担当者がその件を担当する。担当者は保険事故の事実確認を行い、保険金額を見積もる。そして請求者と交渉し、相手が保険証券で約束したとおりの保険金を受け取れるようにするとともに、多く払いすぎて保険会社が損をしないように注意を払う。

この場合、最初の見積もりが請求者との交渉の出発点となるため、重要な意味を持つ。また損害保険会社は、将来の保険金支払いに備えて案件ごとに責任準備金を積み立てておくことが法律で義務付けられている。ここでもまた、保険会社の観点から見て最適水準が存在する。準備金が不十分で、保険会社が保険金をひどく出し渋ったら、請求者は訴訟に持ち込みかねない。逆に準備金があまりに潤沢だと、途方もない額を請求されても担当者は気前よく払い出してしまうだろう。このように、査定担当者の判断も会社の損益に直結する。もちろん請求者にとってはもっと重要だ。

保険会社の通常の業務では、たまたまその案件を担当した人がとくに大きな問題なくその件を処理すれば、それで終わる。もし別の人が担当したらどういう結果になっていたかは永久にわからない。

さきほど「くじ引き」という言葉を使ったのは、偶然の果たす役割を強調したかったからである。くじ引き自体にはそれなりの意義があり、必ずしも悪いとは言えない。「よいもの」たとえば大学の人気講座を割り当てる抽選や、「悪いもの」たとえば軍隊の召集を割り当てる抽選は容認できるし、所期の目的も達成できる。だがたまたまどの担当者に割り当てられるかによって見積もりにばらつきが大きいとなると、不確実性を生むだけだ。ある保険会社は優秀なアンダーライターぞろいで、みな最適の料率を算出する能力を備えているのに、ノイズ製造機というものが途中で邪魔をしてひどくばらつきのある見積もりを顧客のもとに送り込むと想像してみてほしい。これでは保険料がいくらになるか、保険金をいくらもらえるか、くじ引きで決められるようなもので、顧客にすればたまったものではない。ランダムに選ばれた担当者次第で見積もりが左右されるようなシステムはまさにこれであり、正当化の余地はない。

## ノイズ検査

ある刑事訴訟を誰が担当するか、ある保険申し込みを誰が担当するかをくじ引きで選び、量刑や料率にばらつきが出たとしても、それは目には見えない。量刑に関して連邦判事を対象に行ったようなノイズ検査を実施して初めて、ノイズの存在があきらかになる。ノイズ検査では、同一のケースを大勢に評価してもらう実験を行う。結果にばらつきが出れば、ノイズの存在があかるみに出たことになる。

保険の引受担当者と査定担当者は、こうした検査にたいへん適している。というのも、実物の証拠などではなくテキスト情報に基づいて判断を下すことができるからだ。ノイズ検査では、引受担当者向けと査定担当者向けにそれぞれ五つの代表的なケースが用意された。参加者はそれぞれ二つまたは三つを選んで見積もりを作成する。互いに相談はしない。検査の目的は伏せられている。[1]

ではこの先を読む前に、読者はぜひ次の質問に答えてほしい。定評ある保険会社でしかるべき資格を持つ専門職をランダムに二人選んだとき、この二人の見積もりにどの程度の開きがあるだろうか？　読者の予想する差をパーセンテージで答えてほしい。

私たちはこの質問を保険会社の経営陣にもしてみた。また、その後に行ったさまざまな組織でのノイズ検査のたびに同じ質問をしている。驚いたことに、組織の種類も尋ねる相手も全部ばらばらだというのに、ある一つの数字が顕著に多かった。保険会社のエグゼクティブの大半が示したのは「一〇％以下」である。さまざまな産業の企業経営陣八二八人に同じ質問をしたところ、答えの中央値も最も多い答えも一〇％だった（ちなみに二番目に多かったのは一五％である）。一〇％の差を具体的な数字で言うと、一人が保険料九五〇〇ドルと見積もったとすると、もう一人は一万五〇〇ドルと見積もることになる。無視できるほど小さい差というわけではないにしても、損害保険会社の規模を考えれば容認できる数字だ。

ところが実際には、差はもっとずっと大きかった。引受担当者の見積額の格差の中央値は五五％で、経営陣の予想を五倍も上回ったのである。五五％の差を具体的な数字で言うと、一人が保険料九五〇〇ドルと見積もったとすると、もう一人は一万六七〇〇ドルと見積もったことになる。査定担当者のほうは、査定額の格差の中央値は四三％だった。お断りしておくが、これらの数字はあくまで中央値である。つまり半分のケースでは、格差はもっと大きかった。

ノイズ検査の結果を報告すると、経営陣は仰天し、由々しき問題だとすぐに気づく。あるエグゼクティブの試算によると、保険引き受けにおけるノイズの年間コスト（高すぎる見積もりで契約不成立に終わったコストおよび低すぎる見積もりで発生した損失）は数億ドル規模に上るという。

案件ごとの正確な最適値がわからない以上、どの程度の誤差があったのかを正確に言うことは不可能だ。だが標的の裏側に回って見るまでもなく、容認しがたいほどのばらつきがあることはまちがいない。データからわかるのは、誰がその案件を担当するかによって、保険料にも保険金にも大幅なちがいが出てくることである。いやしくも保険契約がそんな宝くじのようなことになっているとは知らずに契約書に署名させられたと知ったら、顧客は大いに不快になるだろう。保険会社に、いや専門職が判断を下すような組織全般に人々が期待するのは、誰が担当者になってもおおむね一貫した判断が下されるという信頼性の高いシステムである。けっしてシステムノイズではない。

## 望ましいばらつきと望ましくないばらつき

システムノイズの決定的な特徴は、望ましくないことである。ここではまず、判断のばらつきが望ましいケースもあることを指摘しておこう。

たとえば好みの問題がそうだ。一〇人の映画評論家が同じ映画を観た場合や、一〇人の専門家が同じワインのテイスティングをした場合、全員の意見が一致するとは誰も期待していない。好みの多様性は歓迎すべきことだし、それぞれに評価が異なって当然と考えられている。全員の好き嫌いが完全に一致する世界を望む人はまずいないだろう。だが個人の好みがプロフェッショナルの判断に入り込むと、悲惨な結果になりかねない。たとえば映画のプロデューサーがひどく変わった企画（ダイヤル電話の歴史とか、ダンゴムシの生涯とか）を気に入って突き進んだら、たぶん大失敗に終わるだろう。

競争環境でも判断はばらつくものと予想されているし、歓迎されてもいる。競争では、最高の判断が報われることになる。いくつもの企業（または同じ会社のいくつものチーム）が同じ問題を解決すべくイノベーションを競っている状況では、全員が同じアプローチをとることは好ましくない。研究者のチームが科学的な問題、たとえばワクチン開発に取り組むような状況についても同じことが言える。競争するチームがさまざまな角度から問題を見て新しい発想をすることが望ましい。経済予測をする人もある意味で競争状態に置かれていると言えるだろう。誰も予想していなかった景気後退を正しく予測すれば大いに名を上げることができるが、いつもみんなと同じ予測をしていてはうだつが上がらない。こうした状況でもやはり多種多様なアイデアや判断が歓迎される。ばらつきは最初のステップにすぎず、次のステップではアイデアや判断が競われ比較されて最高のものが勝利を収める。本来的に市場では、多様性なしに選別はできない。

好みや競争環境は判断に関して興味深い問題を提起してくれるが、私たちが本書で取り上げるのは、ばらつきが好ましくない判断のほうである。システムノイズはシステムの問題であり組織の問題であって、市場の問題ではない。ある株に対する評価がトレーダーによって異なっていたら、儲けるトレーダーと損をするトレーダーが出るだろう。この意見の不一致が市場を作る。だがトレーダーがランダムに一人選ばれて会社として投資銘柄を選定し、同僚は別の銘柄を選ぶとしたら、これはシステムノイズであり、大いに問題である。

もう一つ、顕著な例を紹介しよう。私たちはこうした問題が組織内に存在しうることをある資産運用会社の幹部に報告し、予備的なノイズ検査を実施することを勧めた。彼らは承諾してくれ、ベテランの運用マネジャー四二人にある株式のフェアバリュー（適正価格）を見積もるよう依頼する。フェアバリューとは何らかの評価基準で算出した妥当値で、乱暴に言えばとくに買いたくもなければ売りたくもない価格のことである。検査に参加したマネジャーには一ページにまとめられたその企業の概要（過去三年分の損益計算書、バランスシート、キャッシュフローの要約と今後二年分の予想など）が渡された。検査の結果、見積価格の乖離の中央値は四一％だった。同じ資料を使い同じ評価方法を適用した同じ会社のベテラン・マネジャーの間でこれほどのばらつきがあるとは、嘆かわしい事態である。

同等の資格や専門知識を持ち大幅な能力差のないはずの専門家集団、たとえば資産運用会社の運用マネジャー、裁判所の裁判官、保険会社のアンダーライターといった集団からランダムに選んだ人たちの判断にばらつきがあるのは、大問題である。多くの組織では、担当者が事実上ランダムに決まる。あなたの診療を誰が担当するのか、あなたの訴えを誰が審査するのか、あなたの履歴書を誰が判断するのか、あなたの苦情を誰が処理するのか、等々。こうした場合にシステムノイズが存在すると、不幸なことになる。望ましくないばらつきは容認しがたい不公平を生むだけでなく、無用のコストを発生させる。

望ましくないばらつきについてよくある誤解の一つは、ランダムエラーはプラスにもマイナスにも出るので結果的に打ち消し合うというものだ。なるほど同一ケースの中でプラスのエラーとマイナスのエラーが起きれば、プラスマイナスゼロになるかもしれない。これについては後段で論じる。だがノイズの多いシステムでは、同一ケースについて複数の判断が下されるのではなく、多数の別々のケースで下された判断にプラスがあったりマイナスがあったりするのだということに注意してほしい。ある保険会社で、案件Aの保険料率が高すぎ、Bは低すぎたら、会社全体で均せば結果オーライに見えるかもしれないが、実際には二つの高くつくエラーを犯しているのである（一方は契約を取り損ね、もう一方は損をする）。共に懲役五年に処すべき二人の重罪犯のうち一方が三年、もう一方が七年の刑を言い渡されたら、平均すれば正義が行われたとは言えまい。ノイズの多いシステムでは、エラーは打ち消し合うのではなく足し合わされることを忘れてはならない。

## 一致の錯覚

数十年前のフランケルの苦労のおかげで、私たちは裁判官による量刑のばらつきの存在を知っていた。だから、保険会社のノイズ検査の結果にさほど驚かなかった。それよりも私たちが驚いたのは、結果報告をしたときの経営陣の反応である。これほどのノイズがあることを経営陣は誰一人として想像していなかったし、こんなに大量のノイズは容認できないと誰もが断言した。ノイズというものが組織にとってまったく新しい問題だったらしい、ということに私たちは驚いた。ノイズは、建物の基礎が徐々に蝕まれているようなものである。ノイズは容認されていたわけではなく、誰にも気付かれなかったために放置されていたのだった。

なぜそんなことが起こりうるのだろうか。同じオフィスにいて同じ仕事をしているプロフェッショナルたちがすぐ隣の同僚とかなりちがう評価をしているのに、なぜ気付かないのだろう。そのような評価のばらつきがあれば会社の業績や評判にとって大問題だと理解している経営陣も、なぜ気付かないのだろう。システムノイズが組織の中で往々にして認識されていないことを知るにつれて、これはノイズの蔓延そのものに劣らず興味深い問題だと私たちは考えるようになった。ノイズ検査をするまでノイズの存在に誰も気付かないことからして、おそらく経験ゆたかで尊敬されているプロフェッショナルたちは、そして彼らを雇っている会社の側も、「プロフェッショナルが下す評価はほぼ同じ」と信じ込んでいるのではないかと考えられる。これを私たちは「一致の錯覚（illusion of agreement）」と呼ぶ。

この錯覚がどのように形成されるのかを理解するには、たとえば保険会社のアンダーライターが毎日会社でどんなふうに仕事をしているか、想像してみるとよい。あなたには五年の経験があり、同僚の間で優秀だと認められている。あなたも同僚を好きだし、信頼している。こうしたわけであなたは自分の能力に当然の自信を持っており、ある込み入ったリスクを入念に分析したうえで、保険料は二〇万ドルが妥当だと結論を下す。複雑な案件ではあるがこれまでも毎日のようにこうした案件を処理してきたのだし、特段困難というわけではない。

さてこうして処理してしまってから、同じオフィスの同僚から自分も同じ案件を見積もったと聞かされる。もし彼が保険料を二五万五〇〇〇ドル以上にしたとか、あるいは逆に一四万五〇〇〇ドル以下にしたと言われたら、あなたはどうするだろうか？　まさか、そんなはずはない……じつのところ私たちは、ノイズ検査の結果を聞き、それを信じたアンダーライターたちでさえ、それが自分自身に当てはまるとは考えていないのではないかと疑っている。

大半の人はだいたいにおいて、世界は自分の目に見えているとおりだと信じている。そう考えてやってきてまちがっていなかったのだから、疑う理由がどこにあるだろう。この見方から、「他の人にも自分に見えているとおりに世界が見えている」という見方まではほんの一歩だ。このような見方を認識論的には素朴実在論と呼び、まずもって幼稚とされているが、他人と現実感を共有するには欠かせない見方ではある。[2]私たちはめったにこの見方を疑ったりしない。自分のまわりの世界についてある一時点で一通りの解釈しかせず、他の解釈が可能であるとはほとんど考えない。一通りで十分であることは経験からわかっているからだ。自分にはこう見えているが、他の見方も可能かもしれないな、などとつねに考えている人はめったにいないだろう。

専門職として判断を下す仕事をしていると、「他の人にも自分に見えているとおりに世界が見えている」という信念が日々強められることになる。まず、同じ専門職の同僚とは共通の言葉で話す。判断を下す際のルールや基準も共有している。さらに、誰かがルールに違反してやらかした判断の馬鹿さ加減を話題にするなどして、自分の正しさや優秀さを再確認することが多い。そのうえ、たまさか同僚との不一致に気づくことがあっても、自分は正しくて向こうがまちがっているのだと安易に結論づける。合意済みのルールがあいまいであって、一定の外れ値を排除することはできても、個別のケースで評価を一致させるには不十分であることに気づく機会はほとんどない。同僚とうまくやっていけるのは、彼らの目には実際には「自分に見えているとおりには世界が見えていない」ことを知らないからなのだ。

私たちがインタビューしたあるアンダーライターは、新人からベテランになったプロセスをこんなふうに話してくれた。「新人だった頃は、担当した案件の七五％は上司に相談していました……何年か経つと相談する必要はなくなり、自分の判断に自信が持てるようになりました……いまはもうこの道のエキスパートとみなされています」。つまり彼女は、仕事で何度も判断を下す中で自分の判断力に自信を持つようになったわけである。きっと多くの人が同じような道のりをたどってきたことだろう。

このプロセスの心理はよくわかる。最初はむずかしかった判断も、同種のケースを何度も扱ううちに経験が蓄積され、過去の類似の案件を参照したり応用したりすることで次第にさほど時間をかけずに容易に下せるようになる。こうして自信が育まれるわけだ。過去の案件を参照した際に「あのときの自分の判断は正しかった」と思えるケースが増えていくと、ますます自信は強固なものとなる。このアンダーライターは、新人だった頃に上司にひんぱんに相談したときを除けば、自分の見積もりが同僚と同じか、どの程度乖離しているかを調べたことはないし、知りたいと思ったこともないという。また、同僚の評価とだいたいそろえようと努力したこともないと言った。

この保険会社では、ノイズ検査を実施して初めて「一致の錯覚」が打ち砕かれることになる。なぜ各部門の責任者はノイズ問題に気づかなかったのだろうか。さまざまな答えが考えられるが、おそらく一つ大きな要因は「不一致の居心地の悪さ」にあるだろう。議論百出の大論争のほうがコンセンサスや調和より好きだという組織はまず存在しない。組織のさまざまな手続きは意見の不一致が起きる頻度をなるたけ減らすように設計されているし、実際に論争が起きたときには言い逃れができるようなシステムになっている。

ミネソタ大学心理学教授で予測に関する研究の第一人者であるネイサン・クンセルが、「不一致の居心地の悪さ」を雄弁に物語るエピソードを教えてくれた。クンセルはある学校の入学者選抜プロセスの見直しを手伝っていた。選抜プロセスでは、最初の評価者が応募書類を読んで評点をつけ、次の評価者に回す。クンセルは、このとき最初の評価者の採点は次の評価者に見えないようにすべきだと助言した。そうすれば二番目の評価者は最初の評価に影響されずに済む。だが学校側の答えはこうだった。「以前はそうしていたのですが、それだと評価が割れすぎるので、いまの方法に切り替えたのです」。つまりこの学校は、適切な決定を下すこと以上に、対立や論争を避けることを重視していたのだった。

判断エラーを防ぐために企業がよく行う方法として、事後分析がある。学習メカニズムとしての事後分析はとても有効だ。だが実際に判断エラーすなわちプロフェッショナルの標準からかけ離れた判断が下されたあとでは、その事後分析はたやすい。プロフェッショナルたちは、その判断が自分たちの基準から外れていて不適切だとすぐに合意するだろう（そしてきっと、これは稀有な例外だと切り捨てるはずだ）。悪い判断を見つけるのはじつは良い判断を見つけるよりずっとかんたんなのである。だがとんでもない誤りを非難し、そういうまちがいをやらかす担当者を窓際に追いやるだけでは、プロフェッショナルの判断にどれほどばらつきがあるかという事実は気付かれずに終わってしまう。むしろ、悪い判断についてかんたんに意見が一致すると、一致の錯覚を一段と強めることになりかねない。そして、システムノイズがはびこっているという真の教訓は永久に学ばれぬままとなる。

システムノイズは組織にとって重大な問題だという私たちの見方をぜひ共有してほしい。主観的な要素を完全には排除できない判断というものの性質を考えれば、システムノイズの存在自体は驚くことではない。だが本書を通じて見ていくように、ノイズの量はあまりに多すぎる。本気でシステムノイズを洗い出そうとする組織は、ショックを受けるにちがいない。私たちの結論はシンプルだ。「判断のあるところノイズあり」。そしてノイズは、あなたが思うよりずっと多い。

## 保険会社のノイズについて話そう

「保険会社では、プロフェッショナルが下す判断の質が非常に重要だ。私たちは、誰が担当しても判断はほぼ同じだと考えていたが、この前提はまちがっていたようだ」

「システムノイズは予想より五倍も多かった。つまり、容認できる水準の五倍もあった。ノイズ検査を行わなかったら気づかないままだっただろう。ノイズ検査のおかげで、一致の錯覚は打ち砕かれた」

「システムノイズは由々しき問題だ。損失は数億ドルに上るだろう」

「判断のあるところノイズあり。それも、思った以上に多く」

# 第3章　一回限りの判断

これまでのケーススタディで扱ってきたのは、繰り返し行われる判断だった。ある窃盗犯に適切な量刑はどの程度か？　あるリスクに対する適切な保険料はどの程度か？　ある意味でどの案件も唯一無二ではあるが、判断をする側からすれば「繰り返し行う判断」である。医師による患者の診断、裁判官による仮釈放の審査、入学審査官による書類審査、公認会計士による会計監査などはすべて、繰り返し行う判断だ。

繰り返し行う判断におけるノイズがノイズ検査で可視化できることは、前章で示したとおりである。同等の能力や資格を持つプロフェッショナルが同質のケースについて判断を下す場合の望ましくないばらつきは、検査をすれば容易に突き止められ、数値化できる。だが、「一回限りの判断」にノイズの概念を適用するのはむずかしい。いや、不可能かもしれない。

たとえば、二〇一四年に世界が直面した危機を考えてみよう。西アフリカでエボラ出血熱が発生し多くの犠牲者が出た。グローバル化の進んだ今日の世界では、この種の強力な感染症はあっという間に広がり、ヨーロッパや北アメリカにとくに大打撃を与えると予想された。アメリカでは、感染地域との空路を遮断し国境を閉鎖するよう求める声が上がった。政治家も同調し、政府に圧力をかける。著名人や専門家も国境閉鎖を訴えた。

バラク・オバマ大統領は、任期中で最も困難な問題の一つを突きつけられたわけである。このような問題は以前に直面したことはなかったし、以後もない。大統領は国境閉鎖という選択を退け、医療従事者と軍関係者三〇〇〇人を西アフリカに送り込む決断を下す。これまで必ずしも仲のよくなかった国同士の国際協調を主導し、未曾有の危機に持てるリソースと専門知識・人材を投入することを決意したのだった。

## 一回限り？　繰り返し？

エボラ出血熱に直面したときのような判断を、同じ人あるいは同じチームが繰り返し行うことはまずないだろう。そもそもエボラ出血熱の感染拡大自体があまり例のないことである。したがって大統領のチームが参考にできるような前例もなければ、指針や手続きが決められているわけでもなかった。重大な政治的決断は、一回限りであることが多い。命運を決するような作戦で軍の司令官が下す決断も、そうだ。

個人の場合でも、一回限りの決断はすくなくない。就職、家の購入、結婚など。あなたにとって初めての就職、家、結婚ではないにしても、また数え切れないほどの人がこの種の決断をこれまで行ってきたにしても、あなたにとって人生で特別な判断だと感じられるはずだ。企業経営者の場合にも、これは一世一代の決断だと感じられるケースがきっとあるだろう。たとえば、既存ビジネスのあり方をすっかり変えてしまうようなイノベーションに巨額の投資をするかどうか。感染症の大流行に直面して事業をどこまで縮小するか。これまで進出していなかった遠国に事務所を開設するかどうか。自社の属す産業に対する政府の規制に従うか徹底抗戦するか、等々。

おそらく一回限りの判断と繰り返し行う判断とはきっぱり区別できるわけではあるまい。保険の引受担当者にも、これは非常に特殊で前例のないリスクだと感じるケースがあるだろう。逆に家を買うのはもう四回目だという人は、家の購入を繰り返しの判断のように感じるかもしれない。それでも極端な例を考えてみれば、両者のちがいがはっきりするはずだ。戦争へ行くことと、毎年の予算をチェックすることは、やはり全然ちがう。

## 一回限りの判断におけるノイズ

一回限りの判断は、組織の中で同等の能力や資格を持つプロフェッショナルが同質のケースについて繰り返し行う判断とはまったく別物として扱われてきた。繰り返し行う判断は社会科学者の関心の対象で、懸かっているものの大きい一回限りの判断は歴史学者や経営学者の守備範囲だ。両者のアプローチもまったくちがう。繰り返し行う判断の分析には統計が使われることが多い。

社会科学者は同種の判断を大量に分析してパターンを突き止め、規則性を発見し、判断の精度の数値化を試みる。対照的に一回限りの判断を論じる際には、因果論的アプローチが採用されることが多い。その判断の結果がすっかりわかっている状況で、結果を招いた原因を特定するわけだ。経営判断の成否に関するケーススタディのような過去の行動の分析においては、一回限りのその判断になぜ至ったのかを理解することが目的となる。

一回限りの判断というものの性質を考えると、ノイズに関するある重要な疑問が浮上する。すでに述べたが、ノイズとは同質の問題についての判断に見られる望ましくないばらつきのことである。一回限りの問題は、定義からして二度と繰り返されないのだから、ノイズが起きるはずはないことになる。結局のところ、歴史は繰り返しはしない。二〇一四年のエボラ出血熱大流行の際にオバマ大統領が下した決断を、アメリカの他の大統領が別の状況で下した判断と比べることはできない（でも比べてみたくなる）。自分がいま結婚について下そうとする決断を自分とよく似た別の誰かの結婚の決断と比べてみるとしても、アンダーライターがある案件を過去の別の案件と比べるような具合にはいかないはずだ。あなたと相手はとても特別なのだから。よって一回限りの判断では、ノイズの存在を直接見つけることはできない。

だからといって一回限りの判断が、繰り返し行う判断におけるノイズの発生原因と無縁だということにはならない。射撃場では、チームＣ（ノイズの大きかったチームだ）のメンバーはそれぞれの照準の合わせ方がまちがっていたのかもしれないし、手が震えていたのかもしれない。一人目が射撃をするところを見ただけではチームのノイズの度合いはわからない。それでも、ノイズを引き起こす要因が存在していることだけはまちがいない。同じようにあなたが下す一回限りの判断についても、次のように想像することが可能だ。あなたと同じぐらい有能で、同じ目標と価値観を持つ別の人なら、その同じ状況であなたと同じ結論に達するだろうか。あるいは、あなたが直面する状況や意思決定プロセスにおいて、あまり本質とは関係のない要因のいくつかがちがっていたら、あなた自身がいまとちがう判断を下すのではないだろうか。

言い換えれば、一回限りの判断でノイズを計測することはできないにしても、反実仮想の思考実験をしてみれば、つまり「もしこうだったら」「もしこうでなかったら」と事実と異なる仮定を立てて考えてみれば、きっとそこにはノイズが見つかるはずだ。射撃手の手が震えていたら的を外すことが予想されるように、判断を下す当人や意思決定プロセスにノイズがあったら一回限りの判断もちがうものになりうる。

一回限りの判断を下すときには、その判断に影響を与えるあらゆる要素を考えてみることが必要である。たとえばエボラ出血熱の脅威を分析し行動計画を立てることを任務とする専門家チームのメンバーの生まれや育ち、専門分野、それまでの経験や活動領域がちがっていたら、大統領への提言はちがったものになっていたのではないだろうか。たとえば同じ事実でも説明の仕方がちがっていたら、その後の議論で同じ結論に到達しただろうか。チームの主要メンバーの機嫌がよかったら、体調が悪かったら、会議の日が大嵐だったら、どうだろう。そうやって考えてみると、一回限りの判断であってもノイズがないとは言い切れなくなるだろう。存在に気づいてもいない多くの要素によって判断は左右されるのだから。

反実仮想思考のもう一つの例として、新型コロナウイルスの大流行について考えてみよう。さまざまな国や地域がほぼ同時にほぼ同じように感染拡大に直面したが、対応はかなり異なっていた。このばらつきからしても、各国の意思決定プロセスにノイズがあったことはあきらかである。だがウイルスが一つの国だけを襲っていたらどうだろう。その場合、判断のばらつきは目に見えない。だが見えないからといって判断を左右するノイズがなかったことにはならないのである。

## 一回限りの判断におけるノイズ・コントロール

このように反実仮想思考で考えてみることには重要な意味がある。一回限りの判断も繰り返し行う判断と同じくノイズが多いのであれば、後者においてノイズを減らすための戦略が前者にも有効だということになるからだ。

これは、ひどく直感に反することだろう。何か特別な判断を下そうとするとき、人はそれが一世一代の決断であり人生を決するようなものだと感じているにちがいない。このような一回限りの判断に確率など無縁であり、ふつうとはまったく異なるアプローチで臨むべきだと考える人もいることだろう。

だが私たちの研究からは、正反対のアドバイスをしたい。ノイズ削減の観点からすると、一回、限りの判断というものは、繰り返し行う判断がたまたま一回だけだったケースにすぎないのである。一回限りだろうと同種の判断を一〇〇回繰り返そうと、ノイズとバイアスの両方を減らそうと努めなければならない。エラーを減らすための実践的な方法は、一回限りの判断にも繰り返し行う判断にも有効である。

## 一回限りの判断について話そう

「これはたしかにめったにない出来事ではあるが、いまのアプローチだとノイズが多くなりそうだ」

「一回限りの判断も、繰り返し行う判断がたまたま一回だけだったケースにすぎない。このことを忘れないように」

「あなたが判断のよりどころにしている過去の経験は、今回の判断と関係があるのだろうか」

# 第2部　ノイズを測るものさしは？

何かを測るとは、科学の世界でも日常生活でも、何らかの道具を使い、その目盛りをモノなり現象なりに当てはめることである。メジャーを使ってカーペットの長さを測り、温度計を使って室温を測る。

判断を下す行為もこれと似ている。適切な量刑を決めるときには、裁判官は何らかの尺度の目盛りを犯罪に当てはめる。保険のアンダーライターがリスクの価値を見積もるときも、医者が患者の診断をするときも、そうだ。目盛りは必ずしも数字でなくてよい。たとえば「合理的な疑いを超えて有罪である・有罪ではない」、「進行性黒色腫である・進行性黒色腫ではない」、「手術が望ましい・望ましくない」という目盛りもある。

したがって判断とは「人間の知性がものさしとなるような計測」と定義することができよう。計測という言葉自体が暗に示すように、判断の目標は正確性にある。ほんとうの姿に近づき、誤差を最小限に抑えることだ。人を感心させることでもなければ、圧倒することでも説得することでもない。ここで注意してほしいのは、私たちが本書で使う判断の概念は専門的な心理学文献から借用したもので、日常的に使われる意味よりはるかに狭いことである。「判断する」とは「考える」ことではないし、「正確に判断する」とは「よい判断をする」ことではない。

私たちの定義では、判断とは一文ときには一言でまとめられるような結論を意味する。たとえば情報分析官が長い報告書の最後に「よって○○国の体制は不安定である」と書いたら、この結論が判断である。判断は計測と同じく、判断をするという知的活動と同時に、その成果をも意味する。判断が正確であるに越したことはないが、じつは完璧な精度は科学的な計測でも実現できていない。まして判断ではなおのことだ。必ずある程度のエラーつまり誤差が入り込む。そこにはバイアスもあればノイズもある。

バイアスとノイズがどのように誤差を生じさせるかを体感するために、読者はぜひここで一分ほど時間を割いてほしい。自分の感覚だけで一〇秒間を測るテストである。ストップウォッチ機能付きのスマートフォンをお持ちなら、おそらくラップタイムを計測できるはずだ。ストップウォッチを止めずに、且つディスプレイ画面も見ることなく、読者の考える一〇秒間を連続して五回測ってほしい。体内時計がとても精密にできている人なら、毎回一〇秒のラップを刻んで五〇秒を計測できるはずである。テスト開始前に一〇秒とはどのくらいかを何回か実際に感じておくことはＯＫだ。

それでは、スタート！

五回計測したら、成績を見てみよう（スマートフォン自体も完全にノイズがないわけではないが、無視できるほど小さい）。おそらくどれも一〇秒きっちりではない――それどころか、かなり大幅にばらついているだろう。毎回同じにしようと、読者はきっと懸命に努力したと思う。それでも、できなかった。このコントロールできなかったばらつきは、ノイズの一例である。

この発見は驚きでも何でもない。ノイズは生理的にも心理的にも必ず存在するものだ。個体間のばらつきは生物につきものである。さやに入った二つの豆が完全に同じということはない。同じ一人の人間の中にもばらつきはある。たとえば心臓の鼓動は完全に規則的に刻まれているわけではないし、同じ動作を完全にもう一度繰り返すことはできない。専門家に自分の聴覚を調べてもらったら、ある種の音は全然聞こえず、ある種の音はつねに聞こえるが、中には時々聞こえて時々聞こえない音があると気づくはずだ。

それでは、さっきのラップタイムに戻ろう。五回のタイムに何かパターンはあるだろうか。たとえばどれも一〇秒より短かったら、読者の体内時計はかなりせっかちだと言えるだろう。一方向に偏っている場合、この単純な作業でも、ラップタイムの平均と一〇秒との間にプラスあるいはマイナスのバイアスが働いたことになる。一方、本書の冒頭で取り上げた射撃のような具合にラップタイムがばらついていれば、そこにはノイズが存在する。統計学では、最もよく計測されるばらつきを「標準偏差」と言う。本書では判断のノイズを計測するときに標準偏差を使う。[1]

判断のほとんど、とくに予測的判断（predictive judgment）は、いま行ったような計測によく似ていると考えることができる。予測をするときにはできるだけ実際に近づこうとするものだ。たとえば経済予測では、来年の実際の経済成長率にできるだけ近い数値を見積もろうとする。医師はできるだけ正確な診断を下そうとする（本書で専門的な意味で使う「予測」は、必ずしも将来予測ではないことに注意されたい。本書の目的に限っては、患者の現在の状況を診断することも予測にあたる）。

本書では何かにつけて判断と計測の類似性を引き合いに出すことになるだろう。そのほうが、エラーにおいてノイズの果たす役割を説明しやすいからだ。予測的判断を下す人は、標的の中心を狙う射撃手や粒子の質量を正確に測ろうとする物理学者と似ている。彼らの判断にノイズがあれば、エラーが起きるはずだ。端的に言って、唯一の正解を求めるとき、二つの異なる判断の両方が正しいということはあり得ない。ある人がある特定のタスクについて能力不足や訓練不足から他の人よりつねにエラーをしやすいということはありうる。しかし計測機器と同じで、判断を下す人間はそもそも完全無欠ではない。誰でもエラーを犯すことを認め、それを計測すべきである。

言うまでもなく、プロフェッショナルが下さなければならない判断はラップタイムの計測よりはるかに複雑である。第４章ではさまざまなタイプのプロフェッショナルの判断を取り上げ、それぞれが何を目標としているかを探る。第５章では判断エラーつまり誤差の計測方法を論じるとともに、誤差とシステムノイズの関係の数値化を試みる。第６章ではシステムノイズを深く掘り下げ、その構成要素である異なるタイプのノイズを分析する。第７章では、その一つの要素である機会ノイズを取り上げる。最後の第８章では、集団での判断が往々にしてノイズを増幅させることを論じる。

以上の章から導き出せるシンプルな結論は、こうだ。計測機器と同じく人間の知性も不完全であり、バイアスとノイズの両方に左右される。それはなぜか、どの程度惑わされるのか、これから調べていこう。

# 第４章　判断を要する問題

本書が扱うのは、広くプロフェッショナルが下すものとされている判断である。そうした判断を下す人はみなしかるべき能力を備えており、正確な判断をするためにそこにいると考えられている。だが判断を必要とすること自体、それがつねに正しいとは言い切れないことを渋々ながら認めていると考えるべきだろう。

「それは判断を要する問題だ」とか「判断は誰それに任せよう」などと私たちが口にするのはどんなときだろうか。明日は太陽が昇るだろうかとか、塩の化学式はＮａＣｌかといった問題に判断を必要とするとは考えない。まともな人間ならみな完全に意見が一致するからだ。判断を要する問題とは、答えに一定の不確実性を伴い、合理的で有能な人間の間で意見の不一致が起こりうると考えられる問題である。

だが、不一致を許容できる限度というものがある。じつのところ「判断」という言葉が使われるのは、だいたいにおいて「意見が一致すべきだ」と多くの人が考える問題である。判断を要する問題は、意見や好みを問う問題とは質的に異なる。後者では、最後まで一致しなくてもまったくかまわない。ノイズ検査の結果にショックを受けた保険会社の経営陣も、ビートルズとローリングストーンズのどちらが好きか、鮭と鮪はどちらが旨いかでアンダーライターたちの意見が分かれたところでいっこうに気にしないだろう。

判断を要する問題にはプロフェッショナルが判断すべきとされている問題も含まれ、それらは事実や計算の問題と、意見や好みの問題の間に広がる膨大なスペースを占める。これらの問題は、不一致が一定の許容範囲内に収まることが期待されるという特徴がある。

そもそも判断のどの程度の不一致なら許容されるのか、という問題自体が判断を要する問題だ。そして許容範囲は、当然ながら問題のむずかしさに左右される。あまりに理不尽な判断に対しては、その判断を却下することにすぐに見解が一致するはずだ。たとえばごくありふれた詐欺や窃盗に対しては、罰金一ドルも無期懲役もばかげている。ワイン品評会では、どのワインに金賞を与えるべきかについて審査員の意見は割れるだろう。しかしどのワインをふるい落とすかについては意見の一致をみることが多い[1]。

## 判断の実験をしてみよう

判断についてさらに議論を進める前に、まず読者に一度判断を下してみてほしい。実際に経験しておくと、この章からより多くを学べるはずだ。

「あなたはある地域的な金融サービス企業の指名委員会のメンバーです。今回、次期ＣＥＯを選ぶことになりました。この会社はまずまずうまくいっていますが、次第に激化する競争に直面しています。あなたは、以下の候補者が次期ＣＥＯ（任期二年）にふさわしいかどうか評価してください。ＣＥＯにふさわしいとは、ここでは二年の任期を全うできるかという意味です。その確率を〇（不可能）から一〇〇（確実）までのスケールで評価してください。

候補者はミカエル・ガンバルディ、三七歳。ハーバード・ビジネススクールを一二年前に卒業し、複数の会社で働いてきました。最初は自分で起業するほか、スタートアップ一社に出資したものの、いずれも十分な金融支援を得られずに失敗に終わっています。その後大手保険会社に就職し、めきめき頭角を現してヨーロッパ支社長に昇格。支社長時代には保険請求の迅速な解決に関する重要な改善に取り組みました。同僚や部下の評価によると、有能だが傲慢で軋轢《あつれき》が多いとのこと。在任中は役職者の離職も多かったと報告されています。なお誠実で失敗の責任も進んでとる点は評価されています。直近二年間は、中堅銀行のＣＥＯを務めました。この銀行は当初破綻の危機に瀕していましたが、彼は経営を安定させることに成功しています。当時の評価は、有能だが一緒に働くのはむずかしいというものでした。彼は転職に興味を示しています。数年前に面接した人事コンサルタントは、創造性とエネルギーには高評価を与えたものの、傲慢でときに独裁的だと述べています。

以上の説明をよく読み、ガンバルディが現時点でまずまず成功しているが競争激化に直面している地域金融サービス企業のCEO候補であることをわきまえて、評価してください。ガンバルディはCEOの責務を二年にわたって遂行できるでしょうか。評価は〇〜一〇〇点で採点してください。必要なら、もう一度ガンバルディについての説明を読んでかまいません」

真剣に取り組んだら、この問題が簡単ではないと気づくはずだ。ここにはたくさんの情報があるが、その多くが矛盾するように見える。これでは、自信をもって判断できるような一貫性のある人物像を描きにくい。どうしても重要と考える部分に集中し、それ以外は無視することになるだろう。なんとか評価したとしても、なぜその点数なのか説明しろと言われたら窮するにちがいない。ごくわずかな事実を除けば、あなたの判断を正当化する理由はかなりあいまいだろう。

読者がたどった思考プロセスから、私たちが判断と呼ぶ知的活動の特徴を読み取ることができる。

・ガンバルディの説明文（おそらく知りたかった情報の一部にすぎないとしても）で与えられ

た手がかりのうち、読者が注意を払ったものとそれほどでもなかったものがあるはずだ。そのことをきっと自分ではあまり意識していない。ガンバルディがイタリア人らしい名前だと気づいただろうか。彼の出身校を覚えているだろうか。この実験は被験者にたくさんの情報を与え、全部の詳細まではそうたやすく思い出せないように設計されている。おそらくあなたが思い出したことは、他の読者が思い出したこととはかなりちがうだろう。こうした選択的な注意と選択的な記憶は、個人間のばらつきの原因となる。

・続いてあなたは重要と判断した手がかりに基づき、自分なりのやり方でガンバルディの候補者としての総合的な印象を形成する。この「自分なりのやり方」というところがポイントだ。あなたはとくにガンバルディを評価するための系統的な手順などを構築しようとは考えないはずだ。自分が何をしているかさほど意識もせずに、ガンバルディの長所と短所や彼がＣＥＯになった場合に直面する課題などを勘案しながら、できるだけつじつまの合う評価をしようと努力する。自分なりのやり方でよいので、結論に達するのは早い。しかしばらつきが出る。きちんとやり方が決められている場合、たとえば足し算であれば、計算結果はみな同じになる。だが各自が自分なりのやり方をすれば、ノイズは避けられない。

・最後にあなたはガンバルディの総合的な評価を〇～一〇〇のスケールに当てはめる。印象を数値化するのはなかなか興味深いプロセスであり、これについては第14章でくわしく取り上げる。ともかくもあなたはある数値に決めるが、なぜその数値にしたのか説明できまい。たとえば六五にしたとして、なぜ六一でないのか、あるいはなぜ六九でないのか。おそらくどこかの時点である数字が思い浮かぶ。それでぴったりくるかどうかを考え、いやちょっとちがうと思えば別の数字にする、という具合に決めたのではないだろうか。ここでもまた個人間でばらつきが出ることになる。

複雑な判断プロセスにおける以上の三つのステップで、それぞれにばらつきが出るため、最終的なガンバルディの評価に相当のノイズがあっても驚きではない。読者が何人かの友人にこの実験をやってもらったら、きっとだいぶちがう数値が出てくるだろう。私たちはＭＢＡの学生一一五人にやってもらったところ、評価は一〇〜九五の範囲で散らばった。かなりのノイズである。

ストップウォッチの実験とガンバルディの評価では、ノイズの種類がちがうことにお気づきだろうか。一〇秒を連続的に計測する実験で見られたのは一人の判断者（読者自身）の中でのノイズだったが、ガンバルディの成功確率の評価で見られたのは複数の判断者の間のノイズだった。専門的には、前者を個人内信頼性、後者を個人間信頼性と呼ぶ。

## 内なるシグナル

ガンバルディの成功確率を評価せよという問いに関する読者の答えは予測的判断だった。だがこの判断は、バンコクの明日の最高気温、今晩のサッカーの試合の結果、次の大統領選挙の結果を予測する判断とはいくつか重要な点で異なっている。最高気温や試合結果で友人と答えがちがっても、ある時点で正解が判明するはずだ。だがガンバルディの件で意見が食い違った場合、いつになっても正解はわからない。ガンバルディは架空の人物だからである。

いやいや、怒らないでほしい。仮に彼が実在の人物であって、結果が判明したとしても、ある確率判断が正しかったかどうかは（〇％か一〇〇％を除き）わからない。結果からは事後確率はわからないのである。九〇％の確率で起きないとされた出来事が起きた場合、確率判断が必ずしもまちがっていたとは言えない。結局のところ、たった一〇％の確率であっても、一〇％は起こりうるのだから。ガンバルディの実験は、次の二つの理由から検証不能な予測的判断に当たる。一つはガンバルディが架空の人物であること、そして答えが確率で表されることだ。

プロフェッショナルが下す判断の多くは検証不能である。たとえばアンダーライターは、甚だしいまちがいでも犯さない限り、どの保険証券が過大評価でどれが過小評価だったか知ることはない。また、仮定の予測も検証不可能である。たとえば「もし戦争になったらわが国は負ける」という予測は、検証されずに終わる公算が大きい（そう願いたい）。期間の長すぎる予測も検証することが現実的でない。たとえば二一世紀末までの平均気温の推移の予測などがそうだ。

ガンバルディの実験は検証不能だったが、そのことであなたのアプローチは影響を受けただろうか。たとえば、この男は実在の人物かそうでないかを問題にしただろうか。実験後に結果を教えてもらえるかどうかを気にかけただろうか。これが実在の人物だとしてあとで結果がわかるとしても、自分の答えが正しいかどうかわからない可能性を検討しただろうか。たぶん答えはノーだ。なぜならこれらのことは、ガンバルディを評価することとは直接関係がないからである。

このように、検証可能性が判断自体を変えることはない。もっとも答えがすぐわかるという場合には、あなたはいくらか真剣に考えるかもしれない。大外れだったらバツが悪いからだ。一方、あまりにばかばかしい仮定の問題（ガンバルディに空を飛べるという特技があったら、よりCEOにふさわしいか？）だったら、真剣に考えようとはしないだろう。だがだいたいにおいて、現実にありそうな仮定の問題には、大方の人は現実の問題と同じ真剣さで取り組むと考えられる。この点は心理学研究では重要なポイントであり、だからこそ架空の問題で実験を行うことができる。

結果が判明しない以上（それにおそらくあなたは結果がどうだったのか尋ねもしないだろう）、あなたは自分の答えをできるだけ結果に近づけようと試みるわけではない。では何を試みるのか。自分としてできるだけ妥当な判断を下すこと、自信を持ってこれだと言えるような数値にたどり着くことである。もちろん、4×6の答えに持てるような自信と同等の自信をガンバルディの評価に持つことはできない。いくらか不確実であることは自分でも承知している（これから見ていくように、その不確実性は思うより大きい）。だがある時点で、あなたはこれ以上考えても仕方がないと決め、答えを出す。

いったいなぜあなたは、「この判断でよい」、あるいは少なくとも「この判断で十分だ」と感じるに至ったのだろうか。私たちはこのときの感情を、外部情報とは無関係に発信される判断の完了を告げる内なるシグナルと呼んでいる。答えがすべての証拠と十分に一致しているとき、「この判断でよい」と感じるのは妥当だ。だが〇～一〇〇の評価では、なかなかそうは感じられないはずである。そもそも多数の証拠が相矛盾していてどうとでも解釈できるのに、自分の答えに自信を持つのはむずかしい。それでもある数値に決めたとき、この数値なら与えられた証拠や事実や状況とそこそこ一致するとあなたは感じたのだろう。「これでよし」と判断を打ち切るためには、そういうしっくりはまった感覚に達することが必要だった。そう、判断がめざすのは、あなたがまさに感じたように、矛盾なく調和した整合的な答えを見つけることである。

ところで内なるシグナルとして出される「これで証拠や状況説明とまずまず合っているだろう」という感覚は判断プロセスの一部であって、実際の結果に依拠するわけではない。だからこのシグナルは、検証可能な判断にも検証不可能な判断に対しても発信される。ガンバルディのような架空のケースにも、現実のケースと同じように判断を下せるのはこのためだ。

## 判断を評価する

検証可能性が判断自体を変えることはないにしても、事後の評価は左右する。

検証可能な判断は、単純に判断と実際の結果の差、すなわち誤差を客観的な判定者が計測すれば評価できる。たとえば気象予報官が今日の最高気温を三二度と予想して実際には二八度だったら、誤差はプラス四度だ。だが言うまでもなく、この評価方法はガンバルディのケースのような検証不能な判断には使えない。ではどうすれば判断の良し悪しを決められるだろうか。

判断を評価する方法は、もう一つある。それは、判断のプ、ロ、セ、スを評価するやり方である。こちらは、検証可能な判断にも検証不能な判断にも適用できる。いい判断だったとか悪い判断だったと言うとき、私たちは結果（ガンバルディの例で言えば〇〜一〇〇の数値）について話していることもあれば、そこに至るまでのプロセスを話していることもある。

判断プロセスを評価する一つの方法は、多数のケースにそのプロセスを適用したときにうまく機能したかどうかをみるやり方だ。たとえば政治評論家が今度の地方選挙で与党が勝つかどうかを予想するとしよう。彼は候補者一〇〇人について一人ひとりの当選確率を見積もり、全体として七〇％が当選するとの予測を立てる。実際に七〇人が当選したら、この評論家の確率予想はなかなか優秀だったということになるだろう。このように、個々のケースの確率判断の正否は検証できなくても、総合的には検証が可能になる。同様に、ある特定集団を有利または不利にするバイアスの存在も、大量のケースについて統計結果を検証すればあきらかにできる。

判断プロセスを評価する際には、それが論理則に適っているか、確率理論から逸脱していないかを調べる方法もある。判断の認知バイアスを調べる研究の大半はこの方法で行われている。

判断の結果ではなくプロセスに注目すると、仮定の問題や長期予測など検証不能な判断の質的な評価が可能になる。そうした判断は結果と突き合わせることができないにしても、判断に至るまでの過程がよくなかったと言うことは可能だ。さらに、単に判断を評価するだけでなくその質的向上を図る場合にも、プロセスに注意を払うことが必要になる。バイアスとノイズを減らすために本書で推奨する方法はどれも、類似のケース全体についてのエラーを最小化できるような適切な判断プロセスの導入をめざしている。

本書では判断を評価するにあたり、実際の結果と照合する方法と、判断に至るまでのプロセスの質を評価する方法の二つに焦点を合わせる。検証可能な判断の場合、同じケースであっても、評価方法次第で結論がちがってくる可能性がある点に注意されたい。有能で注意深いエコノミストが精度の高いツールとテクニックを使って予測しても、ある四半期についてインフレ予想をまちがうことは大いにありうる。逆に一つの四半期だけなら、チンパンジーのダーツ投げで偶然に当たることだってありうるのだ。結果重視なら、チンパンジーがすぐれていることになりかねない。

じつに間の悪いこの問題を解決するために、意思決定の研究者は、一回限りのケースでは結果ではなくプロセスに注目せよとアドバイスする。だが現実にはプロセスが重視されることはあまりない。プロフェッショナルが下す判断の場合、自分の下した判断が検証可能な結果にどれだけ近かったかが重視される。判断するときに何を目標にしているかと彼らに質問したら、できるだけ結果に近い判断をすることだと答えるだろう。

要するに検証可能な判断の場合、大方の人が予測を結果にぴたりと的中させたいと思っている。

そして実際にやっているのは、検証可能かどうかにかかわらず、自分の判断が証拠や事実とそこそこ一致したときに内から発信される「もうよし！」のシグナルを聞くことなのである。しかしほんとうにやらなければならないのは、そんなことではない。規範的に言うなら、類似のケース全体について精度の高い判断が下せるような判断プロセスを確立することである。

## 評価的判断

本章でこれまで取り上げてきたのは予測的判断だった。これから論じる判断の多くもこのタイプになる。だがフランケル判事と量刑のノイズを論じた第1章で取り上げたのは、別のタイプの判断である。有罪の被告に対して量刑を決めるのは、刑罰を犯した罪の重さに釣り合わせる「評価的判断（evaluative judgment）」である。ワイン品評会の審査員、学生の論文を採点する教授、フィギュアスケート競技会のジャッジ、研究プロジェクトの入賞者を選定する委員会は、みな評価的判断を下している。

複数の選択肢があり、どれも一長一短の中から選ぶ場合には、いくらかちがうタイプの評価的判断を下すことになる。たくさんの候補者の中から誰を採用するか決める人事担当者、戦略的選択肢の中からどれかを選ばなければならない経営チームは、この種の評価的判断を迫られている。アフリカの感染症大流行への対応を決めなければならない大統領も、そうだ。たしかにこれらの判断は、予測的判断のインプットに基づいて行われる。この候補者は会社でうまくやっていけるだろうか、この戦略を採用したら株式市場はどう反応するだろうか、放置しておいたら感染拡大は加速するだろうか、などだ。それでも最終決定はさまざまな選択肢のメリット、デメリットを天秤にかけたうえで下すことになる。これが評価的判断である。[2]

予測的判断と同じく、評価的判断もある程度の不一致は避けられない。どれほど唯我独尊の裁判官であっても、「これが最も適切と判断した量刑である。同僚が何と言おうと全然気にならない」とは言うまい。戦略的選択肢から一つを選んだ経営チームにしても、同じ情報を知っていて同じ目標をめざす社内の人間に賛成してほしいと願うだろう。すくなくとも、あまり強硬に反対されたくはないはずだ。評価的判断はある程度は判断者の価値観や好みに左右されるが、だからといって好みや意見の問題に分類することはできない。

予測的判断と評価的判断の境界はあいまいであり、判断を下している人の多くはそのことに気づいていない。量刑を決める裁判官も論文の採点をする教授も非常に真剣に仕事に臨み、「正しい」答えを見つけようと努力する。判断を重ねるうちに彼らは自信をつけ、また、自分の判断の正当化にも長けてくる。プロフェッショナルの多くは、予測的判断（この新製品はよく売れるか？）を下すときも評価的判断（私の部下の今年の営業成績はどうだったか？）を下すときも、ほぼ同じ姿勢で臨み、実行手順から判断の理由説明にいたるまでほとんど変わらない。

## ノイズの何が問題か

予測的判断にノイズがみられるときには、必ず何かがまちがっている。医師二人の診断が食い違うとき、アナリスト二人の次の四半期の売り上げ予想が一致しないとき、すくなくともどちらか一方はまちがっている。二人のうちどちらかが経験不足か能力不足でエラーを犯しやすいのかもしれないし、何かほかにノイズの原因があるのかもしれない。理由はどうあれ、正しい判断が下されないとなれば、その診断や予測に依存する人に重大な影響を与えることになる。

評価的判断に出現するノイズは、また別の理由から問題だ。判断を下す人が同等の能力を備えていて誰が担当してもおおむね同じ判断に達すると期待されている状況で、担当がほぼランダムに割り当てられる場合、同じケースでの判断のばらつきは公平の観点からも一貫性の観点からも期待に反することになる。ほぼ同じ罪を犯した被告に対する量刑に大幅な開きがあれば、フランケル判事が慨嘆した「恣意的な残虐行為」が行われていることになる。個々の被告に応じて量刑を決めることを支持し、実際に判断の不一致を経験している裁判官であっても、量刑がまるでくじ引きのように当たり外れが多いのは容認できないと言うにちがいない。同じことは、裁判ほど衝撃的ではないにしても、論文の採点やレストランの格付けやフィギュアスケーターの採点のばらつきにも当てはまる。同じような鬱病に悩まされる人のうちある人は障害者手当をもらい、別の人はもらえないとしたら、それも「恣意的な残虐行為」に該当すると言えるだろう。

不公平がさほど問題にならない状況でも、システムノイズは別の問題を引き起こす。評価的判断を受けて相対的に不利益を被った人は、判断に反映されているのがよもや判断者個人の価値観だとは思わず、システム自体の価値基準だと考えるだろう。ノートパソコンの不具合で苦情を申し立てたAは全額返金してもらい、Bは「たいへん申し訳ございません」と言われただけだったら。勤続五年の社員Xは昇格を希望して叶ったのに、能力・経験・成績ともに同等の社員Yは礼儀正しく却下されたら。システムノイズとは、要するにシステムに一貫性や統一性が欠けていることだ。そのようなノイズの存在は、システム自体の信頼性を著しく傷つける。

## ノイズは計測可能である

ノイズの計測に必要なのは同じ問題に対する多数の判断だけで、判断対象の実際の結果や正解を知る必要はない。冒頭で取り上げた射撃場の例にあったように、標的の裏側に回って標的自体が見えない状態でも、着弾がばらついていることはすぐわかる。そして、射撃手がばらばらな方向を狙ったのではなく一つの標的を狙っていたのだとわかれば、ノイズの計測が可能になる。ノイズ検査はまさにこれをするわけだ。次の四半期の売上高を予想してほしいとアナリストに依頼して、予想にばらつきがあれば、それがノイズである。

判断の質を向上させるためには、バイアスとノイズのちがいは重要な意味を持つ。判断が正しいかどうかを検証できないのに判断を改善できると言ったら、矛盾するように聞こえるかもしれない。だがノイズを計測することから始めれば、必ず改善できる。判断の目標が正確性であれ、選択肢の間の複雑なトレードオフの評価であれ、ノイズは望ましくない。しかし望ましくないが、多くの場合に計測はできる。そして第5部でくわしく論じるように、計測できれば減らすことは可能である。

## プロフェッショナルの判断について話そう

「これは判断を要する問題だ。となれば、みんなが完全に一致することは期待できない」

「たしかにそうだ。それにしてもいくつかの判断はあまりにかけ離れているから、まちがっているにちがいない」

「あなたの候補者選びのやり方は単に好みを表しているだけで、まじめに判断したとは思えない」

「決断を下すには、予測的判断と評価的判断の両方が必要だ」

# 第5章　エラーの計測

つねにバイアスがかかっていたら、高くつくエラーが生じるのはあきらかだ。体重計がいつも三キロすくなく表示されたら。むやみに楽観的なマネジャーが納期をつねに実際の半分に見積もったら。ひどく悲観的な経営者が来期の売り上げ予想をいつも不当に低くしたら……。どれも重大な問題を引き起こすだろう。

ノイズも同じように高くつくエラーを生じさせることを私たちはすでに知っている。マネジャーがあるときは納期を実際の半分に、あるときは実際の倍に見積もったとしたら、「平均すれば」正しいと言ったところで何の意味もない。エラーは足し合わされるものであって、打ち消し合うものではないのだ。

となると、重要な疑問が浮かび上がってくる。いったいバイアスとノイズはどのようにどの程度、エラーつまり誤差に寄与するのか。本章ではこの疑問に答えたい。とはいえ、基本的な答えは単純明快だ。正確性が重んじられるプロフェッショナルの判断においては、その分野を問わず、バイアスとノイズはエラー全体の計算において同じ役割を果たすということである。バイアスのほうが大きな要因となるケース、ノイズのほうが大きな要因となるケースはある（そして後者のほうが予想以上に大きい）。だがどのケースでも、ノイズを減らせば、バイアスを同じだけ減らしたときと同じ影響を誤差全体に与える。したがってノイズの計測と削減には、バイアスの計測と削減と同等の優先順位を与えなければならない。

この結論は、ある誤差計測法に基づいている。この計測法には長い歴史があり、科学においても統計学においても広く受け入れられている。本章ではこの計測法の歴史を概観し、その論拠もかんたんに説明したい。

## ノイズを減らすべきか？

まずは、グッドセルという大手小売企業を想像してほしい。この会社ではさまざまな売上予測を行っており、その中に地域ごとの来期の市場シェアを予測する仕事がある。予測部門の責任者であるエミー・シムキンは、おそらくノイズについての論文を読んだのだろう、ノイズ検査を実行する。検査では予測担当者が一人ひとり、ある一つの地域の市場シェアを予測した。

その結果を表したのが図3である（ちょっとあり得ないような滑らかな曲線を描いているが）。ここに見られるのは、おなじみの釣鐘型曲線である。このような分布は正規分布あるいはガウス分布とも呼ばれ、最も出現頻度の高い数値が曲線の頂点に来る。この場合はシェア四四％がそれだ。エミーはこの分布を見て、あまりにばらつきが多すぎると感じたことだろう（なにしろ下は一四％、上は七四％である）。全員が正確であれば、このように広い範囲に散らばるはずがない。

ノイズの多さがグッドセルの予測システムに起因すると考えることは可能だ。ストップウォッチでラップタイムを計測したときのように、予測の標準偏差を計算することができる。名前が示すとおり、標準偏差は平均からの標準的な距離を表す。この例では、一〇パーセンテージポイントだ。正規分布の場合、数値の約三分の二は、平均の両側で標準偏差一単位分の範囲に収まる。この例で言えば、シェア三四〜五四％の範囲に収まる。かくしてエミーは、シェア予測において推定されるシステムノイズ量を知ったわけである（複数のケースを予測して評価すれ

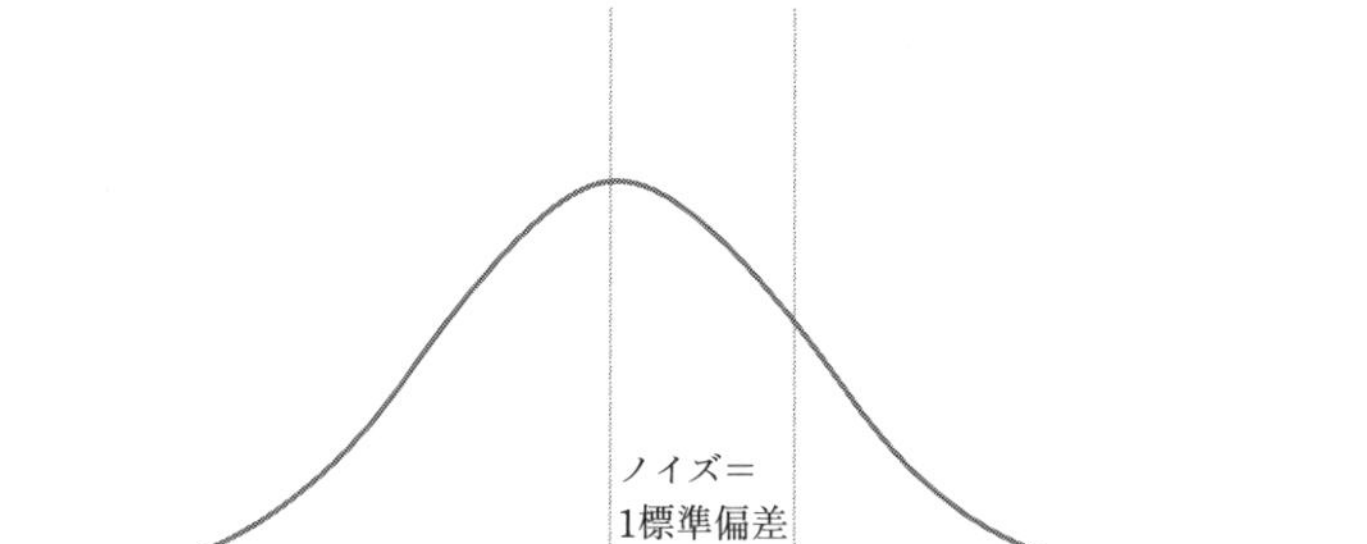


図３：グッドセル予測担当者のシェア予測の分布（単位：％）

ばノイズ検査の精度は向上するが、本章の目的に限ってはこの一つで十分である）。

第2章に登場した保険会社の経営陣と同じく、エミーもこの結果にショックを受け、何か手を打たねばと考えた。これほどのノイズは容認できない。おそらく予測担当者たちは従うべき手順に従っていないのだろう。予測作業に何らかの指針を導入して精度を高めるべく、エミーは専門のコンサルタントを雇う許可を上司に求める。だが上司はウンと言わなかった。上司の言い分はなかなかもっともらしい。予測が当たっているかいないかもわからないうちにどうやって誤差を減らせるのか、というわけだ。予測の平均誤差があまりに大きい（すなわちバイアスが大きい）ことがはっきりすれば、もちろん早急に何らかの対策を講じなければならない。だが予測精度を改善するために何か手を打つ前に、まずは結果が出るのを待って予測と照合すべきだ、と上司は結論した。

ノイズ検査から一年後に結果が出る。対象地域におけるグッドセルのシェアは三四％だった。また担当者一人ひとりの誤差、すなわち予測と実際の結果との差も判明した。三四％と的中させた人の誤差は〇、平均だった四四％と予測した人はプラス一〇％、二四％と予測した人はマイナス一〇％である。

図4には、誤差の分布を示した。図3で示した各自の予測数値から実際の数値（三四％）を差し引いて表してある。それでも分布の形は同じでやはり正規分布であり、標準偏差（すなわちノイズの量）は同じく一〇％である。

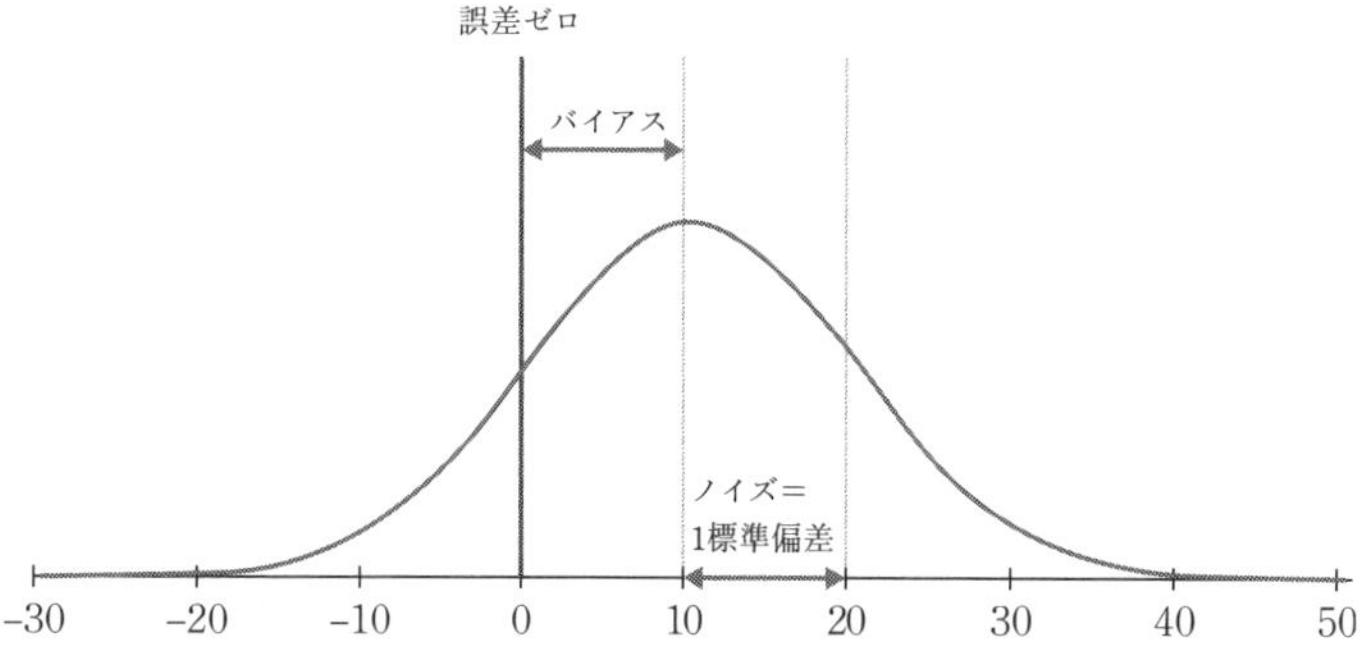


**図4：グッドセル予測担当者の予測誤差の分布（単位：％）**

　図3と図4のちがいは、本書の冒頭で紹介した射撃の標的を表側と裏側から見た図1と図2のちがいに相当する。つまり、標的の位置を知らなくても、射撃におけるノイズは見て取れる。逆に結果がわかっても、すでにノイズについてわかっていたこと以上のことはわからない。

　エミーと上司は、ノイズ検査の時点ではわからなかったこと、すなわち予測におけるバイアスの量を知ることができた。バイアスとは要するに誤差《エラー》の平均である。この場合は一〇％だ。よってバイアスとノイズはたまたま数値的に同じだったわけである（バイアスとノイズが等しくなるケースは一般的ではない。ただバイアスとノイズが等しいと、それぞれの果たす役割を理解しやすい）。図4からは、大方の担当者が楽観的に予測しがちであることが読み取れる。つまり実際より多めにシェアを見積もっており、予測の多くが誤差ゼロの線より右側に来ている（正規分布の特性から計算すると、予測の八四％が楽観的だったことがわかる）。

予測にはかなりのバイアスがかかっていたのだから、エミーの上司は正しかったことになる（得意気な顔をするのも無理はない）。したがって、バイアスを減らす努力をするのは理に適っている。それでもエミーは釈然としなかった。バイアスだけでなくノイズも減らすことは、一年前も現在もよいことなのではないか？　ノイズを減らすのとバイアスを減らすのとでは、予測の改善に何かちがいが出るのだろうか？

## 平均二乗誤差

エミーの疑問に答えるには、いろいろな誤差《エラー》を「採点するルール」が必要になる。つまり、全部の誤差を出すには、個々の誤差に重み（ウェイト）を付けてから足し合わせることが必要だ。幸いにも、そのための方法がちゃんとある。偉大な数学者カール・フリードリヒ・ガウスが一七九五年に発明した「最小二乗法」がそれだ。[1]ガウスは一七七七年に生まれ、十代の頃から重要な発見を次々に成し遂げた大学者である。

ガウスは、一つひとつの誤差が誤差全体にどの程度寄与しているかを採点するルールを開発した。彼の導き出した全誤差は個々の測定誤差の二乗を平均した値で、平均二乗誤差（ＭＳＥ）と呼ばれる。

なぜこれが全誤差を表すとガウスが考えたのか、その筋道を示すことは本書の手に余るし、仮に説明できたところで、すぐに理解できるようなものではない。二乗を使う理由の説明はかなり

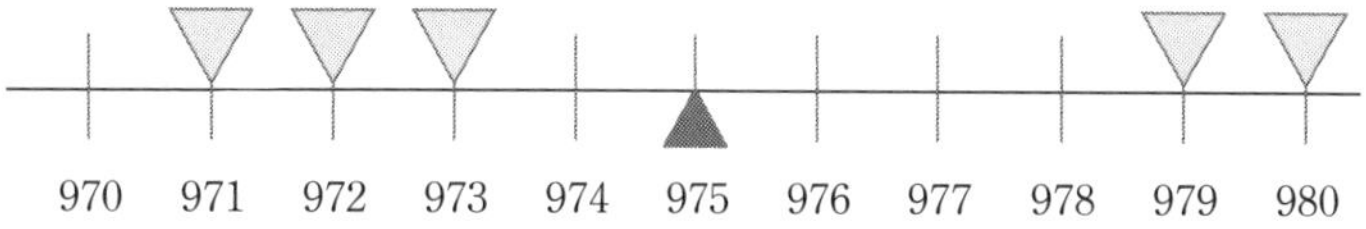


**図５：同じ線の長さを５回計測した結果**

抽象的で、奇妙にさえ感じる。だがこれから見ていくように、ガウスのアイデアはある直感の上に成り立っており、それには読者もきっと納得できるだろう。

その説明をするに当たっては、グッドセルとはまた別の例を使うことにしたい。一見するとまったく別の問題のように見えるが、最後は同じだったとわかるはずだ。ここでは、読者は定規を与えられて、ある線の長さを測るように言われたとする。計測はミリ単位まで行い、五回計測してよい。図5に、各回の計測値を下向きの三角で示した。

図5から、計測値は九七一〜九八〇ミリの範囲内に収まっていることがわかる。では線の真の長さは何ミリか、推定してほしい。この場合、有力候補は二つある。一つは中央値だ。五回の計測のうち短いほう二つと長いほう二つの数値の真ん中に来る数値である。図5では、九七三ミリが中央値に当たる。もう一つの有力候補は、算術平均だ。ふだん単に平均と呼ばれている数値はこれである。この例では九七五ミリが算術平均で、上向きの黒い三角で示した。読者の直感は、おそらく算術平均に軍配を上げたことだろう。その直感は正しい。平均のほうがより多くの情報を含んでいる。平均は標本の数に左右されるが、中央値は並び順にのみ左右される。

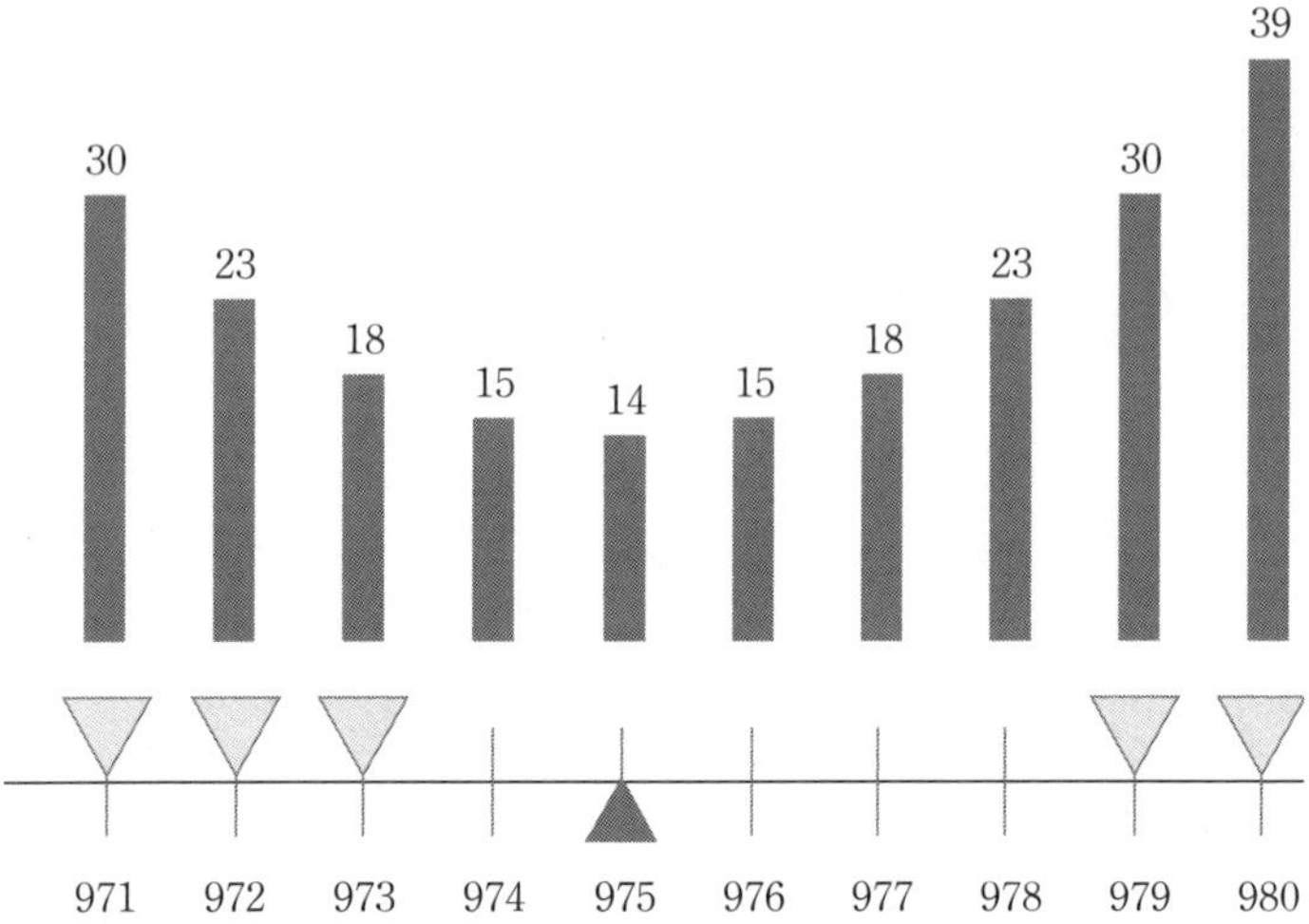


図6：真の値でありうる10個の数値それぞれの平均二乗誤差（MSE）

いま読者が正しく直感を働かせた推定問題と、さきほどからの懸案である全誤差の計測問題は、密接に関連づけられる。というよりも、同じコインの表と裏というほうが正しい。なぜなら最もよい推定値とは、計測時の全誤差が最小になるような数値だからである。となれば、真の値に最も近いのは平均だという直感が正しいとすると、全誤差の計測に使うべき計算式は、誤差を最小化した値としての算術平均を求める式だということになる。

平均二乗誤差（MSE）を計算すると、まさに誤差を最小化することができる。誤差の定義のうちこの性質を備えているものはMSEだけだ。図6に、線の真の長さとしてありうる一〇個の整数それぞれについてMSEの計算値を示した。たとえば真の値が九七一だった場合、五回の計測値の誤差はそれぞれ〇、一、二、八、九となる。これらの数値の二乗を合計すると一五〇となり、その平均は三〇となる。これはかなり大きい数字であり、九七一が真の値からだいぶ離れていることを表す。平均の九七五に近づくにつれてＭＳＥが小さくなり、九七五を過ぎるとまた大きくなることがわかるだろう。よって、平均の九七五が最もよい推定値ということになる。なぜならこの数値のとき、全誤差は最も小さくなるからだ。

真の値の推定値が平均から遠ざかるにつれて、全誤差の増え方が顕著になることにも読者は気づいただろう。たとえば九七六から九七九へ三ミリ増えただけで、ＭＳＥは二倍になってしまう（一五から三〇へ）。これは、ＭＳＥの重要な特性である。二乗することによって、大きな誤差につけられる重みは小さな誤差よりぐんと大きくなる。

全誤差を求めるガウスの式が平均二乗誤差を求める理由も、最も誤差の少ない最善の推定値を求める彼のアプローチが最小二乗法と呼ばれる理由も、おわかりいただけただろうか。ポイントは誤差を二乗することであり、平均が最善の推定値だという読者の直感は、これ以外の方法では裏付けられない。

他の数学者はすぐにガウスのアプローチの利点に気づいた。ガウスの功績は多岐にわたるが、その一つとして、ＭＳＥ（とその他の数学的イノベーション）を使ってヨーロッパ最高の天文学者たちを悩ませていた謎を解いたことが挙げられよう。それは、小惑星ケレスの再発見である。ケレスは一八〇一年にごく短期間だけ観測されたものの、その後は太陽の輝きの中で見失われてしまう。天文学者たちはケレスの軌道を予測しようとしたが、望遠鏡の測定誤差の修正方法がまちがっていたのか、どこにも見つけることができなかった。ガウスは最小二乗法を使って計算をやり直す。するとガウスの計算が示した位置でケレスを見つけることができた！

かくして科学者たちはさまざまな分野で最小二乗法を活用するようになる。ガウスの発明から二世紀が過ぎた現在もなお、最小二乗法は正確性が求められるケースで誤差を評価する標準的な方法である。二乗によって誤差に重み付けすることは統計学の基本的な考え方であり、あらゆる科学分野における誤差の推定で最もよく使われるのがＭＳＥだ。小惑星ケレスの例からもわかるように、ＭＳＥの応用範囲はきわめて広い。

## 誤差方程式

バイアスとノイズが誤差に果たす役割は、誤差方程式と呼ばれる二つの方程式で表すことができる。第一の式は、単独の計測値で表された誤差をいまではおなじみになった二つの構成要素、すなわちバイアス（平均誤差）とノイズによる誤差に分解する。全誤差がバイアスより大きいときはノイズは正の値をとり、小さいときは負の値をとる。ノイズによる誤差は、平均すればゼロになる。この第一の誤差方程式にはとくに目新しい点はない。

誤差（単独の計測値）＝バイアス＋ノイズ

第二の方程式は、平均二乗誤差（ＭＳＥ）を構成要素に分解したものである。ＭＳＥは単独の計測値の誤差ではなくすべての計測値の誤差全体を表していることを思い出そう。かんたんな代数方程式によって、ＭＳＥがバイアスの二乗とノイズの二乗の和であることを示せる（ノイズは計測値の標準偏差であることを思い出してほしい。それは、ノイズによる誤差の標準偏差と同じことである）[2]。よって第二の式は次のようになる。

## 平均二乗誤差（ＭＳＥ）＝バイアスの二乗＋ノイズの二乗

二つの二乗の和を表すこの式の形は、高校で習ったピタゴラスの定理を思い出させるのではないだろうか。そう、直角三角形の短い二辺それぞれの二乗の和は長辺の二乗に等しいという、あれだ。となれば誤差方程式は、ＭＳＥ、バイアスの二乗、ノイズの二乗を直角三角形のそれぞれの辺を一辺とする正方形の面積として図示することが可能だ。図7がそれである。ＭＳＥを表す黒い正方形の面積は、他の二つの正方形の面積の和に等しい。図の左側ではノイズがバイアスより大きく、右側ではバイアスがノイズより大きいが、ＭＳＥは同じである。誤差方程式はどちらのケースでも成り立つ。

数式と視覚的に表した図の両方からわかるように、バイアスとノイズが誤差方程式で果たす役

図7：MSEを分解すると

割は同じである。バイアスとノイズは独立しており、誤差全体を決定づけるうえでの重みは等しい（後段でノイズの構成要素を分析する際にも、同じようにこのピタゴラスの定理を思い出させる図式が出てくる）。

誤差方程式は、「ノイズを減らすのとバイアスを減らすのとでは、予測の改善に何かちがいが出るのだろうか？」というエミーの疑問に答えを与えてくれる。答えは単純明快だ。誤差方程式の中でバイアスとノイズは入れ替え可能である。図4に示すように、このケースではバイアスとノイズが等しい（どちらも一〇％）。よって全誤差への寄与度は等しいから、どちらを減らしても全誤差の減少分は同じである。

誤差方程式は、「ノイズを減らすべきだ」というエミーの最初の考えの正しさも裏付けてくれる。ノイズを発見したら、とにかく減らすことだ。まずは予測の結果が出るまで待とうと言ったエミーの上司は、ノイズに関する限りまちがっていた。全誤差を構成するバイアスとノイズは互いに独立した要素であるから、バイアスがあろうとなかろうと、ノイズを減らすメリットに変わりはない。

この指摘はひどく直感に反しているように感じられるかもしれないが、非常に重要である。そこで、バイアスとノイズを同じだけ減らしたときの効果を図8に具体的に示した。効果がわかりやすいよう、もとの図4の誤差分布を点線で表示してある。

左側のA図は、エミーの上司がバイアスの排除に乗り出し、バイアスを半分に減らした場合を示す（彼はきっと、楽観的すぎる予測担当者に結果をフィードバックしたのだろう）。ノイズについては何もしていない。その結果、予測精度はあきらかに改善し、予測分布全体が左に移動して真の値（誤差ゼロの線）に近づいている。

右側のB図は、エミーが主張を通し、バイアスには手をつけないがノイズを半分に減らした場合を示す。するとここで驚くのは、事態が悪くなったように見えることだ。予測の散らばり具合はたしかに減っている。つまりノイズは減っている。だが精度が上がった（バイアスが減った）とは言えない。当初は予測の八四％が誤差ゼロの線の右側にあったが、ノイズ削減後は九八％が右側にある。つまりほぼ全員が過大評価している。となると、ノイズを減らしたせいで予測精度が下がったのだろうか。だとすれば、エミーが期待していた改善が実現したとは言いがたい。

ところが、である。見かけとは裏腹に、B図でもA図と同じだけ全誤差は減っている。B図のほうが悪くなったと感じたのは、バイアスについてまちがった直感を抱いているからだ。バイアスの正しい計測値は、正の誤差と負の誤差の不均衡ではない。バイアスとは平均誤差であり、そ

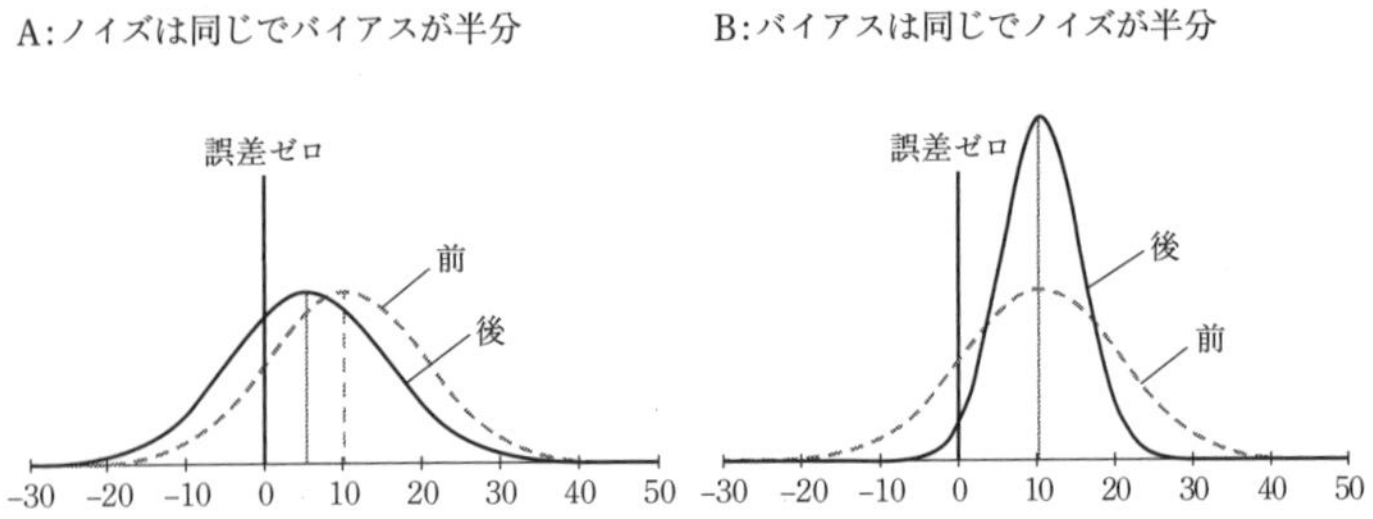


**図８：バイアスを半分に減らした場合とノイズを半分に減らした場合の誤差分布**

れは釣鐘型曲線の頂点と真の値との距離である。Ｂ図の平均誤差は最初のノイズ検査のときと同じ一〇％で、悪くなってはいない。ただ、バイアスの存在がひどく目立つようになったことはまちがいない。ノイズが減ったため、全誤差に占めるバイアスの割合が大きくなったからである（当初の五〇％に対し、Ｂ図では八〇％）。逆にＡ図では、バイアスは減ったがノイズは減っていない。よって両者のＭＳＥは等しい。ノイズを半分に減らしても、バイアスを半分に減らしても、ＭＳＥにおよぼす効果は同じなのである。

この例からわかるように、予測的判断を評価しようとすると、ＭＳＥは直感に反する事実を突きつけてくる。ＭＳＥを最小化するには、大きい誤差を減らすことに集中しなければならない。たとえば長さを測るときに、誤差を一一センチから一〇センチに減らすことができれば、一センチから真の値まで減らしたときと比べて二一倍も効果が大きい。残念ながら、人間の直感は逆に働く。[3] つまり真の値に近づけようとして小さな誤差にこだわり、大きい誤差を放置してしまう。判断の精度を上げることを真剣にめざすなら、結果に対する感情的な反応は、科学が定義する正確性の向上とは相容れないと考えるべきだ。

言うまでもなく、いちばんいいのはバイアスとノイズの両方を減らすことである。バイアスとノイズは別物であるから、エミーの案と上司の案のどちらかしか選べないということはない。ただ、ノイズを先に減らせば、バイアスが顕在化することになり、もはや見落とすはずがなくなる。その結果、ノイズを減らしたら次はバイアスも減らそう、ということになるだろう。

バイアスのほうがノイズよりずっと多いという場合には、ノイズの削減を後回しにしてもよいかもしれない。だがグッドセルの例は、もう一つ注目すべき教訓を与えてくれる。この単純化されたモデルでは、ノイズとバイアスは等しいと仮定した。したがって誤差方程式の形からして、どちらも全誤差への寄与度は等しい。つまりバイアスは五〇％、ノイズは五〇％ずつ誤差に責任がある。ところが予測担当者の八四％は同じ方向に（この例では過大評価に）偏っていた。つまりバイアスはこれほど大きくても（なにしろ担当者の七人に六人が楽観的だったのだ！）、全誤差への寄与度はノイズと同じだった。これほどのバイアスはそうそうないと考えれば、ノイズのほうがバイアスより大きい状況があっても驚くにはあたらない。

ここでは、単一のケース、すなわちグッドセルのある一つの地域での売上予測に誤差方程式を当てはめた。もちろんノイズ検査は、たくさんのケースについて行うほうが望ましい。やり方は変わらない。誤差方程式を各ケースに適用し、全体についての方程式からＭＳＥ、ノイズの二乗、バイアスの二乗それぞれの平均を求めることができる。だからエミーは、さまざまな地域について、同じ担当者または別の担当者を対象にノイズ検査を実行しておけば、なおよかった。検査結果を平均すれば、グッドセルの予測システムに潜むバイアスとノイズの実態をより正確に把握できただろう。

## ノイズのコスト

誤差方程式は、本書の理論展開の基礎となるものである。この方程式は、予測的判断におけるシステムノイズを減らすための根拠を与えてくれる。システムノイズの削減は、統計的バイアスの削減に劣らず重要である。なおここで、統計的バイアスと差別的な偏見とはまったく別であることを強調しておきたい。統計的バイアスとは、一連の判断における平均誤差のことである。

誤差方程式と、そこから導き出した結論は、全誤差の計測値としてＭＳＥを使うことが前提になっている。このルールは、純粋な予測的判断には適切に当てはまる。純粋な予測的判断とは、予想や見積もりなど、できるだけ正確（バイアスを最小化）且つばらつきなく（ノイズを最小化）真の値に近づけることを目的とするものをいう。

ただし誤差方程式は、評価的判断には当てはまらない。なぜなら、真の値に左右される誤差というものが、評価的判断にはなじまないからだ。そのうえ、仮に誤差を特定できたとしても、そのコストはまずもって対称ではないし、二乗に正確に比例するということもない。

たとえば、エレベーターを製造する会社を考えてみよう。最大積載量の設定にエラーが生じた場合、それに伴うコストはあきらかに非対称である。安全マージンをとりすぎれば割高になるだけだが、少なすぎれば大事故が起きかねない。また、電車に間に合うよう家を出るには何時に出ればよいかという判断では、誤差の二乗は無関係である。一分遅れようと五分遅れようと乗り損ねれば同じだからだ。また第2章で登場した保険会社の場合、保険料・損害額いずれについても、多め少なめどちらでも損をするが、損失が対称だと考えるべき理由は何もない。

これらの例から、予測的判断と評価的判断の役割をはっきり認識する必要のあることがわかる。よい意思決定をしたいなら自分の価値観とあきらかな事実とを混同するな、という助言が広く受け入れられている。よい意思決定は客観的で正確な予測的判断に基づくべきであって、そこに希望や不安といった感情や好き嫌いなどの価値観が入り込んではならない。エレベーター製造会社の場合、おそらく最初の段階では工学的、技術的な観点からエレベーターの理論上の積載量を計算するはずだ。そして第二段階で初めて安全性への配慮が圧倒的に重要な意味を持つようになる。安全マージンすなわち安全性を確保するためのゆとりがどの程度あればよいか、複数の選択肢を天秤にかけて評価的判断を下し、最大積載量を決める（言うまでもなく選択に当たっては、安全マージンのコストやメリットなど、事実に基づく判断が重要になる）。電車に間に合うよう家を出るタイミングの判断でも、やはり第一段階では、家から駅までにかかる時間を徒歩や自転車など手段に応じて客観的に計算するだろう。そして次の段階で、電車に乗り遅れるリスクと駅で長々と待つリスクのどちらをどの程度容認するか、天秤にかけることになる。

もっと重大な決断、たとえば出撃命令を下すか下さないかといった決断にも同じことが言える。司令官はさまざまな要素を勘案して最後に評価的判断を下すわけだが、そのときに依拠する情報解析の多くは予測的判断である。パンデミックなどの健康危機に対処する政府も、さまざまな選択肢を天秤にかけて評価的判断を下す。しかしそうした判断を下すためにはまず、それぞれを選んだ場合（何もしない場合を含む）にどうなるかについて、正確な予測的判断をしなければならない。

いま挙げた例はどれも、最終的に決めるには評価的判断が必要になる。意思決定者はさまざまな選択肢を勘案し、最後は自分の価値判断でもって最適な選択をするわけだ。だがそこに至るまでに行われた予測的判断は、個人の価値観から切り離されていなければならない。予測がめざすのは正確であること、つまり標的にできるだけ近づくことである。そしてＭＳＥは誤差の計測値としてもっとも適切だ。バイアスを増やさない限りにおいて、ノイズを減らすことで予測的判断は改善される。

## 誤差方程式について話そう

「バイアスを減らしても、それと同じだけノイズを減らしても、正確性におよぼす効果は同じらしい」

「予測的判断のノイズを減らすのはとても効果的だ。このとき、バイアスが多いか少ないかは関係ない」

「真の値を上回る予測と下回る予測の比は八四：一六だったから、バイアスはかなり多い。それでも正規分布であれば、バイアスと同じだけノイズが存在することになる」

「どんな意思決定にも予測的判断が関わってくる。予測的判断においては、正確性が唯一の目標であるべきだ。だからあなた個人の価値観は、事実から切り離しておくように」

# 第6章　ノイズの分析

前章では単一のケースにおける計測または判断のばらつきを取り上げた。単一のケースでは、判断のばらつきは必ずエラーであり、エラーの構成要素はバイアスとノイズである。だが本書で分析する判断システムでは、裁判や保険会社を始め、単一のケースを扱うわけではない。これらの組織は複数の異なるケースを扱い、量刑にせよ料率にせよ、それぞれに対する判断は当然ながらちがってくる。裁判官や保険会社のアンダーライターがどんなケースにも同じ判断を下したら、たとえばどんな犯罪にも懲役五年を申し渡したら、その人のいる意義はあまりない。異なるケースでの判断のちがいの多くは意図的に生じるものである。

だが、同種・同質のケースにおける判断のばらつきは、やはり望ましくない。それは、システムノイズである。これから見ていくように、同じ資格や知識を備えた人たちが複数の異なるケースに判断を下す状況でノイズ検査を実施すると、システムノイズについてより詳細な分析をすることができる。

## 量刑のノイズ検査

複数のケースでのノイズの分析を取り上げるにあたっては、裁判官の量刑の例に立ち戻りたいと思う。というのも、量刑に関してはきわめて詳細なノイズ検査がすでに実施されているからだ。第1章で触れたように、量刑改革に向けた動きの中で、一九八一年に大規模な調査が行われた[1]。これは量刑の決定を対象とする調査だったけれども、そこから得られた教訓は他のプロフェッショナルの判断にも広く当てはまる。ノイズ検査の目的は、フランケル判事がまとめた衝撃的だが断片的な証拠にとどまらず、「量刑の不公平の範囲」をより系統的に把握することにあった。

調査では架空の事案一六件が用意された。すべて被告は有罪で、これから量刑を決めるという状況である。罪状は強盗や詐欺などで、さらに被告が主犯か共犯か、前科があるかないか、武器を使ったか使わないかなど、六項目で状況にちがいが設けられた。

調査では現役裁判官二〇八人を相手に注意深く組み立てられたインタビューを行い、九〇分間で一六件の量刑を決めてもらった[2]。

その結果から何を学べるだろうか。まずは結果をまとめた表を見ると理解しやすいだろう。表には事案を表す一六の列（A～P）と裁判官を表す二〇八の行（1～208）が並ぶ。つまり全部でセルの数は三三二八になる。各セルには各裁判官が決定した量刑を記入する。図9に表の一部を示した。ノイズの分析にあたっては、まずは一六の列に注目したい。各列は単独のケースのノイズ検査に相当する。

## 量刑の平均

ある事案の量刑について「真の値」を決める客観的な方法は存在しない。以下では、事案ごとに二〇八の量刑の平均を計算し、この平均量刑をあたかも「正しい」量刑であるかのように扱う。第1章でも述べたが、連邦量刑委員会も同じ前提に立ち、過去に実際に決定された量刑の平均に基づいて量刑ガイドラインを策定した。この前提では、各事案の平均量刑をゼロバイアスと考える。

実際にはこの前提がまちがっていることは十分承知のうえだ。一部の事案の平均量刑は、同種の他のケースと比較して、たとえば人種差別を理由とした大きなバイアスがかかっているだろう。バイアスのばらつき具合（分散）は一定ではないうえ、あるときはプラス、あるときはマイナスに振れたりするため、エラーと不公平の重大な原因となる。紛らわしいことに、この分散自体も「バイアス」と呼ばれることが多い[3]。本章では、いや本書全体を通して、エラーの重要な原因としてノイズを主に取り上げる。しかしフランケル判事がノイズによる不公平を強調しながらも人種差別などのバイアスを懸念したとおり、バイアスの計測と排除が重要であることは改めて言うまでもない。

さて一六の事案に関する調査では、結果を表にまとめる際に、最後の行に各事案の平均量刑を記入した。事案は平均量刑に応じて昇順で並べてある。図9に一部が見えているように、事案Aの平均量刑は懲役一・〇年、一番重い事案Pは懲役一五・三年である。そして全一六事案の平均量刑は七・〇年だった。[4]

ではここで、すべての裁判官が正確無比な「正義のものさし」を持っていて、量刑の決定にノイズがいっさい入り込まない完璧な世界を想像してほしい。すると、図9の表はどんなふうになるだろうか。事案Aの列はすべて同じ数字になるはずだ。裁判官はみな事案Aでは懲役一・〇年とする。同じことが他のすべての列に当てはまる。もちろん、事案がちがえば量刑もちがうから、一つの行を横に見ていけばさまざまな数字が並ぶ。だが一つの事案に関する限り、上の行も下の行も同じ数字になる。つまり完璧な世界で表に現れる数字のちがいは、すべて事案のちがいに起因することになる。

残念ながら、現実の世界は完璧ではない。裁判官によるち

| | 事案A | 事案B | 事案C | 事案O | 事案P | 裁判官の平均量刑 |
|---|---|---|---|---|---|---|
| 裁判官1 | 0.5 | 1.5 | -- | 13.5 | 12.0 | **6.6** |
| 裁判官2 | 2.0 | -- | 5.5 | 17.5 | 20.0 | **8.4** |
| 裁判官3 | 1.5 | 1.8 | 4.0 | 15.0 | 14.0 | **5.0** |
| 裁判官207 | 1.0 | 0.5 | 3.0 | 16.0 | 10.0 | **7.3** |
| 裁判官208 | 0.5 | 0.3 | 4.0 | 25.5 | 20.0 | **8.7** |
| 事案の平均量刑 | **1.0** | **1.1** | **3.7** | **12.2** | **15.3** | **7.0** |

事案の標準偏差＝3.4年

裁判官の標準偏差＝2.4年

**図9：量刑実験の結果**

がいは大きく、同じ列でありながら大きなばらつきが出現することからして、ノイズが存在することはあきらかだ。量刑のばらつきは容認できる範囲を超えており、本章ではその分析に取り組む。

## 量刑くじ引き

まずは先ほど想像した完璧な世界から始めよう。どの事案についても、すべての裁判官の決める量刑は一致する。よってどの列にも二〇八の同じ数字が並ぶ。それではここで、列の所々に適当にノイズを加えよう。あるセルでは平均量刑よりちょっとばかり多くし、別のセルではかなり減らす、という具合に。足したり引いたりは一様ではないので、列の中の数字はひどくばらついてくる。このばらつきがノイズである。

この量刑調査では、どの事案についても量刑の判断に大量のノイズがあることが判明した。各事案のノイズ計測値は、平均量刑（懲役年数）との差、すなわち標準偏差で表される。すべての事案の量刑を平均すると七・〇年、標準偏差は三・四年だった。[5]

読者は標準偏差をすでによくご存知だと思うが、具体的な説明があるとよりわかりやすいだろう。いま裁判官を二人ランダムに取り出して、この二人の量刑の差を計算する。これを裁判官二人のペアすべてについて、すべての事案について行い、その結果を平均する。これが「平均絶対偏差（ＭＡＤ）」である。この数字を見たら、裁判所ではくじ引きで決めた刑を申し渡しているようなものだと読者は感じるにちがいない。なにしろ裁判官が正規分布だとすると、MADは標準偏差（三・四）の一・一二八倍なのだ。つまり、二人の裁判官をランダムに選んだときの同じ事案における量刑の差は三・八年となる。第2章で、保険料がいくらになるか、保険金をいくらもらえるか、くじ引きで決められるようなものだと書いたが、どう控えめに言っても、量刑がくじ引きで決まるほうがよほど事は重大である。

全事案の量刑の平均が七・〇年だというときに、裁判官の間のMADが三・八年もあるのは、私たちの考えではまったく容認できない。しかも実際の現場では、ノイズはもっと多いと考えるべき合理的な理由がすくなくとも二つある。第一に、ノイズ検査の参加者は周到に用意された事案で判断を下した。通常ではあり得ないほど比較が容易なうえ、連続的に事案が提示された。実際には、裁判官は判断の一貫性を保てるような環境で量刑を決めるわけではない。第二に、裁判所では判事はもっと多くの情報を受け取ることになる。追加の情報は、それが何か決定的なものでない限り、ますます互いの判断が遠ざかる可能性を高めるだけだ。こうした理由から、現実の裁判所で被告が直面するノイズの量は、検査で判明した以上に多いと確信している。

## レベルノイズ

分析の次の段階では、ノイズを成分に分解する。読者がすぐに思い浮かべるのは、フランケル判事もそうだったように、裁判官によって厳しめの人と甘めの人がいるのではないか、ということだろう。きっと弁護士は、裁判官には当たり外れがあり、平均以上に重い刑を連発する人と、その逆の人がいると被告人に警告しているはずだ。私たちはこの種の平均からの乖離を「レベルエラー」と名付けた（念のため繰り返すが、ここで言うエラーとは平均からの偏差のことである。よって平均的な裁判官がまちがっている場合、平均から乖離した裁判官のほうが正しいことはありうる）。

どんな判断においても、レベルエラーのばらつきは見られるものだ。たとえば人事評価をするときにある上司が他と比べてとくに甘かったり、市場シェアを予測するときにあるアナリストがひどく楽観的だったり、外科手術の判断をするときにある医者は手術を選びがちだったりする。

図9の各行は、ある一人の裁判官が一六の事案それぞれについて決めた量刑を示しており、いちばん右にはその裁判官の平均量刑が記入されている。これが、その裁判官の厳しさのレベルだ。すでに見てきたように厳しさのレベルは裁判官によってかなりちがっており、その標準偏差は二・四年である。このばらつきは、法の正義とは何の関係もない。読者もうすうすお気づきのとおり、裁判官ごとの量刑の差は、法解釈とは別の個人的なちがい、たとえば経歴だとか、経験、政治的傾向、偏見等々に起因すると考えられる。調査では、裁判官の量刑に対する全般的な考え方をあきらかにする試みも行われた。たとえば、有罪の被告に刑罰を与えるのは行動の自由を奪うためなのか、更生のためなのか、犯罪抑止のためなのかを答えてもらう。更生のためと考える裁判官は刑期を短くする傾向があり、拘束や犯罪抑止のためと考える裁判官は長くする傾向がある。

また、アメリカ南部の裁判官には他の地域より大幅に刑を重くする傾向が見られる。一般に保守的な裁判官ほど刑は重めである。

となれば、各裁判官の量刑の平均的なレベルは個人の性格や気質のように扱うことができそうだ。性格テストの結果を「最も攻撃的」から「最も協調的」までのスケール上に並べるような具合に、裁判官を「最も厳しい」から「最も甘い」にいたるスケール上に並べることができる。性格的な特徴と同じく量刑の厳しさも、遺伝的要因や経歴・経験や気質などと関係づけられるのかもしれない。これらはどれも、犯罪や被告とは何の関係もない。裁判官ごとの平均的な判断のばらつきを「レベルノイズ（level noise）」と呼ぶことにする。レベルノイズとは、レベルエラーのばらつきのことである。

## パターンノイズ

図9の大きな矢印に示したように、レベルノイズは二・四年、システムノイズは三・四年である。両者の数値から、システムノイズが裁判官個人間の平均的な厳しさの差すなわちレベルノイズより大きいことがわかる。システムノイズからレベルノイズを差し引いてなお残るノイズを「パターンノイズ（pattern noise）」と呼ぶことにする。

パターンノイズがどういうものかを理解するために、再び図9を活用することにしよう。まず、ランダムに一つのセルを選ぶ。たとえばセルC3に注目しよう。事案Cの平均量刑は、列Cの一番下にあるとおり、三・七年だ。次に裁判官３の行のいちばん右に記入された平均量刑を見ると、五・〇年であることがわかる。全事案の平均量刑は七・〇年だから、裁判官３はそれより二・〇年少なく、やや甘めということになろうか。裁判官の厳しさのちがいだけが列３のノイズの源泉だとすれば、裁判官３の事案Ｃの量刑は平均の三・七年マイナス二・〇年で、一・七年となるはずである。ところがセルＣ３に記入されているのは、四・〇年という数字だ。となれば裁判官３は、この事案に関する限りひどく厳しかったことになる。

いまと同じ単純な足し算・引き算で、読者は事案ごとに各裁判官の量刑を予測してみることができる[6]。すると、ほとんどのセルで予測とちがう数字が記入されていることに気づくだろう。一人の裁判官の行を調べると、平均量刑が厳しめだからといってすべての事案で同じだけ厳しい人はまずおらず、事案によって厳しかったり甘かったりすることがわかる。私たちはこの残っている偏差を「パターンエラー」と呼ぶ。表の各セルにパターンエラーを書き込んでいったら、どの裁判官についても各行の合計はゼロになること、どの事案についても各列の合計はゼロになることに気づくだろう。だが、パターンエラーのノイズへの寄与度は打ち消し合うものではない。ノイズ量の計算では、すべてのセルを二乗しなければならないからだ。

パターンノイズすなわちパターンエラーのばらつきに関しては、単純な足し算・引き算で量刑を予測できないことを確かめるもっとかんたんな方法がある。図９では、事案ごとの平均量刑は、左の列から右の列へ行くにしたがってだんだん増えていく（そのように並べてある）。だが裁判官ごとの量刑を表す行のほうは、そうではない。たとえば裁判官208は事案Oの量刑（二五・五年）が事案P（二〇・〇年）より大幅に多い。裁判官ごとに各自の判断した量刑を少ないほうから多いほうへと並べたら、並び順は一人ひとりみなちがうだろう。このことはパターンノイズの存在を物語る。

なおパターンノイズという言葉を使ったのは、特定の事案に対する裁判官の量刑の決め方にいろいろなパターンが見受けられるからである。たとえばある裁判官は、通常は平均より厳しいが、白人にだけは寛容になる。また別の裁判官は、通常は甘めだが、被告が常習犯だと急に他の裁判官より厳しくなる。また別の裁判官は、通常は平均に近いが、被告が単なる共犯者のときは同情的になる一方、被害者が高齢だとひどく厳しくなる、という具合に。なお統計学ではパターンノイズと言わずに「交互作用（interaction）」と言う。この場合で言えば裁判官と事案の交互作用である。パターンノイズとしたのは読みやすさを考えてのことだが、この方面の素養のある読者には解釈上の負担をかけることをお詫びしておく。

刑事裁判の場合、事案に対する個人固有の反応の一部には、たしかに量刑に関するその人なりの哲学が反映されているのかもしれない。だがそのほかに、裁判官自身も気づいていない要素が入り込んでいるのではないだろうか。たとえば被告がとくに憎々しい凶悪犯を思い出させるとか、あるいは自分の娘に似ているとか。それがなんであれ、そうしたパターンは単なる偶然の産物である。その裁判官が同じケースに遭遇したらまたそのパターンが出現するかもしれないが、実際にはパターンノイズの予測は困難だ。よってパターンノイズの存在は、すでに予測不能になっている量刑くじ引きを一段と不確かなものにする。この調査を実施した研究者が指摘したとおり、「犯罪および犯罪者の特徴から受ける印象や影響に関して裁判官の間に見られるパターン化されたちがいは……量刑格差の追加的な要因となる」のである。[7]

読者もお気づきのとおり、システムノイズをレベルノイズとパターンノイズに分解することは、前章の誤差方程式で誤差をバイアスとノイズに分解したのと同じ論理に従っている。今回は、方程式は次のようになる。

## システムノイズの二乗＝レベルノイズの二乗＋パターンノイズの二乗

この式は、誤差方程式のときと同じように図示することが可能だ。それが図10である。この図では、直角三角形の短い二辺の長さが等しくなっている。これは、量刑調査ではレベルノイズとパターンノイズのシステムノイズへの寄与度はほぼ等しかったためだ。[8]

パターンノイズはどこにでも見つかる。たとえば、医師が患者を入院させるかどうかを決めるとき、企業が誰を採用するかを判断するとき、弁護士がどの案件を訴訟に持ち込むか決めるとき、映画会社の経営陣がどの企画を通すか判断するとき、等々。これらのケースでは、量刑を決める裁判官と同じく、パターンノイズが存在している。

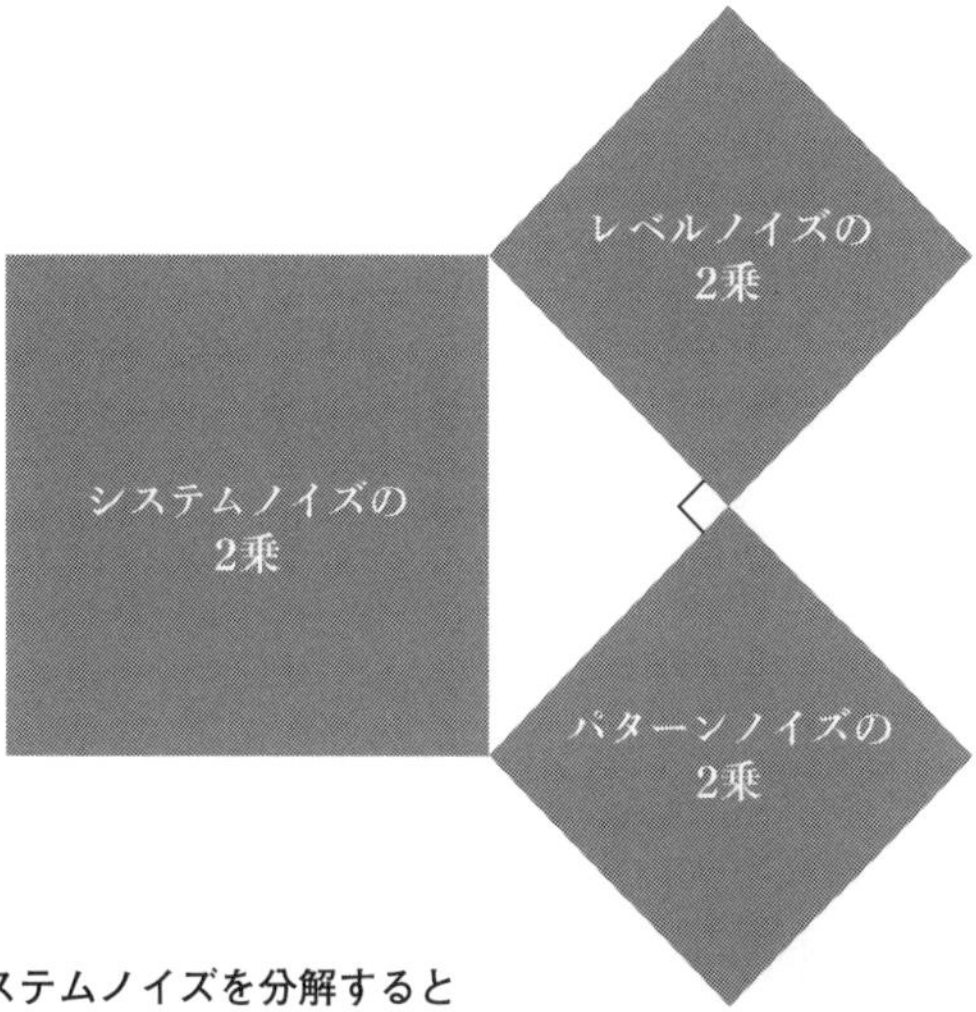


**図 10：システムノイズを分解すると**

## ノイズの成分

じつはここまでのパターンノイズの説明では、ある重大な点に触れてこなかった。それは、パターンノイズには偶発的なエラーが入り込んでいる可能性である。

ストップウォッチの実験を思い出してほしい。一〇秒を繰り返し計測したとき、計測タイムは一回目と二回目、二回目と三回目ではちがっていたことだろう。これは「個人内のばらつき」である。同じように、量刑調査に参加した裁判官が別の機会にもう一度同じ事案について量刑を決めるように言われたら、必ずしも一回目と同じ量刑にはならないだろう。いや、同じ週の別の日にもう一度同じ調査をしたとしても、ちがう量刑にするかもしれない。家族になにかいいことが起きてご機嫌だったら、ひいきのチームが昨日勝ったら、天気がよかったら、そうでなかったときに比べて寛大な判決を下す可能性がある。個人内のばらつきは、比較的安定している個人間のばらつきとはまったく別物だが、この二つをきっぱりと切り離すことはむずかしい。本書では、天気がよいなど一過性の原因によるばらつきを「機会ノイズ（occasion noise）」と呼ぶことにする。

量刑調査の分析では機会ノイズを事実上無視し、検査の結果判明した裁判官固有の量刑パターンはその裁判官のものの考え方など比較的安定した傾向に起因するものとした。この仮定はおそらく楽観的すぎるだろう。しかし量刑に関する限り、一過性の原因に起因する機会ノイズはさほど大きな役割を果たしていないと考えてよいと判断した。専門的な訓練と経験を積んだ裁判官は、犯罪と被告人のさまざまな特徴について一定の判断基準を持っていると考えられるからだ。次章では機会ノイズをもっとくわしく掘り下げ、パターンノイズの安定した要素とどのように切り分けるかを考えたい。

本章で述べたことをかんたんにまとめておこう。ここではいろいろなノイズを取り上げた。システムノイズは同じケースを複数の人が判断する場合の望ましくないばらつきのことである。システムノイズは二つの構成要素に分解できる。同一のグループが複数のケースについて判断を下すノイズ検査を行えば、二つの要素を識別できる。

・レベルノイズは、判断者ごとの判断の平均的なレベルのばらつきである（たとえば厳しめの裁判官と甘めの裁判官）。

・パターンノイズは、特定のケースにおける判断者の反応のばらつきである（再犯者に厳しい、共犯者に甘い、など）。

量刑調査では、レベルノイズとパターンノイズはおおむね等しいことがわかった。だがパターンノイズには一過性の原因による機会ノイズが含まれている可能性が高く、機会ノイズは偶発的なランダムエラーとして扱う必要がある。

ここでは刑事裁判の量刑判断におけるノイズ検査の例を取り上げたが、企業、医療現場、政府などどんな組織でのノイズ検査にも本章で行った分析は応用できる。レベルノイズとパターンノイズ（機会ノイズを含む）はどちらもシステムノイズの構成要素であり、これからも繰り返し論じることになる。

## ノイズ分析について話そう

「裁判官によって厳しさのレベルにちがいがあるときは、レベルノイズが存在する。ある特定の被告を厳罰に処すか寛大な措置にするかで裁判官の意見が一致しないときには、パターンノイズが存在する。パターンノイズの一部は機会ノイズだ。つまり、同じ裁判官が別の機会には別の判断を下す」

「完璧な世界では、被告は正義の裁きを受けられる。だが現実には、ノイズの多いシステムに翻弄されるのだ」

# 第7章　機会ノイズ

プロのバスケットボール選手がフリースローに臨んでいる。フリースローラインに立ち、集中し、そしてシュートを打つ。この正確な動きをプロ選手なら数え切れないほど練習し実践しているはずだ。では、このフリースローは入るのだろうか。

私にはわからないし本人にもわかっていない。北米プロバスケットボールリーグNBAの選手は、おおむね四本に三本はフリースローを成功させる。あきらかにフリースローのうまい選手はいるが、それでも生涯成功率が一〇〇％に達した選手はいない。歴代最高の名手でも九〇％をやや上回る程度だった（これに該当するのは、本書の執筆時点ではステフィン・カリー、スティーブ・ナッシュ、マーク・プライスである）[1]。逆にこれまでで最もフリースローが下手くそな選手は、成功率が五〇％前後だ（たとえばあの偉大なシャキール・オニールは五三％だった）[2]。リングの高さ（三・〇五メートル）もフリースローラインの位置（エンドラインから五・八メートル）もボールの大きさ（周囲約七六センチ）と重さ（約六〇〇グラム）も決まっているにもかかわらず、うまくいくシュート動作を正確に繰り返すのは至難の業である。当然ながらばらつきが起きる。それも選手間だけでなく、同じ選手であっても、だ。つまりフリースローは一種のくじ引きだと言える。シューターがカリーならオニールより当たりの確率が高いにしても、くじ引きであることに変わりはない。

このばらつきの原因はいったい何だろうか。いくらでも考えられる。長い試合で疲れたのかもしれない。競り合っている試合で重圧を感じたのかもしれない。あるいはホームの熱狂的な声援で緊張した、逆にアウェイでブーイングを浴びて苛立った、等々。カリーやナッシュのような名手が外したらこういう理由を考えたくなるが、じつのところは誰にも原因はわからない。フリースローのばらつきは、ノイズにほかならない。

## 第二のくじ引き

フリースローであれ、他の運動であれ、ばらつきが出ることはふしぎではない。そもそも私たちの体はばらつきだらけだ。心拍数、血圧、反射神経、声の調子、手の震えなどはその時々でちがう。また、どんなにがんばっても、そっくり同じ署名を二度書くことはできない。

身体に比べると、思考のばらつきは観察しにくい。とくに新しい情報を知ったわけでもないのに考えをころりと変えた経験は誰にでもあるだろう。たとえば昨晩見て大笑いした映画が翌日には駄作だと思えたり、昨日はいやな奴だと思った相手を次の日には見直したり、愚策だと感じた提案をあとになって名案だと考え直したり、といったことが思い浮かぶ。ただこれらの例からわかるように、かんたんに気が変わるのはあまり重要でなく、且つおおむね主観的な事柄であることだと私たちは考えがちだ。

現実には、もっと重要で客観的と思われるような事柄であっても、さしたる理由なしに考えを変えることがひんぱんに見受けられる。このことは、プロフェッショナルが注意深く考えて判断するような事柄にも当てはまる。たとえば、同じケースで二回所見を求められた医師が、一回目とはちがう診断を下すことがある（22章）。またアメリカの大規模なワイン品評会では、同じワインを二度テイスティングして同じだと当てた確率はわずか一八％で、それも最もまずいとされたワインがほとんどだった[3]。指紋分析官が同じ指紋を数週間後に見せられて、ちがう結論を下すこともある（20章）。また経験豊富なソフトウェア・コンサルタントは、同じ開発作業の納期の見積もりで、二回目は一回目と大幅にちがう数字を出した[4]。要するに、プロ選手でも二回まったく同じ動作でフリースローを打つことはできないのと同じで、プロフェッショナルといえども二回機会を与えられた場合に、同じ事実に対してまったく同じ判断を二度目も下すことはまずできない。

担当するアンダーライター、裁判官、医師といったプロフェッショナルは、通常はランダムに選ばれる。つまりくじ引きで選ばれるのと同じことだ。そこにシステムノイズが発生する。機会ノイズは、第二のくじ引きの産物である。このくじ引きは、プロフェッショナルが判断を下そうとするまさにそのとき、気分や判断を下す順番と記憶の鮮明さなど、ありとあらゆる「その瞬間」に入り込む要素に生じる。第二のくじは、第一のくじよりはるかに抽象的であることが多い。たとえば第一のくじの場合、実際とは別のアンダーライターXまたはYが選ばれた可能性があることはわかる。しかし選ばれたアンダーライターが「あのときああでなかったらどういう判断をしただろうか」といった実際とはちがう反応を突き止めるのは抽象的な反実仮想の問題であって、答えは見つけにくい。私たちにわかるのは、無数の可能性の中からある一つの判断が下されたということだけだ。この意味で機会ノイズは、目に見えない可能性の間のばらつきだということができる。

## 機会ノイズの計測

機会ノイズの計測は容易ではない。まさにその理由から、機会ノイズの存在が立証されると大方の人は仰天する。プロフェッショナルが注意深く判断を下すときには、その判断には彼らが妥当と考える裏付けがある。だから、そう判断した理由を説明せよと言われたら、説得力のある論拠を持ち出して正当化できる。そして同じ問題にもう一度遭遇し、前にもこれと同じ問題があったと思い出したら、前回と同じ判断を下すはずだ。それはエネルギーを節約するためでもあるし、自分の判断に一貫性を持たせるためでもある。このことを、学校の先生の例で考えてみよう。ある生徒の論文にA評価をつけたとする。一週間後に同じ論文を読み、そこに「A」と書かれていたら、先生はやはり同じ評価をするだろう。

こうしたわけだから、同一のケースで以前の自分の判断をかんたんに思い出せる場合には、機会ノイズを直接計測することはまずもって困難である。たとえば、アンダーライターや裁判官に以前判断したケースを再び提示したら、彼らはおそらくそのことに気づいて前の判断を単に繰り返すだろう。同じ問題について二回判断をしてもらう実験を含め、プロフェッショナルの判断に見られるばらつき（専門的には「検査・再検査信頼性」あるいは単に「信頼性」と言う）に関する調査を考察したロバート・アシュトンは、「専門家は自分自身に同意する」ことを発見している。[5] これはまあ、当然と言うべきだろう。

そこで、本書で取り上げる実験では、この問題を回避するために巧みなトリックを使い、二度目であることが気付かれないようにしている。たとえばワイン判定者、指紋分析官、ソフト開発者に同じ問題で二度目の判断を求める場合には、数週間後、あるいは数カ月後にする、というふうに。

機会ノイズの存在を確かめるためにビッグデータと計量経済学の手法を使うという、いくらか間接的な方法もある。過去のプロフェッショナルの判断を示す大量のサンプルが入手できる場合には、本来無関係の一過性の要素（時刻や外気温など）に影響を受けていないか分析することが可能になる。こうした無関係の要素による統計的に有意な影響が判断におよぼされていれば、機会ノイズがあるという証拠になる。もっともごく現実的に言うなら、機会ノイズの外的原因をすべて発見するのはまず不可能だ。ただしこれまでに発見されたものだけでも、そうした要素がじつに多種多様であることがよくわかる。機会ノイズをコントロールするためには、まずはこの厄介なノイズが生じるメカニズムを理解しなければならない。

## 一人は群衆？

次の質問に答えてほしい。世界の空港にアメリカの空港が占める割合はどの程度か？　あなたはこの問題を考え始め、おそらく何らかの数字が頭の中に浮かんだだろう。とはいえそれは、自分の年齢や自宅の電話番号を思い出すのとはちがう具合だったはずだ。思い浮かべた数字は、確たるものではなく推定である。ただし、ランダムに選んだわけではない。一％や九九％がまちがいであることははっきりしている。そうは言っても、読者が「これだ」と思った数字は、あり得ないとして排除できなかった可能性の中の一つにすぎない。仮に「二七％」を選んだとして、誰かが「二六％」か「二八％」と答えた場合、自分のほうが正しいとも相手のほうが正しいとも言い切れないだろう（ちなみに正解は三二％である）[6]。

エドワード・ブルとハロルド・パシュラーは、人々にこの手の質問に答えてもらう実験を行った[7]。ただし一回だけでなく、間をおいて二回答えてもらう。被験者は一回目のときに、もう一度同じ質問を聞かれるとは知らされない。ブルとパシュラーは、二回の答えを平均すればそれぞれの答えより正確になるとの仮説を立て、それを検証しようとしたのである。

調査結果は、彼らの仮説が正しいことを裏付けた。一般的に言うと一回目の答えのほうが正解に近いが、それよりも一段と近いのが二回の答えの平均だったのである。[8]

ブルとパシュラーが着想を得たのは、「群衆の知恵」効果として知られる現象である。これは一言で言えば、さまざまな人の独立した判断を平均すれば、だいたいにおいて精度が上がるという効果だ。一九〇七年にダーウィンのいとこに当たる博学者フランシス・ゴルトンは、七八七人の村人を対象に、品評会で優勝した雄牛の体重を当ててもらう実験を行った。すると、正確に言い当てた村人は一人もいなかったが、正解の一一九八ポンド（五四三キロ）に対し、答えの平均は一二〇〇ポンドできわめて近かった。ついでに言うと中央値は一二〇七ポンドで、こちらもかなり近い。つまり村人たちは、各自の見積もりにはかなりのノイズがあったもののバイアスはかかっていなかったという意味で「賢い群衆」だった。ゴルトンは、自身の行ったこの実験の結果に驚く。そもそも彼はふつうの人の判断力など頭から馬鹿にしていたからだ。意に反する結果ではあったが、「民主的な判断の信頼性は想像以上だった」と総括している。

さまざまな状況で同じような結果が得られる。もちろん質問があまりにむずかしい場合には、専門家でないと正解に近い答えを出すことはできず、群衆は必ずしも威力を発揮できない。だが、たとえば透明の瓶に入ったキャンディの数を当てる、自分の住む街の一週間後の気温を予想する、二つの都市の間の距離を見積もるといった問題の場合、大勢の人の答えの平均は正解に近い可能性が高い。理由は、ごく初歩的な統計学で説明できる。多数の独立した判断（または計測）を平均して得られる新しい判断は、個別の判断よりもノイズが少なくなるからだ（バイアスは減らない[9]）。

ブルとパシュラーは、同じことが機会ノイズにも当てはまるか知りたいと考えた。つまり、複数の人の答えを平均する代わりに、同じ人に二回答えてもらってそれを平均したら正解に近づくのではないか、と考えたのである。この仮説も正しいことが確かめられた。ブルとパシュラーはこの発見になかなか刺激的な名前をつけている。「自分の中の群衆」がそれだ。

ただし同じ人間が下した二つの判断の平均は、第三者にセカンド・オピニオンを求めた場合ほどには向上しない。「自分に二回同じ質問をした場合に得られる精度の向上は、第三者にセカンド・オピニオンを求めた場合の一〇分の一程度である」とブルとパシュラーも認める[10]。これでは大幅な改善とは言えない。それでも、二回目までに時間をとることで大幅な改善を得ることが可能だ。ブルとパシュラーの実験では、同じ人への二回目の質問を一回目から三週間空けたところ、第三者にセカンド・オピニオンを求めた場合の三分の一程度まで精度が向上したという。外部の助けを必要とせず、新たな情報収集も必要としない安上がりなテクニックとしては悪くない結果だ。この結果は、昔からある知恵の合理性を教えてくれるものだと言える。「一晩寝て明日の朝考えなさい」

ドイツの研究者ステファン・ヘルツォークとラルフ・ヘルトヴィヒも、偶然にもブルとパシュラーと同時期に同じアイデアを試そうとしていた。[11] 彼らの実験方法は、ブルらとはすこしちがう。被験者に二回目に答えてもらうにあたって、一回目とはちがう答え（だからといって突拍子もない答えではいけない）をするよう仕向けたのである。そう仕向けることで、被験者は一回目にはあまり重視しなかった情報も積極的に考慮するようになる。ヘルツォークとヘルトヴィヒが被験者に与えた指示は、こうだ。

「まず、自分の一回目の答えはまちがっていたと考えてください。次に、なぜまちがったのか、たとえば前提が正しくなかったのか、推定方法がまちがっていたのか、などを考えてください。そのうえで、一回目の答えが多すぎたのか少なすぎたのか検討します。そして最後に、この新しい視点から、一回目とはちがう二回目の答えを出してください」

最後にヘルツォークとヘルトヴィヒは、ブルとパシュラーと同じく、一回目と二回目の答えを平均する。彼らは自分たちのテクニックを「弁証法的自助努力」と名付け、これを使うと何も条件をつけずに二回目に答えてもらうより答えの精度がかなり高くなると述べている。被験者は新しい角度から問題を考えるようになるため、自分の中のちがう自分のサンプルを出してくるからだろう。つまり「自分の中の群衆」の二人のメンバーが別々に答えるような形になる。その結果、二回の答えを平均するとより正解に近くなるわけだ。「弁証法的」に二回続けて答えてもらった場合の精度の向上は、第三者にセカンド・オピニオンを求めた場合の二分の一前後に達したという。

ヘルツォークとヘルトヴィヒによる意思決定者へのアドバイスをかんたんにまとめると、次のようになる。独立した第三者に意見を求められるなら、そうするほうがよい。これはまさに「群衆の知恵」であり、判断精度を向上できる可能性が高い。だがそれができない場合には、自分の中に群衆を作って、同じ質問をもう一度自分にしてみることだ。自分の中に群衆を作る方法としては、単純に時間の経過を待つ方法がある。一回目の判断から距離を置くわけだ。あるいは一回目の判断に積極的に反論し、問題に新たな光を投げかけてもよい。最後は、どのやり方で自分の中に群衆を作ったにせよ、ある判断が必ず正しいという強力な論拠のない限り、二回の判断を平均すると最も精度の高い答えが得られる。

このアドバイスは実用的である以上に、判断について重要なヒントを与えてくれる。ブルとパシュラーの指摘するとおり、「被験者の答えは、自分の持っている知識を総動員したうえで確定的に選んだのではなく、自分の中のあいまいな確率分布から適当に抜き出してきたにすぎない」ということだ[12]。読者がアメリカの空港についての質問に答えたときのことを思い出してほしい。まさにこの指摘が当てはまるのではないだろうか。最初に答えるとき、あなたはすべての知識を総動員などせず、可能な答えの範囲からしっくりくる一つの数字をつまみ上げたのだろう。同じ人間が同じ問題に下す判断にばらつきがあるのは、特定の問題にたまたま起きることではない。

機会ノイズはどんなときにもすべての判断に影響をおよぼすのである。

## 機会ノイズの原因

機会ノイズにはさまざまな原因があるにしても、誰もが気づく原因が少なくとも一つある。気分である。誰しも判断を下すときに気分に左右されたことがあるだろう。また、他人の判断が気分に影響されていると気づいたことも一度ならずあるのではないだろうか。

気分が判断に与える影響は、多くの心理学研究の対象になってきた。判断や意思決定のばらつきを計測する目的で人間を一時的にいい気分または悪い気分にさせることは、意外に容易だ。研究者はそのためのテクニックをいくつも知っている。たとえば、被験者に楽しかったことあるいは悲しかったことを思い出して短い文章を書いてもらうとか、楽しいビデオあるいは悲しいビデオを見せる、などである。

気分操作の影響について長年研究を続けている心理学者も少なくない。中でも最も多くの成果を上げているのは、オーストラリアの社会心理学者ジョセフ・フォーガスだろう。フォーガスは気分に関する研究論文をこれまでに一〇〇本近く発表している。[13]

読者がすでにお気づきのことも、フォーガスの研究によって裏付けられている。たとえば、人間はご機嫌なときは肯定的で前向きになりやすい、悲しいことより楽しいことのほうが思い出しやすい、機嫌のいいときは相手の言い分を認めやすく寛大になり人助けに積極的になる、等々。

機嫌の悪いときはその逆である。フォーガスは「同じ笑顔に対しても、機嫌のいいときは親しみやすいと感じるが、機嫌の悪いときは馬鹿にされていると受け取る。天気についてのおしゃべりも、機嫌のいいときは楽しめるが、機嫌が悪いときは時間の無駄だと感じる」と語っている。[14]

別の言い方をすれば、気分は、判断、状況認識、記憶力、外部からのシグナルの解釈に計測可能な影響を与える。だが気分には、もっと別の驚くべき影響もある。それは、考え方を変える働きをすることだ。おそらく読者はこのような作用があるとは想像していなかっただろう。この作用に関する限り、幸福で楽しい気分であることは必ずしもいいことばかりとは言えず、また暗く悲しい気分には意外な効能があることもわかってきた。しかもさまざまな気分のメリット、デメリットは、状況によってもちがってくる。

たとえば何かを交渉する状況では、いい気分は役に立つ。機嫌のいい人は協力的だし、ギブアンドテイクの精神を発揮しやすいから、不機嫌な人よりもうまく交渉をまとめられる可能性が高い。いうまでもなく交渉の成功は人をハッピーにするが、これらの実験では交渉の進展によっていい気分になったわけではなく、交渉開始前からいい気分になるよう仕組まれていた。なお、機嫌がよく協力的だった人が交渉中に怒り出した場合には、よい結果になることが多いという。[15] これは、頑固な相手と交渉するときに覚えておくとよいテクニックかもしれない。

その一方で、ご機嫌な人は自分の抱いた第一印象をあまり疑いもせず受け入れてしまう傾向が強い。フォーガスが行った実験の一つでは、被験者にまず短い哲学論文を読んでもらう。[16] 論文には、それを書いた哲学者と称する人物の写真が添えられている。一部の被験者には典型的な哲学教授、すなわち厚いメガネをかけた中年男性の写真が、残りの被験者には若い女性の写真が添付された。これはもともとはステレオタイプに影響されやすい傾向を調べる実験で、読者のご想像通り被験者は、典型的な哲学教授の書いたとされる論文と若い女性の書いたとされる論文では前者を高く評価した。しかしここで重要なのはそのことではない。被験者はご機嫌なときほど前者を高く評価したのである。つまりハッピーな気分は、バイアスの影響を強くする方向に作用する。

気分がだまされやすさにおよぼす影響を調べた研究もある。ゴードン・ペニークックのチームは、意味深長に見えるが実際には無意味な文章に対する人々の反応を調べる多くの調査を行ってきた。[17]そうした文章は、人気のあるカリスマ的人物の発言から名詞と動詞をランダムに抜き出し、文法的に正しく並べてでっちあげるらしい。たとえば「完全性は無限の現象を鎮める」とか「隠された意味が比類なき抽象美を変容させる」といった調子だ。こうした文章に賛同しやすい傾向のことを「デタラメ受容性」と呼ぶ（プリンストン大学の哲学教授ハリー・フランクファートがデタラメをテーマにした示唆に富む著作〔邦題は『ウンコな議論』〕を発表して以来、「デタラメ」はどうやら専門用語の仲間入りを果たしたらしい。フランクファートは同書の中でデタラメと嘘のちがいなどを論じている[18]）。

もちろん、デタラメの受け入れやすさは人によってちがう。だまされやすい人は「意義深い真実として提示され、みたところ印象的だが実際には内容空疎な文章」にころりと参ってしまう。[19]

だがこのだまされやすさは、持って生まれた気質のせいだけではない。人間はご機嫌だとデタラメを受け入れやすくなり、また全般的にだまされやすくなる。[20] つまり、つじつまの合わないところを探し出したり、嘘を見抜いたりする気がなくなってしまう。逆に何らかの事件の目撃者は、機嫌の悪いときは偽情報に接してもしっかり見抜き、誤った証言をせずに済むという。[21]

道徳的な判断でさえ、気分に強く影響される。ある実験では、古典的な道徳哲学の問題として名高いトロッコ問題を被験者に考えてもらった。[22] 線路を走っている一台のトロッコが制御不能に陥り、このまま進めば向かった先にいる作業員五人がひき殺されてしまう。あなたは跨線《こせん》橋の上におり、もうすぐトロッコが真下を走る。あなた自身は小柄だが、隣には大男がおり、この男を線路上に落とせばトロッコを止めることができるだろう。そうすれば大男は死ぬが、五人の作業員は助かる。さあ、どうする。

トロッコ問題は、道徳的推論への異なるアプローチの対立を浮き彫りにする。イギリスの哲学者ジェレミー・ベンサムが提唱した効用計算に従うなら、失われる命は五つより一つのほうがよい。ドイツの哲学者イマヌエル・カントの義務論的倫理学に従えば、たとえ多数の命を救うためであっても誰かを殺すことは認められない。トロッコ問題には、個人的感情の顕著な特徴が絡んでくる。トロッコを止めるために生きた人間を橋の上から落とすというのは、きわめて不快な行為だ。功利主義に則り大男を落とすにあたっては、赤の他人に暴力を働くことへの強い嫌悪感を克服しなければならない。敢えてそれをするという人はごく少ない（この実験では、一〇人に一人未満だった)。

ところが、である。被験者に五分ほどの楽しいビデオを見せ高揚した気分にしてからだと、大男を落とすと答えた人が三倍に増えたのである。「汝、殺すなかれ」を絶対不可侵の掟とみなすか、五人を救うためなら一人を殺すかという重大な問題には、本来であれば深遠な道徳的価値観が反映されなければならないはずだ。にもかかわらず、直前に見た安直なビデオに選択が左右されてしまったのである。

気分に関する調査をややくわしく述べたのは、ある重要な真実を強調しておきたいからだ。それは、あなたはいつも同じ人間ではないということである。気分が変われば(そのことを自分で気づいているはずだ)、あなたの認知メカニズムのいくつかの性能が変化する(そのことは自分ではっきり意識していない)。複雑な判断を求められたときの気分は、あなたの問題の見方や到達する結論に影響をおよぼす。たとえ自分は気分に影響されるような人間ではないと信じていても、またたとえ自分の出した答えに自信を持って正当な理由を述べられるとしても、である。要するにあなたも私もノイズだらけなのだ。

このほかにも多くの偶発的な要素が機会ノイズを引き起こす。本来ならプロフェッショナルの判断に影響をおよぼすべきでない外的な要因の元凶になりうるのが、ストレスと疲労である。たとえば一般の病院や医院を受診した約七〇万人を対象にしたある調査によると、長い一日の終わりが近づく頃には医師がオピオイド(強力な鎮痛剤)を処方するケースが大幅に増えるという。[23]

言うまでもなく、午後四時に予約した患者のほうが午前九時の患者より痛みが強いと考えるべき理由は何もない。同様に、医師のスケジュールが押し気味かどうかも処方とは関係がないはずだ。にもかかわらず、非ステロイド系抗炎症薬の処方や理学療法の提案は一貫したパターンでは行われていない。医師が予定時刻に遅れそうなときは、副作用が大きいにもかかわらず、手っ取り早い強力な治療法を選ぶ傾向があきらかに強まる。他の調査でも、一日の終わりに近づくと、医師は抗生物質を処方する頻度が高まり[24]、注射をする頻度が下がることが判明した[25]。

天気でさえ、プロフェッショナルの判断に計測可能なほどの影響を与える。とはいえ、判断を下す現場は空調が効いていることが多いので、天気が直接判断を左右するのではなく、天気の影響はおそらく気分に「仲介」されているのだろう（つまり、天気がまず気分に影響をおよぼし、それが判断に影響を与える）。たとえば猛暑だと量刑は厳しくなりやすいし、株価の動きは日照に左右されやすい。一方意外なことに、天気が悪いときには記憶力が高まる[26]。また、天気の影響が微妙な作用をおよぼすこともある。社会心理学者ウリ・サイモンソンの調査によると、入学審査では曇りの日には受験者の学業成績により多くの注意が払われ、晴れた日には学業以外の適性により多くの注意が払われるという。この発見を報告した論文のタイトルがふるっている。「曇りの日にはガリ勉がカッコいい[27]」

このほかに判断のばらつきの原因になるものとしては、並び順が挙げられる。あるケースで判断を下すとき、直前の判断が暗黙のうちに参照されている。いくつものケースを次々に判断するプロフェッショナル、たとえば裁判官、ローン審査官、バスケットボールの審判などは、前の判断とのバランスをとろうとするものだ。つまり、合格、合格ときたら次は不合格、続けざまにファウルをとったら次はノーホイッスル、という具合に、ある向きの判断が続いたら、次には反対向きの判断を下す傾向がある。たとえそれが正当化できなくても、である。これではエラー（および不公平）が生じるのは避けられない。たとえばアメリカの難民審査官は、承認を二回続けると次に承認する確率は本来より一九％下がるという。となれば住宅ローンを申請した人は、前の二人が断られたら承認されるが、前の二人が承認されたら却下されるということになる。こうした判断者のふるまいは、心理学用語で「賭博者の錯誤（gambler's fallacy）」として知られる認知バイアスの表れだ。[28] 人間は、同じことが偶然に何度も続く可能性を過小評価しがちなのである。

## 機会ノイズの大きさは

システムノイズ全体に対して機会ノイズはどの程度の割合を占めるのだろうか。何割とはっきり言うことはできないが、おおむね当てはまる原則のようなものは見えてきた。本章で取り上げた機会ノイズの大きさは、判断のレベルやパターンに見られる個人間の安定したちがいに比べると小さい、ということである。

たとえば、難民申請がアメリカで承認される確率は、直前の人が二人承認されると三人目は一九％下がると述べた。これはたしかに不届きなことではあるが、審査官の間のばらつきに比べるとよほど小さい。移民法や国際法の専門家であるジャヤ・ラムジ＝ノガレスのチームの調査によると、マイアミのある裁判所では、ある審査官は申請の八八％を承認するのに対し、別の審査官は五％しか承認しないという[29]（これは実際の生データであり、ノイズ検査ではないので、申請者は同じではない。とはいえ審査官はほぼランダムに割り当てられるし、ラムジ＝ノガレスらは国籍のちがいによる差別はなかったことを確認している）。個人によってこれほどの差があるとなると、一九％などさしたる問題ではないように思えてくる。

同様に、指紋検査官や医師も過去の自分と一致しないことがしばしばあるにせよ、他人との不一致ほどひんぱんではない。システムノイズ全体に占める機会ノイズの割合が計測可能だったすべてのケースにおいて、機会ノイズのシステムノイズ寄与度は個人間の差よりも小さかった。

別の言い方をするなら、私たちはいつも同じ人間ではないし、自分が思うほど首尾一貫してはいない。それでも、今日の他人よりは昨日の自分のほうに似ている。これはちょっと心が安らぐことかもしれない。

## 機会ノイズの内的要因

気分、疲れ、天気、並び順などじつにさまざまな外的要因が、同じ人による同じケースの判断に望ましくないばらつきを引き起こす。判断に影響をおよぼすようなあらゆる外的要因を洗い出して管理する環境作りは可能かもしれない。すくなくとも理論上は、そうした環境では機会ノイズを減らすことができるはずである。ところがどうやらそれだけでは、機会ノイズを完全に排除するには不十分らしい。

マイケル・カハナとペンシルバニア大学の研究チームは、記憶力の研究をしている（記憶は私たちの定義する判断とはちがうが、記憶を呼び覚ますのは認知的作業であり、その環境を厳格に管理してばらつきを計測することが容易である）。ある実験では、被験者七九人の記憶力の徹底的な分析を行った。被験者は別々の日に二三回にわたる実験に参加し、それぞれ二四の単語が記載された二四種類のリストを見せられて単語を思い出す[30]。リストごとに思い出した単語の数のパーセンテージがその人の記憶力の成績というわけだ。

カハナのチームが関心を持っていたのは、被験者ごとの記憶力のちがいではなく、同じ被験者の記憶力のばらつきは予測可能かどうか、ということだった。被験者の成績はそのときの気分に左右されるだろうか？　前の晩よく眠れたかどうかに左右されるだろうか？　午前か午後かに左右されるだろうか？　回を重ねると成績はよくなるだろうか？　疲れて飽きてくると成績は下がるだろうか？　ある単語は他の単語より思い出しやすいだろうか？

答えはすべてイエスだった。だが、思ったほどではなかったのである。これらすべての予測変数（説明変数）を加味したモデルでは、被験者の成績のばらつきのうち一一％しか説明できなかった。「予測変数の影響をすべて取り除いてなおこれだけのばらつきが残ることに、われわれはショックを受けた」とカハナらは話している。このように厳格にコントロールされた環境でも、機会ノイズの発生原因が何なのかは謎に終わったのだった。

調査した中で被験者の成績予測に関して最も重要な予測変数だと判明したのは、外的要因ではなかった。ある被験者のある単語リストの成績は、その直前のリストの成績を参照すれば最もうまく予測できることがわかったのである。あるリストが好成績だと、次のリストもまずまず成績がよい。逆にあるリストの成績が悪いと、次も不出来である。成績はでたらめに変動するわけではなく、外的要因が何も作用しなくても潮の干満のように浮き沈みがある。

この結果から、記憶力のかなりの部分は「記憶を支配する内因性の神経処理の効率」に左右されるとカハナらは結論づけている。言い換えれば脳の働きの一瞬一瞬のばらつきは、天気や何か気を逸らすような外的な影響によるのではない。脳というものはそういうふうに働くということである。

となれば、脳の働きにおける内因性のばらつきが判断の質にも影響をおよぼすことは大いにありうると考えるべきだし、それをコントロールするなど望むべくもないということになる。脳の機能にばらつきがあるということになれば、機会ノイズは排除できると信じている人はたじろぐにちがいない。この章の冒頭で紹介したプロ選手のフリースローも、当初考えたほど単純な話ではなかったことになる。選手の筋肉が完全に同じ動きは二度とできないように、ニューロンも二度と同じようには働かないのである。もし人間の知性がものさしだとしたら、狂いが多すぎると言わねばならない。

だが私たちは、本来入り込むべきではない影響のうち、制御可能なものを制御しようと努力することはできる。この努力は、判断を集団で下す場合にはとりわけ重要になる。これについては次章で扱う。

## 機会ノイズについて話そう

「判断はフリースローのようなものだ。どんなにがんばっても、同じ動作を正確に二回繰り返すことはできない」

「あなたの判断は気分に左右されている。気分だけでなく、直前にどんな話をしたかとか、今日の天気とか、そういうことにも。人間はいつも同じ人間ではないと考えなければならない」

「君は先週の君と同じではないかもしれないが、ありがたいことに、今日の他人よりは先週の君に近い。つまり機会ノイズは、システムノイズの最大の要因ではないということだ」

# 第8章　集団によるノイズの増幅

個人の判断に入り込むノイズだけでも由々しき問題だが、これが集団になると一段と問題は大きくなる。とかく集団というものは、本来は無関係のさまざまな要素に左右され、とんでもない方向に迷走しがちだ。誰が最初に発言したか、誰が最後か、誰が自信たっぷりに話したか、誰が黒を着ていたか、誰が誰の隣に座ったか、絶妙な瞬間に笑ったのは、眉をひそめたのは、頷いたのは、首を振ったのは誰か、といったことが結果を大きく左右する。組織では、さまざまな決定が集団で下されているはずだ。採用、昇進、支店の閉鎖、広報戦略、大学入試、新製品の発売時期、環境規制への対応、さらには国家安全保障にいたるまで、一人で決断するということはまずあるまい。

前章で群衆の知恵は案外正しいとか、複数の人の判断の平均をとればノイズを減らせるなどと言っておきながら、いまになって集団のノイズを強調するとは矛盾だと思われただろうか。だが集団のダイナミクスはノイズの増加につながることもある。判断の平均が正解に近づく「賢い群衆」もたしかに存在する。だが群衆は、独裁者に盲従したり、市場のバブルを助長したり、妖術にころりと騙されたり、危険な共同幻想に陥ったりもする。ほんのすこしのきっかけで、集団全体が大賛成に傾くこともあれば、まったく同質の集団全体が猛反対に回ることもある。集団のメンバー同士のダイナミクスによって、ノイズのレベルは途方もなく高くなりうるのである。このことは同質の集団の間のノイズにも、一つの集団内のノイズにも当てはまる。ノイズのレベルが上がると、本来は重要な問題に関する熟慮を要する判断が、無数の可能性の中から偶然のなりゆきで一つを選んだだけということになりかねない。

## 選曲のノイズ

まず証拠をお見せするために、意外な場面を紹介しよう。マシュー・サルガニックのチームは、音楽ダウンロードについて大規模な実験を実施した。[1] 実験は、数千人のコントロールグループ（対照群）が形成されるように設計されている。この数千人は、まずまず人気のウェブサイトのビジターである。彼らはこのサイトにアップロードされた新人バンドの新曲七二曲を聴いて、気に入った曲をダウンロードする。楽曲にはなかなか刺激的な名前がついている。『オレンジの罠に落ちて』、『苦悩』、『目隠し』、『野球の魔術師』、『ピンクの妄想』といった具合だ（中には私たちの関心にぴったりのタイトルもある。『最高のミステイク』、『エラーな私』、『信じてる』、『人生のミステリー』、『運まかせ』、『迷いを断ち切って』等々）。

コントロールグループでは、被験者は他の人の選曲は知らされず、自分だけの判断で好きな曲を選んでダウンロードする。サルガニックのチームはこのほかに別のビジターを無作為に選び、八つのグループも形成した。これらのビジターもやることは同じで、好きな曲を選んでダウンロードするだけだが、一つだけコントロールグループとちがいがある。どの曲についても、自分のグループでのダウンロード数（ＤＬ数）を閲覧できることだ。たとえば、あるグループで『最高のミステイク』が大人気だとすると、そのグループのメンバーは誰でもＤＬ数をチェックしてそれを知ることができる。もちろん、ある曲のＤＬ数がひどく少ないことも一目瞭然だ。

グループごとの重要な属性に大幅なちがいはなく、調査では八つのグループに同じ実験を八回繰り返したことになる。読者の中には、最終的にはいい曲が上位に来てダメな曲は下位に沈むと予想した人がいるかもしれない。もしそうなるとしたら、すべてのグループが最後は似たような結果になるはずだ。なぜならグループ同士の間にはノイズは存在しないと考えられるからである。これこそがまさにサルガニックのチームが検証しようと試みた仮説だった。彼らは、「社会的影響（social influence）」というノイズの原因を探ろうとしたのである。

実験で判明したのは、グループごとにランキングが全然ちがうことである。つまり、グループ間のノイズはひどく大きかった。あるグループでは『最高のミステイク』がダントツで『エラーな私』は低迷する一方で、別のグループでは『エラーな私』が大人気で『最高のミステイク』は最低という具合である。ある曲のＤＬ数がたまたま最初に増えるとその後は急激に伸びるが、最初につまずくとその後も伸び悩む。

たしかに、まったくイケていない曲、つまりコントロールグループでまったく不人気だった曲は最終的には最上位には来なかったし、コントロールグループで大人気だった曲が最下位になるということもなかった。だがそれ以外は、とにかくてんでんばらばらだったのである。サルガニックらが指摘したとおり、「社会的影響が存在する状況では、何もない状況より、何が人気になり何が不人気になるかを予測しやすい」。要するに、社会的影響はグループの間に大量のノイズを生み出す。しかもノイズの存在という点からすれば、個々のグループ内のノイズもきわめて大きい。なぜなら、ある曲を好きになった判断も、別の曲を嫌いになった判断も、最初にＤＬ数が増えるかどうかでかんたんに逆転しうるからだ。

サルガニックのチームは、グループの結果を容易に操作できることも後日実証してみせた。[2]これは、人気というものが自己強化する性質を備えているからである。サルガニックらはかなり意地悪な実験を設計し、コントロールグループのＤＬ数ランキングを逆転して（つまり最上位を最下位に、最下位を最上位にというふうに）他の八グループに示した。その後は通常通りビジターに好きな曲を選んでダウンロードしてもらう。すると、不人気だった曲の大半が上位になり、人気だった曲の大半が下位に低迷した。ただし非常に規模の大きいグループの場合には、偽ランキングに完全には騙されず、人気・不人気が拮抗する形になった。唯一の例外は、コントロールグループでDL数が飛び抜けて多かった超人気曲は、時が経つにつれて上位に上がってきたことである。それでもかなり時間が経つまでは、偽ランキングが全体の傾向を支配していた。

サルガニックらの実験は、集団での判断全般について考えるうえできわめて示唆に富む。たとえば一〇人という比較的少人数の会議で、次の意欲的なプロジェクトにゴーサインを出すかどうかを決めるとしよう。最初に賛成派が一人か二人発言したら、全体の流れを賛成ムードに持っていくことができるだろう。だが反対派が先に発言したら、逆のことが起きる。すくなくとも人間が他の人に影響されるならそうなりうるし、実際にもそうだ。こうしたわけだから、誰が最初に発言したか、あるいは最初にDL数が増えたのはどの曲だったかといった偶然の要因で、同種の集団がまったくちがう判断に至りかねない。つまり『最高のミステイク』と『エラーな私』の人気は、本来無関係な要因でかんたんに変わってしまうプロフェッショナルの判断とよく似ていると言える。では、最初に誰も強く賛成しなかったら、あるいは強く反対しなかったら、どうなるか。たぶんその件はなかなか（または全然）決まらないだろう。追随して賛成した人は尻馬に乗っただけで、自分の意見などなかったのだから。

## 話は音楽だけでは終わらない

読者の中にはこの実験の結果に懐疑的な方もおられよう。ダウンロードは特殊なケースか、でなければ影響がひどく目立つケースであって、集団全般の判断には当てはまらないのではないか、と。だが他の多くの状況でもよく似たふるまいが観察されている[3]。たとえばイギリスで国民投票の実施の是非が問われた際にも、同じようなことが起きた。当然ながら、市民はいろいろな要素を天秤にかけて国民投票の実施に賛成するかどうかを決めなければならない。だが実際には、ダウンロード実験とよく似たパターンになった。初日に賛成が増えるとその後は幾何級数的に賛成が増えるが、初日に低調だとその後の逆転は望めない。つまり政治も音楽と同じく、社会的影響に大きく左右される。他の人が賛成か反対かをかんたんに知ることができるかどうかで決まってしまう、ということだ。

社会学者のマイケル・メイシーとコーネル大学のチームは、ダウンロード実験に刺激されて別の実験を行っている[4]。ある人の意見にたまたま民主党支持者が賛成したらたちまち民主党支持者がこぞって賛成し、共和党支持者が反対するのではないか、またその逆も起きるのではないか、という仮説を立てたのである。結論を先に言えば、仮説は正しかった。ある意見が民主党支持者に好意的に受け止められたことに民主党のオンライングループが気づくと、彼らはその意見を強く支持し、あっという間に民主党支持者の大半が追随した。だがその同じ意見に共和党支持者が同感していると別の民主党のオンライングループが気づいた場合には、彼らはその意見を強く批判し、あっという間に民主党支持者の大半が追随したのである。共和党支持者も同様のふるまいをした。となれば、政治的意見も曲選びとたいして変わらないことになる。要するに、最後にどうなるかは出だし次第ということだ。メイシーらが指摘するように、「最初に動いたごく少数の人がたまたまどちらに転ぶか」が、その後の形勢を決してしまうほどの影響力を持つ。かくして、とりたてて民主党好みでも民主党に有利でもない意見に民主党支持者がこぞって賛成し、共和党支持者が大反対したり、その逆のことが起きたりするのである。

　もっと一般的な集団での判断に関わる例を考えてみよう。ヘブライ大学のレブ・ムクニックのチームは、ウェブサイトを利用した実験を行った。[5] サイトにはさまざまな記事が掲載され、ビジターが自由にコメントを投稿できるようになっている。そのコメントに対して「高評価」（サムズアップ）、「低評価」（サムズダウン）といった評価がつくと、記事のランキングが上がったり下がったりする。ムクニックのチームは実験開始時に、いくつかのコメントに対する最初の評価として機械的に「高評価」をつけておいた。さあその後、どうなったか。何百人、何千人ものビジターが評価をするのだから、最初のたった一票の「高評価」などさしたる影響はない、と読者はきっと考えたことだろう。まことにもっともな見方だが、まちがっている。最初の「高評価」を見たビジターは、やはり「高評価」をつける確率が通常より三二％も高まるのである（最初の「高評価」は人為的につけられたことを忘れないでほしい）。

　しかも驚くべきことに、最初の評価の影響は長続きした。五カ月経っても、最初にたった一票人為的に「高評価」を得たコメントの評価の平均は、そうでないコメントより二五％も高かったのである。つまり、最初の評価の影響力はノイズの発生原因となる。どういう理由から「高評価」あるいは「低評価」になったにせよ、その最初の一票は最終的な人気を大きく左右する。

ムクニックらの実験は、集団の判断はどのように変化するのか、そこにノイズが多いのはなぜかという問題を解くヒントを与えてくれる（ここでもまた、似たような複数の集団がまったくちがう判断を下すとか、同一集団が無数の選択肢から適当に一つ選ぶという意味でのノイズが多かった）。集団のメンバーは、最初に賛成・反対または中立の意見表明をすることで、最初の「高評価」（または「低評価」）と同じ役割を果たすことになる。ある提案に対して誰かがすぐさま賛成したら、他のメンバーには賛成する理由ができたことになる。対象が製品なのか、人事なのか、プロジェクトなのか、アイデアなのかはどうでもよろしい。なぜなら、そのことの本質的な価値ではなく、最初の一票に相当するものの尻馬に乗るだけだからである。ムクニックらの実験は大規模なグループを対象にしたが、同じことは少人数のグループでも起こりうる。いや、少人数のほうが最初の一票の重みが増すので劇的な展開になりやすい。

これと関連して指摘しておかなければならないことがある。前章では群衆の知恵を取り上げ、大人数の集団に意見を求めた場合、答えを平均すると正解に近づく可能性が高いと述べた。複数の独立した判断を統合することが、ノイズひいてはエラーを減らすよい方法であることはまちがいない。だが、人々が互いの意見を知ることができる場合はどうだろう。互いの意見を聞けばますます正解に近づくと思われただろうか。そういうケースもたしかに存在する。条件が整っていれば、それぞれが持ち合わせている情報や知識を共有し、グループとして熟慮のうえで正しい判断に至ることもある。だが群衆の知恵の大前提は、各自の独立性だ。それぞれが自分で判断を下さず他の人の意見に依存するような場合には、群衆の知恵はあてにならない。

調査でもそのことは裏付けられている。たとえばある都市の犯罪件数、ある期間の人口の増え方、A国とB国の国境線の長さなどかんたんな推定の問題をやってもらうと、各自が単独に答えを考える限りにおいて群衆は賢い。[6] ところが他の人の答えを見られる状況になると、群衆は賢くなくなってしまう。よって、社会的影響は「集団的エラーを減らさずに集団の多様性を」損ねる点で問題がある。皮肉なのは、多数の独立した意見を適切に集計し平均すれば驚くほど正解に近づく一方で、ほんのすこしばかりの社会的影響が牧羊犬よろしく群を囲いへと追い込み、群衆の知恵をだめにしてしまうことである。

## カスケード効果

ここで取り上げる研究のいくつかは、情報カスケード（informational cascade）と関係がある。カスケードとはもともとは階段状に連続した小さな滝のことだが、情報カスケードとは大勢の人が順番に前の人の選択情報を参照しながら判断する場合に、自分自身の持つ情報に基づかず、多数派の選択肢を選ぶ傾向のことを指す。この種のカスケードはどこにでも見受けられる。同じ問題を同種の集団が議論して正反対の結論に向かうのも、最初のちょっとしたちがいで結果が大きくちがってくるのも、カスケード効果（cascade effect）で説明できることが多い。より一般的に言えば、歴史は必然の流れとみなしがちだけれども、多くの集団が下した決断は無数の可能性の中からたまたまそうなったにすぎないとみることもできる。

情報カスケードがどんなふうに起きるかをかんたんな例で説明しよう。会議室に一〇人がいるとする。これから、ある重要なポストに誰を採用するかを決めるところだ。候補者は三人。トーマス、サム、ジュリーである。出席者は順番に意見を述べることになる。最初にアーサーが発言し、トーマスを推した。次のバーバラは、アーサーの判断を知ったわけである。彼女自身もトーマスがよいと思っていたら、我が意を得たとばかり強く賛成するだろう。だがもし決めかねていたら、どうだろう。バーバラがアーサーを信頼していたら、同意するはずだ。ええ、私もトーマスがいいと思うわ。彼女は誰を採用すべきかについて確たる意見はないものの、アーサーのことはよく知っていて信頼しているので、単に彼の判断を支持したのである。

さあ、三番目に発言するチャールズはどうするか。アーサーもバーバラもトーマスを推している。だがチャールズ自身の耳に入った不確かな情報によると、トーマスが適任とは思えない。彼の考えでは、ベストはジュリーだ。しかしそう考えても、あえて自分の情報を無視してアーサーとバーバラに同意することがありうる。この場合、必ずしも彼は気おくれしたのではなく、アーサーとバーバラの意見を尊重したのだと考えられる。自分の持ち合わせている情報以上に、彼らには十分な証拠があってトーマスを推しているのだろう、と。

こうなると四番目のデービッドは、よほど確たる証拠のない限り、別の意見を述べるのはむずかしい。彼は三人の意見に同意するだろう。このときデービッドはカスケードの中にいる。もちろん、アーサーもバーバラもチャールズもまちがっているという強力な理由があれば、デービッドは反対するだろう。だがそうでなければ、大勢《たいせい》に従う可能性が高い。

ここで重要なのは、チャールズは（あるいはデービッドも）トーマスについて（あるいは他の候補者についても）、アーサーとバーバラの知らない情報や知識を持ち合わせていたことである。この情報が共有されていたら、アーサーとバーバラは考えを変えていたかもしれない。チャールズとデービッドが先に発言していたら、自分の意見だけでなく自分の知っている情報も発表し、他の出席者の意見に影響を与えた可能性もある。だが彼らの順番が後だったために、せっかくの情報は知られないままに終わった。

さて続いて発言するエリック、フランク、ジョージはどうするだろう。アーサー、バーバラ、チャールズ、デービッドがみなトーマスを推した場合、その後の発言者は賛同する可能性が高い。内心では別の候補者のほうがいいなと思っていても、である。もちろん、トーマスはあきらかに悪い選択肢だという確証や確信でもあれば話は別だが、そこまで自信が持てなければ流れに乗ってしまう。この例のポイントは、アーサーの最初の判断が後の発言者のカスケードを形成する端緒となり、最終的にこの集団が満場一致でトーマスを選ぶに至ったことである。中には誰を選ぶか決めかねていた人や、それどころかトーマスより別の候補者のほうがいいと考えていた人がいたにもかかわらず、そうなってしまう。

もちろんこの例は人為的に作ったものだ。だがありとあらゆる集団で、似たようなことが起きている。他人の意見を知ることのできる状況では、最初の発言者がBよりAがいいんじゃないかと匂わせただけで、その後の発言者もAを選ぶということになりがちだ。すくなくとも、最初の発言者を疑うべき理由がなく、形成されたコンセンサスはまちがいだと考えるべき合理的な理由もとくにない場合には、そうなりやすい。

ここで重要なのは、情報カスケードが集団にノイズを起こす可能性があること、いやその可能性が高いことである。さきほどの例では、アーサーが最初に発言してトーマスを推した。だがもしバーバラが最初に発言してサムを選んでいたら、あるいはアーサーが最初にジュリーを選んでいたら。おそらくサムかジュリーに決まっていただろう。サムあるいはジュリーが適任だからではなく、カスケード効果が働くからだ。ダウンロード実験の重要な発見は、まさにここにある。

もっとも、情報カスケードに乗ることは必ずしも不合理とは言えない。どう判断してよいか定かでないときは、他人の意見に従っておくのが無難だということもある。同意見の人の数が増えるにつれて、大勢に従うことは一段と賢明になるだろう。しかしここに二つ問題がある。第一は、集団の大半がカスケードの中にいて確たる理由もなく前の人に従っているのかもしれない、という可能性を無視しがちなことである。三人なり、一〇人なり、二〇人なりが同じ意見を支持しているのを目の当たりにしたら、まさか最初の一人の意見に他の人は流されているだけだとは考えないだろう。大勢の人が同意見なのは集合知の賜物だと思い込んでしまう。第二は、情報カスケードは集団をとんでもない方向に向かわせる危険性があることだ。最初の発言者が大まちがいだったという可能性が十分にあることを忘れてはいけない。

集団のメンバーが互いに影響を受ける原因は、情報カスケードのほかにもある。社会的圧力がそれだ。企業や政府機関では、不快な奴だとか喧嘩腰だとか空気を読まないとか、あるいは馬鹿だと思われたくないという理由から、だんまりを決め込むということが起こりうる。大方の人は、気持ちのよい同僚だと周囲に思われたいものだ。他人の意見や行動に追随するのはこのためである。Bのほうがよさそうだと内心では思っていても、集団のコンセンサスがAに傾きつつあれば、あるいは最初の発言者がAを強く推せば、波風を立てるよりはとAに賛成してしまう。

さきほどの会議の例も、見方を変えれば社会的圧力で説明できる。後の発言者は最初の発言者を信頼しているからではなく、協調性がないとか馬鹿だとか思われたくないがために同調したと捉えることが可能だ。アーサーの最初の発言はある種のバンドワゴン効果を引き起こし、やがて後のほうで発言するエリック、フランク、ジョージに強い社会的圧力をかけることになる。なにしろこのときには、誰もがトーマスを推しているのだ。社会的圧力のカスケードも情報カスケードと同じように作用し、最初の発言者の確信を後の発言者は過大評価する。かくして、ほんとうにトーマスを適任だと判断したからではなく、最初の発言者または影響力の強い発言者がトーマスを選んだからという理由だけでトーマスを推すことになる。そしてトーマスを推す人が増えるほど社会的圧力は強まっていく。これは企業でも政府機関でもありがちな現象であり、まったくまちがった判断がよしとされ、満場一致で支持されることになる。

集団においても、社会的影響はノイズを生じさせる。ある部門の会議の冒頭で誰かが社内の改革に賛成意見を述べると、その部門は満場一致で改革賛成という結論に達するだろう。だがそれはおそらく社会的圧力の産物であって、出席者がみな心から改革に賛成したわけではない可能性が大いにある。会議の冒頭で反対意見が述べられた場合には、あるいは最初の発言者がどっちつかずだった場合には、会議はどう転んでいたかわからない。実際に別の部門の会議ではそうなるかもしれない。同質の集団であっても、社会的圧力が原因で最終的にまったくちがう結論にたどりつくことは十分にありうる。

## 集団極性化

アメリカでも他のどの国でも、刑事訴訟（および民事訴訟の多く）は陪審員団が審理する。陪審員たちが話し合えば、個々人の判断よりも賢い評決にいたると期待していいのだろうか。陪審員団について行われた研究によると、社会的影響が「集団極性化（group polarization）」と呼ばれるノイズを生じさせることが判明した。集団極性化とは、集団の中で互いにやりとりするうちに、往々にして集団としての意見が個々人のもとの考えよりも極端な方向に振れやすい現象を指す。たとえば七人が参加したミーティングで、パリに支店を出したいねという話になったとしよう。このアイデアについて話し合っているうちに、絶対パリに支店を出すべきだ、という結論に達しやすい。集団内の議論は自信や結束を強めてある一つの方向に押し流されやすく、しまいにはすっかり盛り上がって「これで決まり！」ということになりがちだ。集団極性化は、陪審員団だけで起きるわけではない。プロフェッショナルとして判断を下すべきチームもしばしば極性化する。

私たちは製造物責任が問われた訴訟において、損害賠償金支払いに関する陪審員団の評決を調べる一連の実験を行った。陪審員の役割は適切な賠償金額を決めることだ。賠償金は欠陥製品を製造した企業を罰すると同時に、他社の類似行為を防止する目的で科される（この実験の詳細は15章で取り上げる）。実験のポイントは、現実の世界の評議制陪審員団と「統計的陪審員団」の評決を比較したことである。[7] まず私たちは実験参加者八九九人に事案の概要を説明し、それぞれ一人で判断を下すよう求めた。判断は、どれほど怒りを感じ懲罰を科したいかを七段階で示し、賠償金額をドルで示す。次に私たちはこの個別の判断を利用して、コンピュータで数百万の統計的陪審団を生成した。これは、ランダムに生成した六人編成の仮想陪審員団の集まりである。仮想陪審員団一つひとつの評決は、六人の個別の判断の中央値をとることにした。

結果を一言で言うと、統計的陪審員団の評決は実際の陪審員団よりはるかに一貫性があった。統計的に統合すると自動的にノイズは減る。個別の独立した判断に入り込むノイズは、それらを平均すれば必ず小さくなる。

一方、現実の陪審員団は統計的陪審員団とはちがい、一堂に会して互いに意見を交換する。そうすれば中位に位置する陪審員の判断に収斂するのではないか、と考えてもおかしくない。その点を確かめるために、私たちは最初の実験のフォローアップ実験を行うことにした。フォローアップ実験では陪審員資格を持つ市民三〇〇〇人以上に参加してもらい、六人編成の模擬陪審員団を五〇〇以上作った。[8]

結果は一目瞭然だった。同じ訴訟についての評議制陪審員団の評決は、統計的陪審員団よりはるかにノイズが大きかったのである。これはあきらかに、社会的影響ノイズが原因だった。評議には、ノイズを増幅する効果があったわけである。

もう一つ、興味深い発見もあった。六人の中で中位にあたる陪審員があまり怒っておらず、寛大な懲罰でよしと考える場合には、最終的な評決はこの中位の陪審員以上に寛大なものになりやすい。対照的に、中位の陪審員がかなり怒っていて厳罰に処すべしと考える場合には、陪審員団全体の怒りがつのり、厳しい意見に傾きがちだ。そして最終的な賠償金額は、中位の陪審員が考えていたよりも多くなりやすい。それどころか陪審員の二七％は、最も厳しいメンバーと同等かそれ以上に多い賠償金額を選ぶようになる。つまり評議制陪審員団は、統計的陪審員団よりノイズが多いだけでなく、構成メンバーの意見を当初より一段と強める傾向がある。

ここでもう一度、集団極性化の特性を思い出してほしい。集団極性化とは、集団で話し合うと、個々人の当初の考えよりも集団の意思が極端な方向に振れやすいことだった。私たちの実験もこれを裏付けている。評議制陪審員団は、中位の陪審員が寛大な場合にはそれ以上に寛大になり、中位の陪審員が厳格な場合にはそれ以上に厳格になりがちだ。そして賠償金額も、中位の陪審員が当初考えていたより多くなりやすい。

集団極性化の説明をよく読むと、カスケード効果の説明と似ていることに気づく。どちらの場合も情報が重要な役割を果たす。大半の人が厳しい罰に賛同しているとき、その集団では厳しい罰に賛成する声を多く耳にし、反対の声はあまり耳にしないことになる。そこで、メンバーが互いの意見を聞けば、支配的な意見の方向に傾きがちになり、その集団はひとまとまりになり、この意見こそが正しいと自信を持つ。つまり極端な方向に振れやすい。またメンバーが、協調性がないとか空気を読まないとか思われたくないと考えれば、やはり極性化が起きやすくなる。

集団極性化は、当然ながらエラーすなわち誤判断を生じることになる。それも、ひんぱんに。とはいえ、ここで注目したいのはばらつきのほうである。すでに述べたように、独立した判断を集計して平均すればノイズは減る。よって独立した判断であれば、多ければ多いほどよいことになる。統計的陪審員団のノイズが個々人の判断のノイズより小さいのはこのためだ。これに対して意見交換をする評議制陪審員団のノイズは、統計的陪審員団より大きかった。評議制陪審員団と同じような状況に置かれた集団で判断のばらつきが増えるのは、集団極性化が原因であることが多い。最終的なノイズは非常に大きくなることもある。

企業や政府を始めどんな組織でも、カスケード効果と極性化のせいで、同じ問題に取り組む複数の集団がまったくちがう結論に至ることがままある。一握りの人間の判断、つまり最初の発言者だとか影響力の大きい発言者の判断に最終結果が左右される可能性があるとすれば、それは大いに懸念すべき問題と言わねばならない。そもそも個人の判断にはノイズが入り込みやすいことが、すでにわかっているからだ。レベルノイズとパターンノイズを思い出してほしい。これらのノイズは各人の判断にばらつきをもたらし、それは本来あるべき以上に大きい（しかも想像以上に大きい）。そのうえパターンノイズには、疲労や気分や順番といったものに起因する機会ノイズというものがある。これらの多種多様なノイズが最初の発言者の判断に入り込む可能性は大いにある。そして集団のダイナミズムはこのノイズを増幅しがちだ。その結果、合議を行う集団は、統計的に個々の判断の平均を求める集団よりもはるかにノイズが大きいことになる。

企業や政府における重要な意思決定の大半は何らかの合議を経て下されるのだから、こうしたノイズのリスクに細心の注意を払うことが必要である。組織もリーダーも、個々のメンバーの判断に入り込むノイズを防ぐべく、対策を講じなければならない。また、合議制の集団の運営にあたっては、ノイズを増幅しないようとくに配慮しなければならない。そのための予防的な戦略を第５部で提案する。

## 集団での意思決定について話そう

「どうやら、最初に人気が出るかどうかですべてが決してしまうらしい。新製品が発売第一週で話題になるよう、戦略を練るべきだ」

「いつも思うのだが、政治家の発言も経済学者の提案も映画スターとたいして変わらないのではないだろうか。誰かが好きだとわかると、みんなが好きになるという点で」

「チームが集まるといつも意見が一致して自信満々になり、ものすごい勢いで突き進む。これがどうも不安で仕方がない。意思決定プロセスのどこかにまちがいがあると思えてならない」

# 第3部　予測的判断のノイズ

多くの判断には予測が絡んでいる。後日検証可能な予測であれば、予測精度を評価することが可能であり、そこからノイズとバイアスについて多くを知ることができる。第３部では、予測的判断を取り上げる。

第９章では、プロフェッショナル、コンピュータ・モデル、単純なルールによる予測の精度を比較する。プロフェッショナルは最下位だったが、そう聞いても読者はもう驚かないだろう。第10章ではなぜこの結果になったのかを探り、人間の判断が劣る最大の原因はノイズであることを示す。

結論を出すためには予測の質を評価しなければならず、そのためには予測精度を計測しなければならない。それはつまり、予測と結果との関係性を調べることである。たとえば人事部が定期的に新規採用を行っているなら、数年後には採用時の予測（きっと優秀だろう）と人事評価（実際に優秀である）との関係性を確認することができる。採用時に評価の高かった人材が雇用後も高い評価を得ているなら、予測精度は高かったと言える。

この直感的なやり方を数値で表すときに使うのがパーセント一致率（percent concordant）、略してＰＣである。[1] ＰＣは明確に規定された問いに答えるのに適している。たとえば、社員ＡとＢを無作為に選んだとしよう。採用時の評価はＡがＢより高かったが、働き始めてからの評価もＡがＢより高い可能性はどの程度だろうか？　もし採用時の予測が申し分なく高い精度であれば、ＰＣは一〇〇％になる。つまり、採用時にＡがＢより上だったら、一年後の評価でもＡがＢより上である。逆に採用時の予測がまったくお粗末だったら、一年後に一致するかどうかは運任せになる。つまり、「優秀」と評価されたＡが一年後も優秀である可能性とまるで使えない可能性は半々だ。よってＰＣは五〇％である。第９章ではこうした例をくわしく説明する。もっとかんたんな例で言うと、足のサイズと身長のＰＣは七一％である。読者の前に二人の男がいたとして、まず背の高さを見てから足の大きさを見たとき、背の高いほうが足も大きい可能性は七一％ということである。

　ＰＣは、一致の度合いを直感的に把握できるというメリットがあるが、社会科学者の使う標準的な計測方法ではない。標準的な計測値は、相関係数（ｒ）である。二つの変数が正の相関関係にあるとき、相関係数は〇〜一の値をとる。さきほどの例では、身長と足のサイズの相関係数は〇・六〇である。[2]

**表1：相関係数とパーセント一致率（PC）**

| 相関係数 | パーセント一致率（PC） |
|---|---|
| 0.00 | 50% |
| 0.10 | 53% |
| 0.20 | 56% |
| 0.30 | 60% |
| 0.40 | 63% |
| 0.60 | 71% |
| 0.80 | 79% |
| 1.00 | 100% |

相関係数の解釈の仕方は何通りもあるが、ここでは直感的にわかりやすい定義を示すことにしよう。二つの変数の間の相関性とは、共通する決定因子のパーセンテージだと考えればよい。たとえば、ある形質は遺伝だけで決まるとしよう。すると、共通の遺伝子を五〇％持つ兄弟姉妹にその形質が現れる相関係数は〇・五〇、共通の遺伝子を二五％持ついとこでは〇・二五になる。逆に、身長と足のサイズの相関係数が〇・六〇であることから、身長の決定因子の六〇％が足のサイズも決めると考えることができる。

パーセント一致率（ＰＣ）と相関係数には直接的な関係がある。表1に、相関係数に対するＰＣの値を示した。[3]本書では、人間とモデルの判断を数値化するときには、この二つの計測値をいつもセットで示すことにしたい。

第11章では、予測精度の限界を論じる。ほとんどの判断は、私たちが「客観的無知（objective ignorance）」と名付けた状況で下される。なぜ無知かと言えば、将来に関することの多くはわからないからだ。ところが驚くべきことに人間はだいたいにおいてこの限界を忘れており、自信を持って、いや自信満々に将来を予測する。第12章では、客観的無知が予測はもちろん、結果を理解する能力にまで影響を与えることを論じる。このことは、ノイズが気づかれずに終わる重要な一因となる。

# 第9章　人間の判断とモデル

自分の、あるいは他人の将来の仕事ぶりは果たしてどう評価されるのか——大勢の人がこのことに関心を持っているだろう。だから、職場で将来どう評価されるかの予測は、プロフェッショナルによる予測的判断のよい例となる。たとえば、ある大企業の二人のエグゼクティブ、モニカとナタリーの評価を考えてみよう。二人は採用時に人事コンサルティング会社による評価を受け、リーダーシップ、コミュニケーション能力、対人スキル、業務上の専門スキル、モチベーションの五項目について一〜一〇段階で採点された（表2）。読者はこの表を見て、二年後の二人の人事評価を予想し、やはり一〜一〇段階で採点してほしい。

大方の人はこの種の問題に直面したとき、単純に各項目の数字を見て、「あのときがX点なら二年後はY点ぐらいだろう」とあまり考えずに判断するだろう。もうすこし念入りな読者なら、頭の中で平均点を計算するかもしれない。そんな具合に評価したとしたら、おそらくナタリーの

表２：２人のエグゼクティブ候補者

| | リーダーシップ | コミュニケーション能力 | 対人スキル | 業務上の専門スキル | モチベーション | 総合評価 |
|---|---|---|---|---|---|---|
| モニカ | 4 | 6 | 4 | 8 | 8 | |
| ナタリー | 8 | 10 | 6 | 7 | 6 | |

ほうが有望だと判断するだろう。ナタリーとモニカの点差は一点か二点というところだろうか。

## 人間の判断か、それとも数式か？

読者がこの問題で採用したざっくりしたアプローチには、れっきとした名前がついている。「臨床的判断（clinical judgment）」である。患者の訴える症状や病歴、医師が自分の感覚（視診、触診、聴診など）と簡単な道具（体温計や血圧計など）を用いて得た情報に基づいて、これまでに知られている病気のどれに一致するかを判断する、あれだ。じつのところ、本書でかんたんに「判断」としているプロセスはどれも臨床的判断である。

では今度は、人事評価の予測が実地ではなく実験だと考えてほしい。モニカとナタリーは、数年前の採用時に五項目の評価を受けた数百人のマネジャーの情報を格納したデータベースから抽出してきたとする。読者はこのときの評価を参照して、モニカとナタリーの将来の仕事ぶりを予測した。そしてすでにモニカとナタリーの現在の評価は手元にある。さあ、読者の予測は二人の現在の評価とどの程度一致するだろうか？

この例は、実際に行われた実績予測調査をおおむね踏襲している。[1] もし読者がこの調査の参加者だったら、結果を知ってたぶん不快になるだろう。博士課程を修了し国際的なコンサルティング会社で働く心理学の専門家を集めて同様の予測をしてもらったところ、実際の評価値との相関係数は〇・一五だった（PC＝五五％）。つまり、彼らが候補者Aを候補者Bより高く評価したとして（ちょうど読者がモニカとナタリーでやったように）、数年後にAがBより高い可能性は五五％だということである。これでは「当たるも八卦当たらぬも八卦」よりちょいとましという程度で、プロの仕事とは言いがたい。

これほど精度が低いのは、提供された情報がたいして予測の役に立たないものばかりだったのだろう、と読者はお考えかもしれない。となれば、提供された情報がどれほど予測にとって有用だったのかを確かめなければなるまい。また同時に、情報をどう活用すれば実際の結果との相関性が高くなるのかも考える必要がある。

標準的な統計的手法がこの疑問に答えてくれる。さきほど提供された情報に基づいて統計的に結果を予測したところ、相関係数は〇・三二となった（PC＝六〇％）。これにしてもお見事とは言えないが、しかし臨床的判断よりはだいぶましである。

この統計的手法は重回帰（multiple regression）分析と呼ばれ、一つの目的変数（予測したい変数）を複数の予測変数（説明変数）から予測するものである。この手法の眼目は、複数の予測変数の組み合わせと目的変数との相関係数が最大化するような最適の重み付けの組み合わせを発見することにある。[2] 最適の重み付けをすれば、予測と実際の値との平均二乗誤差（ＭＳＥ）を最小化できる。これは、統計学において最小二乗法が最もよく使われる例である。ここでガウスを思い出そう。最小二乗法は、誤差の二乗和が最小になるような関係式を求める方法である。ご明察のとおり、目的変数と最もよく相関する予測変数に大きな重みを付け、役に立たない予測変数の重みはゼロにする。[3]中には重みがマイナスになる場合もある。たとえば未払いの違反切符の数は、おそらくマネジャーの人事評価の予測に使う変数としてはマイナスの重みがつくことだろう。

重回帰を使う予測手法は、「機械的予測（mechanical prediction）」の一種である。機械的予測には、単純なルール（採用基準は「高校を卒業以上」のみ、など）から人工知能を使った高度なモデルまでさまざまだが、最もよく使われるのは線形回帰モデルである（「判断と意思決定研究の馬車馬」と呼ばれたりするのはこのためだ[4]）。本書では専門用語をできるだけ減らすために、線形モデルのことを「単純なモデル」と呼ぶことがある。

モニカとナタリーの予測実験は、臨床的および機械的予測の比較の一例として取り上げた。比較分析はどれも次の手順で行う。[5]

・予測変数（モニカとナタリーの例では採用時の評価）を使って、目的変数（両者の数年後の人事評価）を予測する。
・人間は臨床的予測を行う。
・統計的手法（重回帰など）を使って、同じ予測変数に基づき同じ目的変数の機械的予測を行う。
・臨床的予測と機械的予測の精度を比較する。

## 統計的予測モデルは人間に勝つ

臨床的予測と機械的予測の両方が可能な場合、両者をどうやって比較すればいいか知りたくなるし、果たして人間による判断が単純な数式にまさるかどうかを知りたくなるものだ。

このことは以前から問題になっていたが、注目を集めるようになったのは一九五四年になってからである。この年にミネソタ大学の心理学教授ポール・ミールが『臨床的予測vs統計的予測：理論分析とエビデンス評価』（未邦訳）を発表した。[6] ミールは、学業成績や精神科の診断などに関する臨床的予測と統計的予測を対比した二〇の調査報告を分析・評価し、一般に単純な機械的ルールのほうが人間の判断よりすぐれていると結論を下したのである。臨床医を始めとするプロフェッショナルは、自分たちの強みと自負していること、すなわちさまざまな情報を天秤にかけて一つの答えを出す能力に関して、じつは全然たいしたことがないという。

ミールの発見がいかに驚くべきものであり、それがノイズとどのような関係にあるのかを理解するためには、まず機械的予測モデルがどんな具合に予測を行うのかを知る必要がある。機械的予測モデルの決定的な特徴は、同一のルールがすべてのケースに適用されることだ。予測変数一つひとつには、あらかじめ決められた最適の重みが付けられている。この重みは、ケースによって変わることはない。さきほどのモニカとナタリーの例では、モニカにもナタリーにも同じ重み付けが適用される。読者はきっと、そんな窮屈な決まりがあるなら人間の判断のほうがずっとよいと考えたことだろう。たとえば読者は、モニカは仕事のスキルもあるしモチベーションも高いから将来有望だと考える一方で、ナタリーはこの二項目で劣るとしてもリーダーシップがありコミュニケーション能力は申し分ないのだから、弱点を補ってあまりあると考えるかもしれない。もしそんなふうに考えたとしたら、二人のそれぞれについて別々の成功への道のりをイメージしたことになる。こうしたもっともらしい臨床的予測は、結局のところ、二つのケースの同じ予測変数に別々の重みを付けている。これは、単純な線形回帰モデルはしない、いやできないことだ。

線形回帰モデルのもう一つの決まりは、予測変数の一単位のちがいはつねに同じ効果を持つことである。つまり、七と八のちがいも一、〇と一のちがいも一である。こちらも臨床的な直感に反する。たとえば読者はナタリーのコミュニケーション能力に一〇段階で一〇の評価がついていることに大いに感銘を受け、まちがいなく彼女が最有力だと即決するかもしれない。だが線形回帰モデルではそうしたことは起きない。加重平均方式では、一単位の差はあくまで一でしかない。臨床的判断はこのルールに叛旗を翻し、現実の世界では一単位の差が問題にならないケースもあれば、決定的に重要なケースもあるとする。線形回帰モデルはそのような主張を受け付けない。

前に掲げた心理学の専門家たちによる予測を思い出してほしい。じつはこれはミールが分析したパターンの一例で、臨床的予測では実際の値との相関係数は〇・一五（PC＝五五％）、機械的予測では〇・三二（PC＝六〇％）だった。この程度の相関性でも、専門家たちは自信を持って判断を下したことだろう。読者もモニカとナタリーの将来予測をしたとき、それなりの自信を持って答えを出したのではないだろうか。だがその自信や満足感は、ミールに言わせれば錯覚である。「妥当性の錯覚（illusion of validity）」という立派な名前もついている。

　予測的判断には妥当性の錯覚がついて回る。というのも予測は二段階に分けて行われるのに、人間はその二つをごちゃまぜにしているからだ。第一段階では与えられた情報に基づいて現時点の評価を行い、第二段階で将来の結果を予測する。人間が自信たっぷりにやっているのは、たいていの場合、二人の候補のうちAのほうが現在よさそうに見えるという評価である。にもかかわらず、Aのほうが将来もよいと言ってしまう。だが、それとこれとは別物だ。読者は、現時点でナタリーのほうがモニカよりエグゼクティブにふさわしく見えると断言してもだいじょうぶだが、ナタリーのほうがモニカより将来よいエグゼクティブになると断言するのはいかがかと思われる。理由は明快だ。読者には両人をいま評価するのに必要な情報は与えられていても、将来の予測にはつねに不確実性がつきまとうからである。

　残念ながら、人間の思考回路では第一段階と第二段階のちがいはあいまいになっている。もしあなた自身が両者を混同しているとしたら、とても幸運だ。なぜなら、みんな混同しているからである。もしあなたがここまでは現在の評価で、ここから先は予測だときっちり区別できるなら、まわり中の妥当性の錯覚に苦しめられることになる。

妥当性の錯覚を逃れられない点では臨床医も例外ではない。ミールにそう決めつけられた彼らがどう反応したかは想像に難くない。単純きわまりない式を例外なく適用するだけで臨床的判断を上回ることができるだって！　彼らは衝撃を受け、信じまいとし、専門家の臨床的直感を分析したと称するうすっぺらな研究を頭から馬鹿にした。これはまあ、理解できる。ミールの結論は彼らの判断の主観的な経験に反するし、大半の人は学者の主張より自分の経験を信じるものなのだから。

ミール自身も自分の発見にじつは複雑な感情を抱いていた。ミールといえば統計的手法のほうが臨床的判断よりすぐれていると主張した張本人ということになっており、人間の洞察力の批判者にして元祖数字オタクといった人物を想像しがちだが、けっしてそんなことはない。ミールは研究者であるがまた精神分析医でもあり、オフィスにはフロイトの写真が飾られている。[7]加えて非常に幅広い知識の持ち主で、心理学のみならず哲学と法学も教え、形而上学、宗教、政治学、超心理学についての著作もあった（彼は「テレパシーのようなものは存在する」と主張している）。[8]これらの点を考え合わせると、筋金入りの統計信者というステレオタイプにはまったく当てはまらない。臨床医に対する悪意などミールはつゆほども抱いていないのである。ただ彼の指摘するとおり、インプットされる変数が複数ある場合には機械的アプローチがまさるという証拠は「盤石で揺るぎない」[9]。

たしかに、「盤石で揺るぎない」と断言して差し支えないだろう。二〇〇〇年に一三六の調査報告を評価した結果、機械的予測は臨床的予測を上回ることが疑いの余地なく確かめられている。[10]評価対象となった調査は、黄疸の診断、軍務の適性診断、結婚生活の満足度など多岐にわたる。機械的予測は一三六件中六三件で、統計的手法は六五件で最も精度が高かった。臨床的予測が最も高い精度を記録したのは八件のみである。しかもこの結果を見比べるだけでは、機械的予測の価値を過小評価したことになる。なにしろ機械的予測のほうが臨床的予測よりずっと速くて安上がりなのだ。そのうえこれらの調査の多くでは、人間の判断者には、コンピュータ・モデルには提供されない「プライベート」な情報にアクセスできるという不公平なアドバンテージが与えられていた。[11]この結果は、「単純なモデルは人間に勝つ」という無遠慮な結論をはっきりと裏付けたのである。

## 「あなたのモデル」はあなたに勝つ

ミールの発見からは重大な疑問が浮かび上がる。なぜ単純な式のほうがすぐれているのか。式のどこが人間を上回るのか。いやむしろ、こう質問すべきだろう。いったい人間のどこが劣っているのか。この質問に対しては、多くの点で劣っていると答えざるを得ない。人間の決定的な弱点の一つは、ノイズが多いことである。

この結論を裏付けるために、線形回帰モデルについての別の研究に目を向けることにしたい。一連の研究はオレゴン州ユージーンで始まったが、これにはわけがある。先見の明のある富裕な心理学者ポール・ホフマンは、学界のあり方に我慢がならなかった。彼は自分の研究所を設立し、非常に優秀な研究者を各地から集める。かくして田舎町ユージーンは、人間の判断に関する世界的に有名な研究拠点となったのだった。

ホフマンの研究所に参加した一人にルイス・ゴールドバーグがいる。科学的・心理学的に最も信憑性があるとされる性格分析理論「ビッグファイブ理論」の提唱者として名高い人物だ。そのゴールドバーグは一九六〇年代後半にホフマンの初期の研究の後を継いで、人間の判断を説明する統計的モデルの研究に着手した。[12]

まずゴールドバーグは、人間が実際に行った判断をモデル化した。これは、現実のモデル化と同じくらい容易にできる。使う説明変数は同じ（モニカとナタリーの例で言えば五項目の評価値）で、使う統計手法も同じ重回帰分析だからだ。唯一ちがうのは、目的変数である。実際の結果を予測するのではなく、人間の判断を予測する。たとえばあなたの判断を予測する。

あなたの判断を加重平均式でモデル化するというアイデアは、ひどく奇妙に感じられる。そもそもあなたはそんなふうに判断していないからだ。モニカとナタリーについて臨床的に予測するとき、あなたは同じルールを適用などしていない。それどころか、ルールなど何も適用していない。だから、ゴールドバーグの「判断者モデル」は、実際に下す判断を現実に即して記述しているとは言えない。

だが、たとえあなた自身は加重平均など計算していないとしても、結果的にあなたの判断があたかもそうしたかのようなものになっている可能性はある。たとえばビリヤードのプロが無心で玉を突いても、そのプレイはあたかも複雑な力学方程式を解いたかのようだったりする。[13] そう考えれば、あなたがあたかも単純な式を当てはめたかのように予測することだって、あっておかしくないだろう――実際のあなたはもっと複雑な考えを巡らせていたのだとしても。だからゴールドバーグの判断者モデルは、人間の判断の仕方の記述としてはまちがっているにしても、人間の判断を予測するうえでは有用であり、その精度も十分に高いはずだ。実際にも、二三七の調査報告を網羅的に評価したところ、判断者モデルと実際の人間の臨床的判断との平均相関係数は〇・八〇（PC＝七九％）だったのである。[14] 完璧とは言えないにしても、モデルの有用性を立証するには十分な高さの相関係数だ。

　もちろんゴールドバーグの研究の目的は、あなたの判断を予測することではない。彼が単純な判断者モデルを作ったのは、このモデルが実際の結果の予測に役立つかどうかを調べることにあった。モデルは判断した本人のおおざっぱな近似にすぎないのだから、常識的に考えれば、モデルが本人ほどうまく機能するとは思えない（その本人だってうまく予測しているとは言えないのだ）。本人に代わってこの近似的なモデルで予測したら、どの程度予測精度は下がるだろうか？

　答えを知ったら読者は驚くにちがいない。モデルを使って予測をしたところ、精度は下がらなかったのである。いや、精度は向上した。ほとんどのケースで、モデルは、モデル構築のベースになったプロフェッショナル本人を上回る成績を収めた。代用品がオリジナルを超えたのである。

この結論は、他の多くの分野の調査でも裏付けられている。ゴールドバーグの研究に倣った初期の例として、大学院の成果を予測するという研究がある。[15] まず九八人の実験参加者は、大学院生九〇人の一〇項目の評価に基づき、将来の成績平均点（ＧＰＡ）を予測した。次にこの予測に基づいて、実験主催者が各参加者の判断の線形回帰モデルを構築する。その後、このモデルで予測を行い、本人の予測と照合する。すると、九八人の実験参加者全員について、モデルのほうが予測精度が高かったのである！　数十年後に五〇年分の研究報告の評価が行われたが、このときもまた判断者モデルの予測精度はそのもとになった本人を上回ることが確認された。[16]

実験参加者がこの結果のフィードバックを受けたかどうか、私たちは知らない。だが、「あなたの予測をもとにごく粗雑なモデルを作ったところ、そっちのほうがあなたよりつねに精度の高い予測をしたんですよ」などと誰かに言われたらどんな気がするか、読者にも容易に想像がつくだろう。私たちの大半は、判断というものは単純なルールでは解決できないからこそ、複雑で繊細でやり甲斐があると考えている。いくつもの情報を天秤にかける難解なルールを自分で「発見」して適用したときや、このケースは特別な例外だと見抜く直感を働かせたとき、要するに単純な加重平均なんぞには収まらない判断を下したとき、私たちは自分の判断力や眼力に大いに満足する。それなのに、なんということだ。そうした微妙な匙加減はまったくの無駄だとするミールの結論を、ゴールドバーグの研究は一段と強化してのけた。複雑なルールもこまやかな配慮も予測精度の向上にはつながらない、と。

どうしてそんなことになるのか。ゴールドバーグの発見の意義を理解するためには、「あなた」と「あなたのモデル」とのちがいがどこにあるのかを知らなければならない。あなたが実際にした予測と、あなたの予測を予測する線形回帰モデルのアウトプットに差が出たのはなぜか？　あなたの予測の統計モデルは、あなたの予測に含まれていた情報に何も付け加えていない（そんなことはできない）。モデルにできるのは、情報を減らすことと単純化することだけである。とくに強調しておきたいのは、あなたが発明した繊細で複雑なルールは単純な線形回帰モデルには反映されないことだ。コミュニケーション能力の一〇と九の差は七と六の差より重要だとか、すべての項目で七をとっているバランスのとれた候補者のほうがどこかが突出してよいがどこかは突出して悪い候補者より好ましい、といったことをもしあなたが考えていたとしても、あなたのモデルはそうしたルールを再現しない。たとえあなたがそのルールを完璧にすべてのケースに適用したとしても、である。

あなたの繊細で複雑なルールが正しいなら、それを再現しないモデルは予測精度が劣るはずである。たとえば、スキルとモチベーションというたった二つのインプットから将来の昇進を予測するとしよう。この場合、加重平均を求めるのはよいアイデアとは言えない。スキルが甚だしく劣っていた場合、モチベーションがどれほど大きくても埋め合わせられないからだ。その逆もまた言える。あなたが二つしかないインプットについてあれこれ考えを巡らせ微妙な兼ね合いで予測するのであれば、おそらくはそれができない単純な線形回帰モデルよりもあなたのほうが予測精度は高くなるだろう。ただし、そうした繊細で複雑なルールは妥当性の錯覚を引き起こし、判断の質を損ねることが少なくない。繊細で複雑なルールの中には妥当なものもあるとしても、多くはそうではないのである。

さらにあなたのモデルは、あなたの判断に入り込むパターンノイズとは無縁である。ある判断対象に対するあなたの恣意的な対応が生むエラーは、プラスであれマイナスであれ、モデルには再現されない。またモデルは、あなたが判断を下す瞬間の環境や気分の影響も反映しない。これらのノイズによる判断エラーが何かと相関している可能性はまずないだろう。つまりランダムに生じると考えてよい。

あなたの判断からこうしたノイズを取り除くだけで、予測精度は必ず向上する。[17] たとえば、あなたの予測と実際の結果との相関係数が〇・五〇（PC＝六七％）だったが、判断のばらつきの五〇％はノイズだったとしよう。あなたの判断からノイズを完全に取り除くことができれば、相関係数は飛躍的に向上し、〇・七一（PC＝七五％）となる。機械的にノイズを排除すれば、予測的判断の信頼性は向上するのである。

要するに、あなたを「あなたのモデル」で置き換えるときには、二つのことが行われている。一つはあなたの複雑な微妙さを取り除くこと。もう一つはパターンノイズを取り除くことである。ゴールドバーグの「判断者のモデル」が、その基になった本人の予測を上回った事実は、重要なメッセージを伝えている。人間の判断における複雑で微妙なルール（そういうものが存在するとしての話だが）は、ノイズの悪しき影響を埋め合わせるには至らない、ということだ。あなたはきっと、自分の予測から生成されたとしても、そんな単純なモデルなどより自分のほうが繊細で洞察力ゆたかでデリケートな判断ができるとお考えだろう。だが実際には、あなたのほうがモデルよりノイズが多いだけなのである。

私たちはいろいろな要素を天秤にかけ、ああでもない、こうでもないと考えた末に予測的判断に至ったとき、総合的に目配りしたよい答えを出したと満足するものだ。にもかかわらず、そうした複雑で微妙なルールが予測精度を下げるとはどういうことなのか。理由の一つは、身も蓋もない言い方になるが、そうしたルールは一般に正しくないからである。だがもう一つの理由は、仮にそのルールがおおむね正しいとしても、そうしたルールは必然的にめったにない状況でしか適用されないことだ（めったにない状況だからそうした複雑なルールがひねり出されるのである）。たとえば、この特別な候補者はぜひとも採用しなければ、とあなたは決めたとしよう。ある項目がとびぬけて優れているから、ほかはひどく見劣りしても目をつぶろう、というわけだ。問題は、そうした特別な人材は定義からしてめったにいないことである。ある人が特別で別格で類例がなく、異例で独特で規格外だといった評価は、まずもって信頼できないことが多い。そうした理由による高評価が的中するのはまぐれ当たりであって、ほんとうに特別な人材は見落とされていることが多い。人事評価でも、誰彼を特別な「スーパースター」と評価するのは、だいたいまちがっている。計測誤差の両極端では信頼性が必ず低下するものだし、めったに起きないことはめったに当てられないのだ。複雑で微妙なルールに利点があるとしても、それはあっというまに誤差に飲み込まれてしまう。

ゴールドバーグの研究を一段と先鋭化したのが、マーティン・ユーとネイサン・クンセルである。[18] ユーとクンセルの研究（モニカとナタリーの例は、彼らの研究に基づいて作成した）では、国際的なコンサルティング会社で働く心理学の専門家が、三種類のサンプルから抽出したエグゼクティブ候補者八四七人について将来の人事評価を予測した。彼らは七項目について採点された評価情報に基づいて臨床的予測を行い、将来の総合評価の点数をつけたのだが、その結果が甚だ芳しくなかったことはすでに述べたとおりである。

ここでユーとクンセルは、専門家たちの予測的判断をランダムに作った線形回帰モデルと比較してみようと考える。そのために、七項目の予測変数に一万セットのランダムな重み付けをした式を生成し、それを適用して人事評価を予測した。[19]

結果は衝撃的だった。ランダムモデルは人間と同じ情報に基づいて予測するにもかかわらず、どのモデルの予測精度も人間（それも心理学の専門家だ）を上回ったのである。三種類のうち一種類のサンプルでは一万種類のランダムモデルの七七％が、他の二種類ではなんと一〇〇％が人間を上回った。失礼な言い方をすれば、専門家を下回るモデルを作ろうとしてもまずもって作れない、ということである。

ユーとクンセルのランダム線形回帰モデルによる結果は、ゴールドバーグの近似的なモデルより強烈である。ただしお断りしておくが、これは極端なケースだ。適当にこしらえた単純なモデルがほぼ全面的に人間を上回った一因は、もともと人間の予測的判断の精度がひどく低かったことにもあるだろう。いうまでもなく、いかなるモデルもすべての人間を打ち負かすなどと主張するつもりは毛頭ない。それでも、単純なルールに機械的に（ユーとクンセルは「頭を使わずに」と述べた）従いさえすればむずかしい問題の判断の精度が有意に向上しうるという事実は、ノイズが臨床的予測の信頼性におよぼす重大な影響を明確にした点で意義がある。

この章では、ノイズがいかに臨床的判断の精度を損なうかを駆け足でみてきた。予測的判断では、プロフェッショナルがいともかんたんに単純な式に打ち負かされてしまう。最適の重み付けをした統計的予測モデルにも、あなたの予測に基づく「あなたのモデル」にも、それどころかランダムに重み付けしたモデルにも負けてしまうのである。となれば、ノイズを排除できる手法、すなわちルールとアルゴリズムを活用すべきであることははっきりしている。これについては次章で取り上げることにしよう。

## 人間の判断とモデルについて話そう

「人間は判断を下すときに、複雑で微妙なルールを見つけたと考えがちだが、複雑で微妙な斟酌はだいたいにおいて単に時間の無駄だ。そのようなものが単純なモデルの精度を上回ることはまずない」

「ポール・ミールの著書が発表されてから六〇年以上が経つが、機械的な予測のほうが人間より上だと聞くといまだにショックを受ける」

「要するに、人間の判断にはノイズが多すぎる。だから、ある人の判断から生成した近似的なモデルのほうが本人に勝つことになる」

# 第10章　ルールとノイズ

このところ人工知能（AI）、とくに機械学習という言葉は、これまで人間がやるものとされてきた仕事を機械がこなすようになったという文脈でよく使われている。機械学習のアルゴリズムは、顔認証、多言語の翻訳、放射線撮影の画像診断といったことをやすやすとやってのける。また数千人のドライバーに瞬時に運転指示を出すといった複雑な計算問題も、驚異的な速度と正確性で処理する。さらに、高度な予測もできるようになった。たとえばアメリカの最高裁の判決を予測する、保釈中に行方をくらます被告を見抜く、児童相談所への電話で急を要するものを選別する、などだ。

今日アルゴリズムと聞くとこうした用途がすぐに思い浮かぶが、もともとの意味はもっと広い。ある辞書には、「計算を始めとする問題解決手法において、とくにコンピュータが従うプロセスまたはルールのセット」と定義されている。この定義からすれば、線形回帰モデルなど前章で取

**図11：4種類のルールとアルゴリズム**

り上げた機械的判断で使われる手法はすべてアルゴリズムということになる。

そして、ばかばかしいほど単純なルールから高度で中身のわからないアルゴリズムにいたるまで、機械的アプローチの多くのタイプは人間の判断を上回る。その重要な要因（唯一の要因ではない）は、機械的アプローチはノイズフリーだということにある。

ルールに基づくさまざまなアプローチを検討し、どんなときに有効なのか、それはなぜかを調べるためには、前章のモデルから出発するのがよいだろう。すなわち、重回帰分析に基づく単純なモデル（線形回帰モデル）である。このモデルを出発点として、まずはより単純化する方向を、次により高度化する方向を試す（図11）。

## 均等な重み付け

オレゴン州ユージーンで一九六〇～七〇年代に人間の判断を研究した一人にロビン・ドーズがいる。ドーズは一九七四年に予測の単純化において一つのブレークスルーを成し遂げた。彼のアイデアは、どうみても正統から外れた型破りなものだった。重回帰分析を使って予測変数一つひとつの重みを決めるのではなく、すべての予測変数に同じ重みを付けたのである。

ドーズはこの均等に重み付けした式に「不適切な線形モデル」という名前をつけている。真に驚くべきはここからだ。この「不適切な」モデルは「適切な」回帰モデルに劣らず正確で、臨床的判断よりずっと精度が高かったのだ。[1]

ドーズの研究成果を認める人々でさえ、この主張がうさんくさく「統計的直感に反する」と認めている。[2] 現にドーズと共同執筆者のバーナード・コリガンは、当初なかなか専門誌の編集者に信用してもらえず、研究論文の掲載を認められなかった。おそらく読者は前章のモニカとナタリーの例に取り組んだとき、予測変数によって重要度の高いものと低いものがあると考えたことだろう。たとえば、エグゼクティブ候補なのだから仕事のスキルよりリーダーシップのほうが重要だ、というふうに。それなのに、単純きわまりない均等重み付け、つまりは重み付けをしないモデルが、慎重に重み付けした加重平均式と同等の成績を収め、プロフェッショナルの判断すら上回るとはどういうことか。

ドーズの偉業から四〇年以上を経た今日では、当時の人々をあれほど驚かせた統計的現象もよく理解されている。すでに述べたように、重回帰分析では二乗誤差を最小化するような「最適な」重み付けを求める。だがこのとき、元のサンプルに含まれていた誤差も最小化してしまう。このため最適加重モデルは、データにランダムに含まれるまぐれ（fluke）の予測にも適応することになる。そこで、たとえば高い専門的スキルを備え、且つ別の理由で営業成績のよいマネジャーがたまたまサンプルにすくなからず含まれていた場合、モデルは専門的スキルに過大な重みを付けることになりやすい。

問題は、この最適加重モデルを元のサンプルの外に、つまり別のデータセットに適用した場合である。この場合には、最適の重み付けはもはや最適ではない。元のサンプルに含まれていたまぐれは、まぐれであるが故にほかのサンプルには含まれていないからだ。ほかのサンプルに含まれているマネジャーは、専門的スキルが高くてもてんでダメなマネジャーかもしれない。しかもほかのサンプルに別のまぐれが含まれていても、元の最適加重モデルではそれを予測することはできない。よって、あるモデルの予測精度の正確な数値は、新しいサンプルにおける精度の確認後、すなわち交差検証済みの数値になる。要するに、重回帰モデルは元のサンプルに対して精度が高すぎるため、交差検証後の精度はほぼ必ず低くなる。ドーズとコリガンは、均等加重モデルと重回帰モデル（交差検証済み）をいくつかの状況で比較した。その一つは、イリノイ大学心理学科の大学院生九〇人について一〇項目の予測変数から一年次の成績平均点（ＧＰＡ）を予測するというものである。一〇項目は、適性検査の結果、学部時代の成績、相互評価（外向性など）、自己評価（誠実度など）で構成される。標準的な重回帰モデルの予測と実績との相関係数は〇・六九だったが、交差検証後は〇・五七（ＰＣ＝六九％）に下がった。均等加重モデルの実績との相関係数は、〇・六〇（ＰＣ＝七〇％）だった。他の多くの研究でも同じような結果が得られている。[3]

交差検証後の予測精度の下げ幅が最も大きかったのは、元のサンプル数が少ない場合だった。小さいサンプルでは偶然の影響が大きくなるからである。社会科学で使用されるサンプルは一般に小さいため、いわゆる「最適な重み付け」のメリットは失われてしまう、とドーズは指摘した。統計学者のハワード・ワイナーは、適切な重み付けの予測を扱った学術論文に「(重みなんて)全然どうでもいい」という挑戦的なサブタイトルをつけている。[4] ドーズ自身の言葉を借りるなら「計測以上に正確なモデルなど必要ない」[5]。均等加重モデルの予測精度が良好なのは、サンプリングの偶然に左右されないからである。

ドーズの研究が持つ意味には、広く注意を集めるだけの価値があった。予測しようとする結果についてどの予測変数が有効かあらかじめわかっていなくても、まずまず有効な統計的予測ができることである。だから必要なのは、結果と何かしら相関性があると考えられる予測変数を集めることだけだ。

たとえば前章でやったように、数項目の評価を受けた多数のエグゼクティブについて数年後の実績を予測するとしよう。これらの評価はどれも予測にとって重要だとあなたは考えているが、それぞれの項目がどの程度予測に役立つかはわかっていない。数年先にはエグゼクティブたちが実際に有能かどうか結果は出るが、適切な重み付けをするためにそれまで待つわけにはいかない。それでも手元にある数項目の評価だけで、均等な重み付けをして統計的に予測を行うことは十分に可能だ。この均等加重モデルの相関係数は〇・二五（PC＝五八％）で、臨床的予測の〇・一五（PC＝五五％）を有意に上回る。[6] そして、交差検証済みの重回帰モデルに匹敵することはまちがいない。しかも追加的にデータを集める必要がないし、複雑な計算も不要である。

判断の研究者の間でいまや合言葉となったドーズの表現を借りるなら、均等加重モデルは「頑健で美しい」[7]。この画期的なアイデアを世に問うた彼の研究の最後はこう締め括られている。「必要なのは、どんな変数に注目するかを決め、あとは足し算をまちがえないようにすることだ」[8]

## 単純なルール

単純化をさらに推し進めると、ごく単純なルールに行き着く。これを「倹約モデル（frugal model）」と呼ぶことにしよう。倹約モデルはばかばかしいほど単純化されており、小学生でもできる計算に基づいているが、それでも状況によっては驚くほどよい予測をすることができる。

倹約モデルは重回帰モデルの特性に基づいてはいるのだが、大方の人があっと驚くようなシンプルさだ。結果の予測に非常に有効な二つの予測変数があると考えてほしい。どちらも実際の結果との相関性はきわめて高く、一つの相関係数は〇・六〇（PC＝七一％）、もう一つは〇・五五（PC＝六九％）だ。二つの予測変数は互いに相関しており、こちらの相関係数は〇・五〇である。この二つに最適の重み付けをしたらじつにみごとに結果を予測できるのではないか、と読者はお考えのことだろう。残念ながら、そうはならない。予測と結果との相関係数は〇・六七

（PC＝七三％）で、多少は前よりよいものの、とてもよいとは言えない。

この例は、一般則を示す典型的なものと言える。すなわち、相互に相関する複数の予測変数を組み合わせても、個々の予測変数の最もよい相関性をさほど上回らない、ということだ。この点は重要である。というのも現実の世界では、予測変数はほぼ必ず相互に相関しているからだ。この統計的事実を踏まえると、予測変数の数を切り詰める、つまり倹約することの意義が見えてくる。すでに述べたように状況によっては、複雑な計算がほとんどいらない倹約モデルが、多数の予測変数を複雑に組み合わせるモデルを上回る予測精度を示すことがある。

二〇二〇年にある研究チームが、倹約アプローチをさまざまな予測問題に適用する大規模な調査を行った[9]。調査対象の一つになったのが、公判までの被告の保釈を認めるか認めないかという決定である。これを決めるときには、暗黙のうちに被告の行動を予測している。不適切に却下すれば被告を不必要に勾留することになり、本人にとっても社会にとっても損失だ。だが不適切に認めれば、公判開始前に逃亡したり、悪くすればまた罪を重ねたりしかねない。

研究チームが構築したモデルでは、たった二つの予測変数しか使わない。年齢（年齢が高いほど逃亡のリスクは低い）と過去の公判不出頭の回数（前歴のある人ほど繰り返す可能性が高い）である。どちらも、被告の逃亡可能性をよく予測できるとされる。モデルはこの二つのインプットを点数に転換し、これをリスクスコアとして使った。リスクスコアの計算にはコンピュータはいらないどころか電卓すら不要である。

これを現実のデータセットに適用してテストしたところ、倹約モデルは多くの予測変数を使う高度なモデルに匹敵する予測精度を記録し、人間の裁判官ほぼ全員を上回ったのである。

同じ倹約アプローチで五つの予測変数を使うものもテストされた。これらの変数には、小さな整数（マイナス三〜プラス三）で重み付けする。このモデルを使って、マンモグラフィのデータから腫瘍の重症度を決定する、心臓疾患を診断する、信用リスクを予測する、などを行った。これらすべてのタスクで、倹約モデルは複雑な重回帰モデルと同等の成績を収めた（ただし、機械学習にはかなわなかった）。

また別の研究チームは常習犯の予測に倹約モデルを適用した[10]。被告が再犯を繰り返すタイプかどうかは判決を下すうえで重要な問題である。既存のモデルでは被告のリスクレベルの評価に一三七もの変数を使うが、研究チームはたった二つの変数を選んだ[11]。年齢と有罪判決を受けた回数である。この二つは、さきほどの保釈審査で使った予測変数と密接な関係があり、被告の行動予測に有用であることが実証されている。このたった二つのインプットを使ったモデルは、一三七の変数を使うモデルと同等の予測精度を示した[12]。

倹約モデルのメリットは、透明性が高く、適用しやすいことにある。しかも、複雑なモデルに比べて少ないコストで同等の予測精度を得ることができる。

## 機械学習

さて次は、単純化とは反対の高度化のほうへ向かうことにしよう。たくさんの予測変数を設定し、それぞれについて多くのデータを集め、人間には探知できない関係性のパターンを探し、見つけたパターンをモデル化したら、果たしてよりよい予測ができるのだろうか。ＡＩモデルはまさにその実現を約束するものである。

高度な分析に欠かせないのは膨大な量のデータセットだ。[13] 大量のデータが入手可能になったことが近年のＡＩの急速な進化を生んだと言える。たとえば大量のデータがあれば、「折れた足」という稀な事例に機械的に対処できる。この謎めいた名前の起源は、ミールが想定した例に遡る。人々が今晩映画を観に行く確率を予測するモデルがあるとしよう。こんなモデルをあなたがどの程度信頼するかは別として、あなたはたまたまある映画ファンが今朝足を折ったことを知っているとする。この場合、あなたはこの人が今晩映画を観に行くかどうかをモデルより確実によく知っているわけだ。

単純な線形モデルを使う場合、この「折れた足」の原則は意思決定者に重要なことを教えてくれる。つまり、モデルを無視して自分の判断を優先してよいのはいつか、そうすべきでないのはいつかを教えてくれるのである。モデルには考慮できないような決定的な情報（今朝足を折った）を入手した場合には、モデルより自分の判断を優先すべきだ。しかし、そうした情報を握っていないのにモデルを無視したくなるときがあるかもしれない。自分の判断のほうがよいと思う誘惑は、モデルと同じ予測変数にあなた独自の解釈を当てはめることを意味する。そうした個人的なパターンは有効でない可能性がきわめて高いのだから、モデルを無視するのはやめたほうがよい。モデルに干渉すれば、予測精度を下げるのがオチだ。

　機械学習モデルの予測精度が高い理由の一つは、人間が思う以上に「折れた足」を発見する能力を備えていることにある。大量の分析対象について大量のデータが存在する状況では、映画ファンの行動を追跡するモデルは、たとえばいつも映画を観に行く日に病院へ行った人はその晩映画館に行かないことを学習できる。こうして稀な事例の予測精度が向上すれば、人間がモデルを無視すべきケースは減ることになる。

　ＡＩのやることには魔法も理解も関わっていない。ＡＩは、単にパターン認識をするだけである。機械学習の威力が驚嘆に値することはまちがいないが、足を折った人がその晩映画を観に行かないのはなぜかをＡＩが理解するまでにはおそらくまだしばらく時間がかかることを忘れてはならない。

## 保釈の決定

　さきほど、保釈審査に単純なルール（倹約モデル）を適用した例を紹介したが、ほぼ時を同じくして、センディル・ムッライナタンの研究チームは同じタスクをＡＩモデルのトレーニングに活用した。[14] ただしデータの数ははるかに多く、七五万八〇二七件である。それぞれのケースについて、判事に提供される情報（今回の犯罪、過去の逮捕歴、過去の公判不出頭など）も投入する。

ただし年齢以外の人口統計学的データ（性別、家族構成、職業、学歴、年収、ライフステージなど）は、アルゴリズムのトレーニングには使用しない。また、それぞれのケースで被告が保釈を認められたか、認められた場合に公判に出頭したかしなかったか、あるいは再逮捕されたかという結果のデータもインプットする（被告の七四％が保釈を認められ、そのうち一五％が公判に不出頭、二六％が再逮捕された）。このデータを与えて機械学習アルゴリズムをトレーニングし、その結果を評価した[15]。機械学習では、必ずしも線形モデルにはならない。アルゴリズムがデータの中に複雑な規則性を見つけたら、そのパターンを利用して予測精度を高めていくことになる。

モデルは保釈すべきかすべきでないかの二者択一ではなく、被告の逃亡リスクを数値で予測するよう設計されている。このアプローチでは、許容しうるリスクの上限値、すなわちこれを超えたら保釈は認めないという限度を決めるには評価的判断が必要になる。この判断はモデルにはできないことをムッライナタンのチームは承知していた。だが彼らの試算では、リスク上限値が何であってもモデルの予測精度は人間の判事を上回る。たとえば保釈申請を却下する人数が人間の判事と同じになるようにリスク上限値を設定した場合、モデルで却下される被告は再犯のリスクが高いため、犯罪率を最大二四％減らすことができる計算だ。逆に、犯罪率を押し上げずに却下する人数をできるだけ減らすよう上限値を設定すれば、勾留される人数を四二％減らすことができる。言い換えれば、機械学習モデルはどの被告のリスクが高いかを人間の判事よりずっとうまく予測できる。

いまのところ機械学習モデルの予測精度は、同じ予測変数を使った線形モデルよりはるかに高い。その理由はなかなか意味深長だ。「機械学習アルゴリズムは、他のモデルが見落としてしまうような変数の組み合わせの中に重要なシグナルを見つける」からだという[16]。アルゴリズムのパターン認識能力、それも他の方法ではあっさり見逃してしまうようなパターンを発見する能力がとくに際立つのは、ハイリスクの被告の場合である。つまり、データに隠れているある種のきわめて稀なパターンがハイリスクと強く相関しており、アルゴリズムはそれを発見できるわけだ。稀だが決定的なパターンと言えば、そう、「折れた足」ではないか。このように機械学習モデルには「折れた足」を見つける能力が備わっているのである。

ムッライナタンのチームは、アルゴリズムを使って各裁判官のモデルも構築している。前章で扱った「あなたのモデル」と発想は同じだ（ただし単純な線形モデルには限定しない）。裁判官別のモデルを全データセットに適用すれば、彼らが同じケースに直面した場合に下すであろう判断をシミュレートし、比較することが可能だ。その結果、保釈審査には大量のシステムノイズが存在することがあきらかになった。その一部はレベルノイズである。つまり寛大な裁判官と厳格な裁判官がいる。最も寛大な裁判官（保釈承認率の高いほうから上位二〇％）は被告の八三％の保釈を認めたが、最も厳格な裁判官（同下位二〇％）は六一％にとどまった。同じ被告に対しても、裁判官の間で判断のばらつきが大きい。ある判事がリスクは低いとみなした被告を、おおむね寛大な別の判事がハイリスクだと考えたりする。これはあきらかにパターンノイズが存在する証拠だ。よりくわしい分析を行ったところ、判事間の判断のちがいの六七％は事案に由来し、三三％はシステムノイズだった。システムノイズにはレベルノイズ（裁判官固有の寛大さ加減）も含まれるものの、七九％はパターンノイズであることが判明した[17]。

しかも機械学習アルゴリズムによる高い予測精度は、人間の判事がめざすべき他の多くの目標を犠牲にせずに実現されている。これはすばらしいことだ。中でも重要なのが人種差別の排除である。アルゴリズムには人種に関するデータをインプットしなかったが、理論上はアルゴリズムが意図せず人種による格差を助長する可能性は否定できない。たとえば人種と相関性の高い予測変数（居住地域を示す郵便番号など）を使った場合、アルゴリズムのトレーニングに使用したデータソースにバイアスがかかっていた場合などだ。過去の逮捕歴が予測変数として使われ、過去の逮捕が人種差別の影響を受けていれば、そのデータでトレーニングされたアルゴリズムは差別的になりうる。

この種の差別が混入するリスクはたしかに存在するものの、今回のアルゴリズムが下した判断は、いくつかの重要な点で人間の判事より人種的バイアスが少なかった。たとえば、再犯率が人間の判事と同程度になるようリスク上限値を設定した場合、アルゴリズムが保釈申請を却下した被告に占める有色人種の比率は人間の判事より四一％低かった。他のシナリオでも同様の結果が得られており、予測精度の高さが人種差別の助長に結びつくとは言えない。しかも研究チームが示したとおり、アルゴリズムに差別を減らすよう学習させるのは容易である。

他の分野での研究も、アルゴリズムが予測精度を高めると同時に差別を減らすことを示している。コロンビア大学ビジネススクールのボー・コーギルは、ある大手ハイテク企業のソフトウェアエンジニアの採用について研究した。[18]人間の履歴書審査担当者に代わるアルゴリズムを開発し、過去に同社に提出・審査された三〇万件以上の応募書類でアルゴリズムをトレーニングした。その結果、アルゴリズムによる書類審査に合格して面接に進んだ応募者は、面接後に内定の出る確率が、人間による書類審査を経て面接を受けた応募者より一四％高いことが判明する。さらに、内定を出された応募者が受諾して入社する確率も、アルゴリズム組は人間組より一八％高かった。また人種、性別などさまざまな面でアルゴリズム組は人間組より多様性も高かったし、「型破り」な人材が選ばれる可能性も高かった。たとえば一流大学卒ではない、働いた経験がない、紹介者がいない、などである。人間の審査官は、どうしても典型的なソフトウェアエンジニアの条件を満遍なく満たしている応募者を選びがちだが、アルゴリズムは重要な予測変数に適切な重みをつけている。

誤解のないようにお断りすると、これらの例から、アルゴリズムがどれも公平でバイアスがなく差別もしないと結論づけることはできない。昇進候補者の将来の実績予測をするためのアルゴリズムが、人間による過去の昇進決定のサンプルでトレーニングされていた例があるが、当然ながらこれでは過去の決定に入り込んでいた人間のバイアスがすべて再現されてしまう。

人種や性別による格差を温存するようなアルゴリズムを構築することは可能だし、おそらく容易だろう。実際にそうしたアルゴリズムが作られた例も報告されている。こうした例が注目されるせいで、アルゴリズムに基づく意思決定のバイアスに対する懸念が強まっているのだろう。だがアルゴリズムについて性急に結論を出す前に、人間より精度が高く、且つ公平なアルゴリズムがたくさんあることを思い出すべきだ。

## なぜもっとルールを使わないのか？

機械的な意思決定を駆け足で見てきたが、ここでかんたんにまとめておこう。あらゆるルールが人間の判断にまさる理由は大きく分けて二つある。第一に、人間の判断にはレベルノイズや機会ノイズが入り込み、判断の質を大幅に下げてしまう。このためシンプルでノイズフリーであることが重要なアドバンテージになる。その結果、第9章に書いたように、機械的予測（最新の高度なものに限らない）の精度は人間の判断を一貫して上回ることになる。ばかばかしいほど単純なルールでさえ、人間よりは精度が高い。

第二に、膨大な量のデータが存在すると、高度なＡＩは予測に有効なパターンをすぐさま見つけ出し、単純なモデルを上回る予測精度を示す。このようなＡＩモデルは、単にノイズがないだけでなく、多くの情報を活用する能力（「折れた足」を検出するなど）の点でも優位に立つ。

これほどアルゴリズムが優秀で、それを裏付ける証拠も数多く存在するとなると、なぜもっとアルゴリズムを使わないのかとふしぎになってくる。アルゴリズムと機械学習は近年さかんに話題に上り、いくつかの分野では大きな期待をかけられているにもかかわらず、その活用はいまだに限定的だ。多くの専門家は臨床的判断と機械的判断の優劣を議論しようとせず、ひたすら自分たちの判断に頼りたがる。自分の直感を機械が上回るなどということは、信じようともしない。アルゴリズムに基づく意思決定の導入は自分たちの責任の放棄にほかならず、また人間らしさも失われてしまうと考えている。

たとえば医療分野でアルゴリズムはめざましい進歩を遂げているが、診断にアルゴリズムを使うケースは一般的ではない。また、採用や昇進など人事関連でアルゴリズムを使う企業もまず見当たらない。映画会社の経営陣が企画にゴーサインを出すときはもっぱら自分の経験と直感に頼っており、アルゴリズムを使うという話は聞いたことがない。出版社も同じだ。マイケル・ルイスの『マネー・ボール』で名高い野球のオークランド・アスレチックスは、セイバーメトリクスという統計手法を使って低予算で強豪チームに生まれ変わったが、あれが話題になったのはそうしたやり方がめずらしいからこそ、である。スポーツチームの意思決定において統計やアルゴリズムが使われるケースはめったにない。今日でさえ、コーチも監督も直感を信じ、統計分析が人間の判断の代わりを果たせるはずがないと考えている。

ミールらは一九九六年に発表した論文で、機械的判断に対する反対を一七種類も列挙していちいち論破してみせた。[19] アルゴリズムに反対しているのは、医師、精神分析医、裁判官など高度に専門的なプロフェッショナルたちである。ミールらは、彼らの抵抗は「テクノロジーによる失業への恐怖」、「(アルゴリズムに関する) 知識不足」、「全般的なコンピュータ嫌い」といった社会心理学的な要因で説明できると結論づけた。

こうしたプロフェッショナルたちの抵抗感の原因探しはその後も続けられているが、ここで詳細に取り上げるつもりはない。本書の目的は人間の判断をいかに向上させるかを考えることであって、「人間を機械で置き換える」ことではないからだ（フランケル判事はそこまで踏み込む意図があったかもしれないが）。

ただ、機械的予測に対する人々の抵抗感に関してわかったことのうち、私たちの議論に関係のあるものについてここで言及しておきたい。一つは、最近の研究で判明したことだが、アルゴリズムを人々が全面的に否定しているわけではないことである。たとえば人間とアルゴリズムのどちらからアドバイスを受けるか選べる場合には、アルゴリズムを選ぶ人が多い。アルゴリズムに対する抵抗感を「アルゴリズム回避 (algorithm aversion)」と呼ぶが[20]、これは新しい意思決定支援ツールとしてのアルゴリズムを頭から受け付けないという強固な性質のものではない。だいたいにおいて、人々はアルゴリズムにチャンスを与えようとする。ただ、アルゴリズムが一度でも判断ミスをしようものなら、すぐさま信頼を失ってしまう[21]。

この反応は理解できないこともない。信用できないアルゴリズムにかかずらわってはいられない、というわけだ。人間には誤りがつきものだと私たちは承知している。だがそれをアルゴリズムに認めてやる気はない。アルゴリズムはパーフェクトであってもらいたい。この期待が裏切られると、アルゴリズムはあっさり退場を命じられてしまう。[22]

だがこの本能的な反応のせいで、人々は人間の判断のほうがあきらかに大幅に劣っているときでさえ、アルゴリズムを押しのけて自分の判断を優先するようになる。この姿勢は根が深く、ほぼ完璧に近い予測精度を備えたアルゴリズムが出現するまではおそらく変わらないだろう。

幸いなことに、ルールやアルゴリズムのすぐれた点の多くは、人間の判断で再現することが可能だ。ＡＩモデルほど効果的に情報を活用することは期待できないにしても、線形モデルの単純でノイズのないところをまねることはできる。システムノイズを減らす方法を取り入れる限りにおいて、予測的判断の質的向上は可能なはずである。これについては、第５部でくわしく取り上げる。

## ルールとアルゴリズムについて話そう

「大量のデータが存在する場合には、機械学習アルゴリズムのほうが人間や単純なモデルより精度の高い予測ができる。ごく単純なルールや式ですら、人間の判断を上回るという。これは、ノイズがないことに加え、複雑で微妙な匙加減などしないいからだ。そういうものはだいたいにおいて予測の役に立たない」

「結果についてのデータが何もない状況では、均等に重み付けしたモデルを使うのがよい。最適の重み付けをしたモデルとほとんど同等の予測精度が期待できる。それにとにかく、人間の場当たり的な判断よりはるかにましだ」

「君はモデルの予測を信用していないようだ。何か〝折れた足〟のような決定的な情報を持っているのか、それとも単に機械的な予測が嫌いなのか？」

「もちろんアルゴリズムも誤りは犯す。だが人間のほうがずっと誤りは多い。それでも人間を信用するのはなぜか？」

# 第11章　客観的無知

私たちは第９章や第10章の内容を企業のエグゼクティブたちに話す機会がよくある。ありていに言えば、人間の予測的判断の能力はかなり貧弱だという話をするわけだ。私たちが伝えたいメッセージはじつは五〇年以上も前から言われてきたことだし、エグゼクティブたちは熱心に耳を傾けてくれる。だが彼らはどうも聞き流しているのではないかと思えてならない。

中には、自分の直感はどんな分析にもまさると豪語するエグゼクティブもいる。他の多くはそこまでの大言壮語はしないものの、おおむね同じ考えだ。経営者の意思決定に関する調査によると、彼らの大半が直感だの、勘だの、判断力と称するものに頼っている。[1]とくに年齢が高く経験豊富な人ほどその傾向が強い。

要するに意思決定の任にある人たちは、自分の直感の声に耳を澄ますことが大好きで、その声をよく聞き取れたときに満足するように見える。大きな権限とさらに大きな自信を持ち合わせたこうした人たちは、直感の声を聞くときに具体的に何をしているのだろうか。

経営判断に関するある研究によると、直感の声とは「意思決定のプロセスにおいて、これが正しい、これが妥当だ、という確信のオーラ」だという。[2]「ただしその確信のオーラには、明確に説明できるような正当な理由の裏付けはない。要するに、〝自分にはわかっている。だがどうしてわかっているのかはわからない〟のである」。この「どうしてかわからないがとにかく自分にはわかっている」という感覚は、第4章で取り上げた「これでよし」という内なるシグナルとまさにそっくりである。

内なるシグナルは、一生懸命に考えた末にもうこれで十分によい判断だとしっくりはまった感覚であり、ある意味で自分が自分に出すご褒美だ。満足感を味わう経験であるとともに、十分考えて正しい判断に達したというよろこばしい感覚でもある。そう、ちょうどジグソーパズルのすべてのピースがぴたりとはまったときのように（後段で述べるが、このような満足感が得られるときには、うまく合わないピースを隠しているか無視していることが多い）。

意思決定者にとって内なるシグナルが重要な意味を持つ（そして彼らを誤らせる）のは、ただの頼りない感覚ではなく「これが（これこそが）いい」という確信となるからである。「これなら大丈夫かな」という感じが、自分の判断の正しさについての合理的な自信に変わってしまう。どうしてかわからないがとにかく私にはわかっているんだ、というふうに。

だが自信があるからといって判断が正しいということにはならない。現に、自信を持って下された多くの予測的判断が、あとになってまちがいだったと判明している。予測的判断のエラーにはバイアスもノイズも寄与するが、なんといっても最大の原因は、予測的判断にはそもそも限界があることなのだ。つまり予測的判断には、これ以上よくはなり得ない上限が厳然として存在する。端的に言って、人間には先のことはわからないからだ。この「客観的無知」が本章のテーマである。

## 客観的無知

まず、読者にぜひ考えてほしい質問がある。この質問は、たとえば株式投資で有望な銘柄を選ぶとか、野球選手の打率を予想するとか、どんな予測的判断にも当てはまるが、ここでは便宜上、第9章で論じたエグゼクティブ候補者を採用する例を再び取り上げることにしよう。読者は長年にわたり毎年一〇〇人の候補者を評価してきたとする。そしていま、読者自身の予測がどれほど正確だったかを評価してみたい。そのために、読者が採用時に行った予測（事前評価）と、採用された候補者の数年後の評価（事後評価）を比較する。これまでに評価した候補者の中からランダムに二人（AとB）を選んだとき、事前評価でAよりBが上だったら、事後評価もAよりBが上である確率はどの程度だろうか？

私たちはこれまで大勢のエグゼクティブたちに、非公式の場でこの質問をぶつけてきた。最も多い答えは七五〜八五％だったが、おそらくは謙遜から、また自信過剰だと思われたくないという配慮から、この数字はすこし控えめになっているのではないかと思う。もし一対一で話したらもっと高い数字を挙げる人が多かっただろう。

すでに読者はパーセント一致率（PC）に親しんでいるから、エグゼクティブたちの自己評価が大いに問題だとお気づきだろう。PCが八〇％ということは、おおざっぱに言って相関係数は〇・八〇である。これはかなり、いやひどく高い。これほどの予測精度は現実の世界ではめったにお目にかかれないものだ。人事評価の分野での最近の調査によると、人間の評価者の成績はもっとずっとお粗末で、平均的に相関係数は〇・二八（PC＝五九％）である。[3]

人事評価とりわけ採用がいかにむずかしいかをよく知っている人にとっては、この低い数字は驚きではないだろう。今日から新しい仕事に就くという人には、たくさんの偶然がさまざまな形で待ち受けている。たまたま自分に目をかけてくれる上司に巡り合い、たくさんのチャンスをもらい、重要な仕事に抜擢され、自信をつけ、ますます意欲が高まるかもしれない。しかし逆に自分の責任ではない不運が重なって、しょっぱなで印象を悪くしてしまうかもしれない。プライベートな面でもさまざまなことが起こりうるし、それは仕事にも影響を与えるだろう。重要なのは、そうした偶然の事柄は、いまの時点ではわからないことである。あなたにも、他の誰にもわからないし、最も優秀な予測モデルにだってわからない。この解決不能の不確実性には、どんなにがんばっても現時点では予測できないすべてのことが含まれる。

そのうえ、候補者について調べればわかることがたくさんあるとしても、評価を下す時点ではわかっていないことが少なからずある。その原因は事前テストが不十分だからかもしれないし、追加的な情報の収集にコストがかかりすぎるからかもしれないし、単に怠慢のせいかもしれない。原因がどうあれ、評価者に与えられている情報はそもそも不十分なのである。

解決不能の不確実性（知り得ない情報）と情報の不完全性（調べればわかるが調べ切れていない情報）のために、完璧な予測は不可能である。こうした知り得ない情報、知らないままの情報の存在は、人間の判断に入り込むバイアスやノイズの問題ではない。客観的な性質のものだ。重要な情報の客観的無知が、予測精度を大幅に押し下げるのである。なお専門用語では「無知」ではなく「不確実性」を使うが、ここでは将来や状況そのものの不確実性や判断における不確実性であるノイズとの混同を避けるためにあえて「無知」という言葉を使う。

状況によっては情報が多い（したがって客観的な無知が少ない）場合もある。そうした状況では、プロフェッショナルの判断の精度はかなり高い。多くの病気に関して医師はみごとな予測をするし、多くの訴訟で弁護士の量刑予測は的確だ。

だがだいたいにおいて、予測的判断を仕事にする多くの人は自らの客観的無知を過小評価していると考えてさしつかえない。自信過剰は認知バイアスの一つであり、多くの研究が行われてきた。[4] 限られた情報からでも自分には正確に予測ができると、多くの人が根拠のない自信を抱いている。予測的判断におけるノイズについてこれまでに述べたことは、客観的無知についても当てはまる。予測のあるところ無知あり。それも、思った以上に多く。

## 自信過剰な連中

真実に対する並々ならぬ探究心とお茶目なユーモアのセンスを備えた心理学者のフィリップ・テトロックは、私たちのよき友人である。二〇〇五年に彼は『専門家の政治的判断』（未邦訳）という著作を発表した。タイトルは地味だが中身はなかなかどうして、専門家の政治的予測能力に対する激越な攻撃である。

テトロックは三〇〇人近い専門家を対象に、彼らの政治、経済、社会に関する予測が的中したかどうかを調べた。著名なジャーナリスト、学界の重鎮、国家指導者の顧問といった人たちである。調査期間は二〇年にわたる。長期予測の精度を確かめるには忍耐が必要なのだ。

その結果、政治上の重要な出来事に関するこれら立派な専門家たちの予測は、まったくもって期待外れであることが判明する。テトロックは「平均的な専門家の予測的中率は、ダーツ投げをするチンパンジーとだいたい同じ」という挑戦的な一文でつとに有名だ。もうすこし礼儀正しく言うと、「政治・経済動向について論評したり助言を行ったり」して生計を立てている専門家は、「変化する状況を〝読み取る〟ことに関してニューヨーク・タイムズの記者や読者を上回るとは言えない」[5]。なるほど、専門家はみごとな解説をしてくれる。状況を分析し、今後はこうなると説得力たっぷりに予測し、スタジオの論客からちがう意見が出ると自信満々で反論する。だが彼らが将来のことをほんとうに予測できるかと問われたら、ほとんどできないと答えざるを得ない。

テトロックの調査方法はなかなか手際がよい。政治や経済のさまざまな問題について、起こりうる三つの結末のうちどれになるかを予測してもらう。具体的には、現状のまま、現在の傾向が強まる、現在の傾向が弱まる、の三つの選択肢それぞれに確率を割り当ててもらうのである。ダーツ投げをするチンパンジーは三つの選択肢に同一の確率、つまり三分の一の確率を割り当てるので、三分の一は的中することになる。対する立派な専門家は、三分の一をどうにか上回る程度だった。全体として、何らかの出来事が起きる確率のほうが起きない確率より的中率がいくらか高かったものの、とにかく彼らの自信たっぷりな態度に釣り合う結果でなかったことはまちがいない。世界情勢についていかにももっともらしい見解を述べ立てていただけに、この嘆かわしい結果は彼らの自信過剰を強く印象付けることになった。

テトロックの調査結果は、特定の出来事に関する長期予測はまず不可能であることを示唆している。現実は不確かなものであり、ほんの些細なことが結果を大きく左右する。そもそも受胎の瞬間からして、男女のどちらになるかはほぼ等しい確率なのだ。歴史上の重要人物が男ではなく女だったら、あるいはその逆だったら、と想像してみてほしい。そうなったときどうなるかは予測できないし、その予測できないことが次に何を引き起こすかももちろん予測できない。こうして遠い将来を予測するときほど、客観的無知が積み上がっていくことになる。政治や経済に関する専門家の予測の足を引っ張るのは、認知的限界ではない。将来に関する解決不能の客観的無知なのである。

だから私たちの結論は、こうだ。専門家が遠い将来の予測をまちがうことを責めるべきではない。ただし、不可能な仕事をやろうとしたこと、しかもそれができると思い込んだことについては責められてしかるべきだろう。

長期予測の大半が当てにならないという衝撃的な発見から数年後、テトロックは妻のバーバラ・メラーズと組んで、おおむね一年以内の短期的な予測の精度調査を行う。その結果、短期的な予測は困難ではあるものの不可能ではないことが確かめられた。また、ほぼつねに他の人（学界などの専門家を含む）より正しい予測をする成績抜群のスーパースターがわずかながら存在することもわかった。テトロックとメラーズはこうした人たちを「超予測者」と呼んでいる。彼らのこの発見は、遠い将来を予測するほど客観的無知が強まるという私たちの見方ともよく一致する。超予測者については第21章でくわしく取り上げる。

## 人間はお粗末だがモデルもたいしてよくはない

テトロックの最初の研究は、政治に関する長期予測が人間には不得手であることをこのうえなくはっきりと示した。多くの有能な専門家が挑んでも長期予測はまず不可能だとなれば、機械的な予測はどうなのだろう。すでに見てきたように、ルールやアルゴリズムの予測精度はつねに人間を上回ったのだから、たとえ本来的に予測不能な事柄でもなんとかしてくれるのではあるまいか。

これまでの章で、予測的判断に関してアルゴリズムが圧倒的に人間にまさるという印象を読者が抱いたとしたら、それは誤りだ。モデルは一貫して人間を上回るが、けっして圧倒的に上回るわけではない。もともと人間の予測精度が低い状況では、同じ情報に基づく限り、モデルもそうたいしたことはないのである。

第9章では一三六の調査報告を評価し、機械的予測が臨床的予測を上回ることを示した。[6] 機械的予測の優位は「盤石で揺るぎない」と言えるものの、両者の差はそれほど大きくはない。評価した調査報告のうち九三件は、二者択一の問題における機械的予測が臨床的予測との「的中率」を計測している。その中で中央値は、臨床的予測の的中率六八％に対し、機械的予測は七三％だった。また三五件の調査では予測精度を相関係数で表しており、中央値は臨床的予測が〇・三二（ＰＣ＝六〇％）、機械的予測は〇・五六（ＰＣ＝六九％）だった。どちらのケースでも機械的予測は一貫して臨床的予測を上回ったが、機械的予測の精度が手放しで賞賛できるほど高いかといえば、まったくそうではない。結局のところモデルのあまり芳しくない成績は、予測可能性の限界を如実に示していると言えよう。

ではＡＩならどうなのか。すでに述べたように、ＡＩは単純なルールやモデルを上回る成績を上げている。だがほとんどのケースで、一〇〇点満点にはほど遠いのが現実だ。たとえば、第10章で取り上げた保釈審査のＡＩモデルを考えてみよう。保釈申請を却下する人数が人間の裁判官と同じになるように設定した場合、犯罪率を最大二四％減らすことができた。人間の裁判官と比べれば立派な数字ではある。だがどの被告が再び罪を犯すかＡＩモデルが完璧に予測できるなら、犯罪率を劇的に低く抑えられるはずだ。映画『マイノリティ・リポート』（スティーヴン・スピルバーグ監督作品、二〇〇二年）では予知能力者によって未来の犯罪が完璧に予防されるが、これはＳＦにすぎない。人間の行動の予測につきまとう客観的無知は途方もなく大きいからだ。

センディル・ムッライナタンとジアド・オバーメイヤーは、心臓発作の診断モデルを構築した。[7] 運び込まれた患者に心臓発作の兆候が認められた場合、救急医は追加的な検査をするかどうかを瞬時に判断しなければならない。検査はコストがかかるうえ侵襲的でリスクを伴うため、原則として心臓発作のリスクが高い場合のみ実施し、リスクが低い場合は好ましくないとされている。ムッライナタンらの構築したＡＩモデルは、このリスク評価を行う。モデルは二四〇〇以上の予測変数と膨大な数のサンプル（患者数一六〇万人、メディケア対象診療四四〇万件）に基づいている。これほど大量のデータが与えられれば、モデルはおそらく客観的無知の限界に近づいているだろう。

ＡＩモデルの予測精度はもちろん人間の救急医を上回った。モデルがハイリスクの上位一〇分の一に分類した患者を検査したところ、三〇％が心臓発作を起こしていたことが判明した。またリスクが中程度と分類した患者のうち心臓発作だったのは九・三％にとどまった。これはなかなかすばらしい成績ではあるが、完璧にはほど遠い。モデルの出来もすくなくとも人間と同程度には、客観的無知と判断力の不完全性との両方に制約されると結論づけてよかろう。

## 無知の否定

完璧な予測は不可能だなんて改めて言われなくてもわかっている、と読者は思われたことだろう。たしかに、未来は予測不能だという事実は新発見でも何でもない。だがこの明白な事実はたびたび無視される一方で、将来予測に関する自信過剰がむやみに目に付くのが現状である。

こうも自信過剰が目立つことから、直感の大好きな意思決定者の傾向を改めて考えてみることにした。私たちの非公式の調査でわかったのは、とかく意思決定者は自分の主観的な自信を予測の妥当性の証だと勘違いしがちだということだった。たとえば第9章で読者がナタリーとモニカの将来の人事評価を予測したときのことを思い出してほしい。さまざまな要素を勘案したうえでナタリーを推すと判断したとき、「これでよし」と知らせる内なるシグナルを受け取り、そのおかげで自信を持って結論を出せたのではないだろうか。だが与えられた情報だけでできる予測の精度はきわめて低い。だからもし自信を抱いたとしたら、それは妥当性の錯覚にすぎないのである。

自分は予測をズバズバ的中させるなどと信じている人は、単に自信過剰なのではないし、判断に紛れ込むノイズやバイアスのリスクをひどく過小評価しているのでもない。また、自分を他人より断然有能だと思い込んでいるわけでもない。彼らは、実際には予測不能な事柄の予測可能性を信じているのであり、それは現実の不確実性を無意識に否定していることを意味する。こうした態度を私たちは「無知の否定（denial of ignorance）」と呼ぶ。

無知の否定は、ミールらを悩ませた謎、すなわちミールの指摘はなぜ無視されたのか、意思決定者はなぜ自分の直感に頼りたがるのかという謎への一つの答えだと言えるだろう。意思決定者が自分の直感の声を聞くとき、それは内なるシグナルを聞いているのであり、そのシグナルから満足感や達成感というご褒美をもらっている。「よい判断をした」、「これでよし」と囁く内なるシグナルは自信を与えてくれる。「どうしてかわからないがとにかく自分にはわかっている」という自信である。だが彼らが持ち合わせている情報や証拠を客観的に評価すれば、それほどの自信を正当化できるほどの予測精度に達することはまず不可能だ。

しかし、満足感や達成感というご褒美を諦めるのは容易ではない。直感的判断に頼りたくなるのは状況が非常に不確実なときだとエグゼクティブ自身が認めている。[8] 事実をいくら眺めてもまったく先が読めず、何かにすがりたいというとき、彼らは直感の声を聞いて自信を取り戻す。してみれば、無知が大きいときほど無知を否定したくなるということになる。

無知の否定は、もう一つの謎も解き明かしてくれる。この章で述べたように「モデルの予測精度が圧倒的に高いわけではない」などと言われると、大方のエグゼクティブはどうみても論理的でない結論をきっぱりと下す。なるほど直感に基づくわれわれの判断は完璧ではないかもしれない。だが論理的で系統的なモデルも完璧ではないなら、そんなものを採用する価値はない、と。たとえば採用時の評価から将来の評価を予測した場合、予測と実際との相関係数は平均〇・二八

（PC＝五九％）だったことを思い出してほしい。機械的予測は一貫して人間を上回ったが、それでも相関係数は〇・四四（PC＝六五％）だった。するとあるエグゼクティブはこう言った。なぜその程度のものに頼らなければならないのか？

答えは、こうだ。人材の採用といった重要な事柄では、信頼性がすこし上がるだけでも大きな価値がある。そもそもエグゼクティブたちは、わずかばかり利益率を上げるために日々改善や改革の努力をしているではないか。もちろん、成功が保証されてはいないことを彼らはよく知っているはずだ。それでも成功の確率を高めると考えられる決定を下す。エグゼクティブたちは、確率のこともよく承知している。当たる確率が五九％のくじと六五％のくじが同じ値段で売っていたら、前者を買う人はいないだろう。

問題は、エグゼクティブたちにとって値段が同じではないことだ。五九％のくじ、つまり直感に頼る場合には、ご褒美がある。「これでよし」と言ってくれる内なるシグナルだ。だから内なるシグナルに匹敵するか、さらに上回るような確実性の感覚が得られるなら、彼らは直感を断念して予測精度の高いアルゴリズムを採用する気になるだろう[9]。だが、内なるシグナルのご褒美を諦めてまでアルゴリズムを採用しても、予測精度が人間よりたいして高くないのであれば、払う代償が大きすぎると感じられてしまう。

このことは、予測精度の改善にとって重要な意味を持つ。機械的予測とアルゴリズムによる予測に有利な証拠が次々に挙がっても、そして機械学習により予測精度は徐々にだが確実に上がると合理的に見込まれても、多くの意思決定者は自分の直感を働かせる機会を奪うようなアプローチは断固拒絶するということだ。アルゴリズムがほぼ完璧と言える水準に達しない限り（そして絶対に達するはずがないと客観的無知が言い張る限り）、人間の判断がアルゴリズムに置き換えられることはないだろう。だからこそ、人間の判断の質を向上させなければならないのである。

## 客観的無知について話そう

「予測のあるところ無知あり。それも、思った以上に多く。われわれが頼っている専門家たちがダーツ投げをするチンパンジーよりましなのかどうか、チェックしたほうがいい」

「何か決定的な情報を知っているわけでもないのに、自分の勘に頼って満足している。そういう姿勢を、客観的無知の否定と言う」

「モデルの予測精度はつねに人間より上だが、大幅に上回るわけではない。人間の判断の精度がひどく低い場合、モデルはだいたいにおいてそれよりいくらかましという程度だ。だとしても、精度がいいに越したことはない」

「この種の決定を下すときにモデルを使うのを渋るのは、自分で判断して〝内なるシグナル〟を感じたいからだ。だったら、モデルを使わずに済むよう、われわれの意思決定プロセスを改善しなければならない」

# 第12章　正常の谷

この章では一般的な疑問に目を向けたいと思う。世の中の大方の問題は容易に片付く一方で、客観的無知に支配される問題も少なからず存在する。そういう世界をいったいどうして私たちは何とか乗り切っていけるのだろうか。ふつう、知り得ないことが多すぎるとわかったら、占い師よろしく未来を予測することなど無益だと気付かなければおかしい。ところが私たちはそうではない。これまでの章で示したように、相変わらず大胆に未来を予測することに意欲満々だ。それも、予測に役立つ情報がほんのすこししかない状況で。本章では、予測できなかったことについても理解はできるというまちがった感覚（しかもこの感覚を大勢の人が抱いている）を取り上げることにしたい。

この思い込みは何を意味するのだろうか。私たちはこの疑問を二つの状況で検討することにした。一つは社会科学の研究、もう一つは日常的な経験である。

## 子供の将来を予測する

二〇二〇年にプリンストン大学の社会学教授サラ・マクラナハンとマシュー・サルガニックをリーダーとする一一二人の研究者が、一風変わった論文を「米国科学アカデミー紀要」に発表した。[1] 彼らの研究の目的は、社会科学者が実際に家族の将来をどの程度予測できるのか調べることである。所与のデータから家族の将来に起きることを予測できるだろうか。具体的には、通常の社会学研究で収集する情報と通常の社会学の手法を適用したときに、予測精度はどの程度になるだろうか。私たちに引き寄せて言えば、社会学者のしかるべき手法を適用してなお残る客観的無知の度合いはどの程度だろうか。

プリンストン大学チームが予測精度を判定する材料に使ったのは、「脆弱な家庭と子供の幸福に関する調査」という大規模且つ長期にわたる調査のデータである。この調査は、一九九八〜二〇〇〇年にアメリカの都市（人口二〇万以上）で生まれた約五〇〇〇人の子供の出生から一五歳までフォローした（出生時、一年後、三年後、五年後、九年後、一五年後にデータ収集および両親・主保育者または本人からの聞き取り調査が行われた）。その多くがシングルマザーの家庭に生まれている。子供の祖父母の教育水準と職業から、家族全員の健康状態、家庭の経済・社会状態を表す指数、対面調査の結果、認知能力テストや性格テストの結果にいたるまで数千項目に上る情報が収集され、膨大なデータベースに格納された。これはもう、途方もない情報量である。

そしてもちろん、社会学者たちはこのデータベースを大いに活用した。調査実施以降、七五〇本以上の学術論文が脆弱家庭調査に基づいて書かれており、その多くがこのデータを分析して高校での成績や犯罪歴などを説明している。

プリンストン大学チームがとくに注目したのは、子供が一五歳になった時点での六項目（住居の立ち退き、成績平均点、世帯の物質的生活条件など）の予測可能性である。彼らは脆弱家庭調査のデータを使って六項目を予測し、その精度を競うコンペティションを実施することを決め、各国の研究者に参加を呼びかけた。この種のコンペティションは社会科学ではきわめてめずらしいが、コンピュータ科学とりわけソフトウェア開発の分野ではよく行われ、複数のチームが標準セットのテキストの翻訳や、大量の写真の中から動物を一匹見つけ出すといったタスクに挑戦する。優勝チームの記録がその時点の最高記録ということになるわけだが、次のコンペティションでは必ずそれが塗り替えられる。一方、社会科学の分野では日進月歩の進化は期待できないので、優勝記録がこの種のデータから結果を予測する場合に期待できる精度だとみなしてよいだろう。先ほど述べたように、これはつまり、与えられた情報をもってしてもなお残る客観的無知の度合いを示す数値ということになる。

コンペティションの呼びかけは研究者の間で大いに関心を呼び、最終報告ではたくさんの応募チームの中からすぐれた成績を収めた一六〇チームの結果が報告された。大半のチームがデータサイエンティストで構成されており、機械学習を駆使して予測を行っている。

コンペティションの最初の段階では、参加チームはサンプル全数のうち半分のサンプルのデータにアクセスを許される。[2] このデータには予測対象の六項目の結果も含まれており、これでアルゴリズムをトレーニングする。次の段階で、トレーニングに使わなかった残りのサンプルのデータにアルゴリズムを適用し、六項目を予測する。予測精度は、平均二乗誤差（ＭＳＥ）で計測した。読者は覚えておられるだろうか。各ケースの実際の結果とアルゴリズムの予測との差を二乗して平均する、ガウスのあれである。

優勝したアルゴリズムの精度はどうだったのだろうか？　なにしろ高度な機械学習アルゴリズムを膨大なデータセットでトレーニングしたのだ。当然ながら、単純な線形モデルには勝った（よって人間にも勝ったはずである）。だがＡＩモデルと線形モデルとの差はそう大きくはなかったし、予測精度そのものもがっかりするほど低かった。たとえば立ち退きの予測では、最も精度の高かったアルゴリズムでも実際の結果との相関係数は〇・二二（ＰＣ＝五七％）である。他の単独の項目、たとえば主保育者の失業や、子供の自己申告による「意欲」（目標をめざす忍耐力と闘志）といったものの予測精度も低く、最低で〇・一七（ＰＣ＝五五％）、最高でも〇・二四（ＰＣ＝五八％）だった。[3]

六項目のうち二項目は複数の数値をまとめた総合評価で、こちらのほうが予測精度は高かった。子供の成績平均点（ＧＰＡ）については実際と予測との相関係数は〇・四四（ＰＣ＝六五％）、直近一二カ月間の困窮状況を表す指数については〇・四八（ＰＣ＝六六％）に達している。後者は、「空腹を感じたことがありますか？」、「電話を止められましたか？」などの一一項目の質問に対する答えを総合して指数を算出した。もともとこうした総合評価の数値は、単独の出来事より一般に予測が容易で精度も高いとされている。このコンペティションの結果については、どれほど膨大な情報があっても単独のライフイベントの予測には不十分であり、総合評価の予測精度も期待したほど高くはなかったと講評された。

コンペティションで記録された予測精度はごく平均的な数字で、多くの社会科学調査の結果がこの範囲に収まっている。社会心理学の分野における二万五〇〇〇件の調査（対象は延べ八〇〇万人以上、期間は一〇〇年）の評価でも、「社会心理学の手法による予測の平均的な相関係数は〇・二一だった」との結論に達している。[4] 前に述べた大人の身長から足のサイズを予測するケースでは、相関係数が〇・六〇に達した。物理的な計測ではこの程度の予測精度がふつうだが、これほど高い相関性は社会科学ではきわめて稀である。行動・認知科学分野における七〇八の調査でも、相関係数が〇・五〇を上回ったのはたった三％だった。[5]

読者は「統計学的に有意である」といった表現を目にしたことがあるだろう。統計学用語には一般の読者を惑わせるものが多いが、「有意である（significant）」はその最たるものだ。「実際と予測との間に統計学的に有意な相関性が認められる」などと書かれていたら、いかにも両者の間に密接な関係があるように感じてしまう。だが実際には「有意である」とは「確率的に偶然とは考えにくい」、つまり「たまたまそうなったとは言えない」という意味だ。サンプル数が十分に大きい場合、「有意の」相関関係が認められても、相関係数がお話にならないほど小さいケースは十分ありうる。

　コンペティションにおいて単独の結果の予測精度が低かったことは、理解と予測はちがう、という悩ましい事実を示唆している。すでに述べたように「脆弱家庭調査」は社会科学における発見の宝庫であり、このデータを使って膨大な数の研究が行われてきた。研究者たちはそれぞれに、これで脆弱な家庭についての理解が一段と深まったと感じたにちがいない。だが理解したはずの家庭に関する将来予測の精度は、この感触に釣り合わないほど低かった。プリンストン大学のチームの研究報告のアブストラクトには、次のような厳しい警告が盛り込まれている。「調査対象家庭を深く理解したと考える研究者は、予測精度が高い項目は一つもなかった事実をよく噛み締めなければならない[6]」

## 理解と予測

　この厳しい警告の背後にある論理をもうすこしていねいに説明しておこう。プリンストン大学のチームが理解と予測を等しいとみなす（すなわち理解しているから予測できる、理解していなければ予測できないと考える）姿勢に警鐘を鳴らしたのは、理解という言葉を特別な意味で使っているからだ。この言葉は間口が広く、いろいろな意味がある。たとえば読者が数学の定理を理解したとか、愛とは何かを理解したと言う場合、おそらく数学の分野で、あるいは愛について、何か予測ができるとは考えないだろう。

ところが社会科学の分野では、そして日常的な会話でも、何かを理解しているということは往々にしてその何かがなぜ起きたのか原因を理解していることだと了解されている。脆弱家庭調査を行い膨大なデータを収集・分析した社会学者たちは、こうした家庭で育った子供が一五年後に立ち至った状況の原因を理解しようとした。患者がなぜ苦しんでいるのかを理解した医師は、自分の見立てでは○○という病気がこの症状の原因だと言うように、理解するとは因果連鎖を説明できることだとされている。[7] そして、予測ができるのは因果連鎖を突き止めたことの証とみなされる。予測精度を表す予測と結果の相関係数は、どれだけうまく因果連鎖を説明できるかの指標というわけだ。

統計学の初歩を学んだことのある人なら、この最後の文章を読んでおかしいと感じたことだろう。統計学でたびたび発される警告は「相関関係は因果関係を意味しない」というものだ。たとえば、子供の靴のサイズと計算能力の間に相関性が認められるとしても、あきらかに一方は他方の原因ではない。相関関係が存在するのは、靴のサイズも計算能力も年齢とともに上がるからだ。相関関係は現実のものだし、予測の手助けにはなる。たとえばある子供の足のサイズが大きいと知っていたら、足のサイズが小さいとわかっている子供よりは算数がよくできるだろうと予測できる。ただしこの相関関係から因果関係を類推することはできない。

だが混乱させるようだが、相関関係は因果関係を意味しないが、因果関係は相関関係を意味すい。因果関係が存在する場合には、相関関係が見つかるはずだ。大人の場合には年齢と靴のサイズの間に何の因果関係も存在しないとわかれば、思春期を過ぎれば年齢とともに靴のサイズが大きくなることはないと結論づけて差し支えない。よって、靴のサイズのばらつきの原因は他の要因に求めなければならない。

要するに、因果関係があるところには相関関係が存在する。このことから、因果関係があるなら予測は可能だということになる。そして実際の結果と予測との相関係数すなわち予測の精度は、予測者がどれほどよく因果関係を理解しているかを表す数値となる。だから、プリンストン大学のチームが発した警告の意味は、こういうことだ。社会学者が立ち退きなど単独の出来事の予測で記録した相関係数（〇・二二）は、家族の人生についてどれほど理解しているか、いや正確にはどれほど理解していないかを示している。つまり客観的無知は、予測のみならず理解にも限界を設けるのである。

となれば、プロフェッショナルが自分の専門分野はよく理解していると主張するとき、その言葉は何を意味するのだろうか。自分たちは日頃扱う現象の原因をよく理解しており、したがって自信を持って将来を予測できると主張しているのだろうか。プロフェッショナルたちは、いや私たち全員は、どうしてこれほど客観的無知を過小評価できるのだろうか。

## 因果論的思考

脆弱家庭調査について読んだ読者は、立ち退きに結びつく予測変数は何か、失業に結びつく変数は何か、としばし考えたのではないだろうか。このとき読者は、研究者と同じ種類の思考法すなわち「統計的思考法」を採用したことになる。全体（ここでは脆弱家庭という母集団）を問題にし、この母集団を記述する統計（平均、分散、相関係数など）に注目して、個別のケースは見ない思考法である。

もう一つの思考法として、「因果論的思考法」がある。こちらのほうがむしろ自然に浮かぶはずだ。[8] この思考法は「因果」という言葉が示すとおり、ある事柄について「こうなったのはこれこれだからだ」と原因と結果のストーリーを作り上げようとする。たとえば、あなたがソーシャルワーカーで、ある困窮家庭（ジョーンズ家とする）のケースを担当しているとしよう。ジョーンズ一家は最近家を追い出された。この出来事に対するあなたの反応は、一家について知っていることとの影響を受ける。一家の稼ぎ手であるジェシカ・ジョーンズは数カ月前に解雇され、次の働き口が見つかっていない。彼女は家賃を全額納めることができなくなり、一部だけ納めて家主にはもう少し待ってほしいと懇願する。さらに、ソーシャルワーカーであるあなたにも口添えを頼んだ（あなたは家主に掛け合ったが、埒が明かなかった）。こうした状況を知っていれば、ジョーンズ一家の強制立ち退きは驚きではない。むしろ当然のなりゆきと感じられるだろう。こうなることはわかっていたのだ、と。

いったんこんな具合に「必然」だとか「当然のなりゆき」だと受け止めてしまうと、そうはならなかった可能性をあっさり忘れてしまう。運命の分かれ道で右ではなく左に行っていたら、つまりジェシカがクビにならなかったら、なってもすぐ次の仕事が見つかったら、裕福な親戚が助けてくれたら、ソーシャルワーカー（あなただ！）がもっと効果的な手を打てたら。あるいは家主が寛大で数週間待ってくれたら、もしそうしてくれたらジェシカは仕事を見つけて家賃を払えるようになっていたかもしれない。

どれも十分起こりうる筋書きであり、最初の筋書きと同じくとりたてて驚きではない――結果がわかっていれば。このようにどちらに転んでも（追い出されたにせよ、追い出されずに済んだにせよ）、いったん結果が判明しさえすれば、因果論的思考法はじつにもっともな説明をつけてのけ、こうなることは予測できたと感じさせるのである。

## 正常の谷

このように感じる理由は心理学的に説明できる。世の中で起きることの中には、驚天動地の事柄がある。感染症の世界的大流行、9・11テロ攻撃、華々しいヘッジファンドがじつは詐欺だった事件、等々。個人の人生にも驚きの出来事はある。見ず知らずの人と突然恋に落ちる、大好きな兄が事故で死ぬ、遠い親戚から思いがけず遺産が転がり込む、等々。その一方で、予測して待ち構えることのできる事柄も少なくない。たとえば小学校二年生の息子は学校が終わったら帰宅する、のように。

だが人間が経験することの大半は、この両極端の中間にある。ときに驚きの出来事に遭遇することはあるし、ときに予想した通りのなりゆきになることもあるが、だいたいのことは両極端の間に広がる広い「正常の谷」に収まっている。つまり、自分から積極的には予測していないが、起きてもさして動転しない出来事だ。たとえばいまこの瞬間の読者は、次のページに何が書かれているか、とくに予測していないだろう。突然トルコ語に切り替わっていたら、びっくりするにしてもショックを受け大恐慌をきたすほどではあるまい。このような出来事の範囲はきわめて広い。

正常の谷では、ちょうどジョーンズ一家の立ち退きのようにものごとが展開する。起きてしまってから後知恵で考えれば当然のなりゆきだったと感じられるが、実際には予想していなかったし、できなかったはずだ。なぜなら私たちは、結果から遡って現実を理解しているからである。[9]自分から積極的には予想していなかった出来事（たとえばジョーンズ一家の立ち退き）が起きると、私たちは記憶の中の検索を開始する。そしてもっともらしい原因（不況で職探しがむずかしい、家主が頑固だ）に行き当たり、うまくストーリーがつながると、検索を打ち切る。逆の出来事が起きた場合でもまったく同じように検索モードになり、同じくもっともらしい原因（運よく求人があった、家主が寛大だった）に行き当たると打ち切る。

いま述べたことからわかるように、正常の谷に収まる多くの出来事は、文字通りすらすらと説明がつく。だが二つのストーリーで、家主がまるで別人のように描かれていることにお気づきだろうか。一方は意地悪な感じだが、もう一方はたいそう親切だ。私たちはそもそも家主のことなど何も知らないので、結果から性格を類推しているにすぎない。そして、結果からすれば彼の性格はつじつまが合っている。要するに、起きた結果が私たちに原因を語ってくれるということだ。

正常の谷に収まる多くの出来事をこのように説明するとき、最終的には必ずつじつまが合う。これが、理解するということだ。「ジョーンズ一家が追い出された件はよくわかったよ」と言うとき、この意味で私たちは言っている。だから、あとになってみれば「ああなることはわかっていた」と感じてしまう。どんな出来事も後知恵ですっきり説明できるせいで、あれは予測可能だったという錯覚に陥るのである。

もっと一般的に言えば、現実の世界を理解したという感じは、目にしたことすべてにもっともらしい筋書きをでっち上げる途方もない能力に依存している。原因探しはほぼ必ず成功することになっている。というのも、私たちは世界についての事実と解釈を無限に大きなタンクに溜め込んでいるので、いかようにも都合のよい原因を引き出せるからだ。たとえば夜のニュース番組でニューヨーク市場の株価急落が報道され、原因の解説はなかったとしよう。すると誰もがさっそくこのニュースを「説明」の材料にする。何かの指数の下落は「投資家がニュースに神経を尖らせた」からだし、上昇は「投資家はニュースを知ってもなお強気だ」というふうに。

わかりやすい原因を見つけ出せなかったとき、私たちは自分のモデルの空白を埋めることによってなんとか説明をひねり出そうとする。つまり、前は知らなかった事実を推し量るわけだ（たとえば、あの家主は見かけによらずとても親切な人だったんだ、とか)。自分のモデルではどうにも説明がつけられないとなってようやく、その出来事に「驚きだ!」「あり得ない!」とタグ付けし、より高度な説明を考え始める。このように、ほんとうの驚きが始まるのは、いつもの後知恵がうまく働かないとわかってからなのである。

私たちが世界を「理解する」やり方は、現実を絶えず因果論的に解釈することにほかならない。日々の暮らしの中で起きるさまざまなことを理解したと感じるのは、正常の谷の中でのべつ後知恵を連発していることの証である。この理解の感覚は、本質的に因果論的な性格のものだ。新しい出来事も、いったん起きてしまえばちがう結果になった可能性は消滅し、後知恵でひねり出した説明には不確実性の入り込む余地はほとんどない。後知恵に関する過去の研究によると、たとえ一時的に主観的な不確実性が存在しても、すっかり説明がつき解決されてしまえば、その記憶は消滅するという。[10]

## 統計的思考と因果論的思考

本章では、統計的思考と因果論的思考を対比させた。後者は遭遇した出来事を即座に正常か異常か分類してのけ、思考の労力を大幅に省いてくれる。異常だとなって初めて、状況と記憶の両方から必要情報を探すという労力が動員される。静観して続報を待つにしても、忍耐という努力が必要だ。対照的に正常の谷に収まる出来事には、ほとんど頭を使う必要がない。道ですれ違ったお隣さんが愛想よくにっこりしても、上の空で会釈しただけでも、どちらもよくあることなのであなたはたいして注意を払わない。お隣さんが満面の笑顔で何か言いたそうだったり、むっつり不機嫌にあなたを無視したりしたとき、あなたは検索モードに入り、記憶の中から原因を探す。因果論的思考は、異常な出来事を察知する警戒は怠らないものの、無用の努力は避けるのである。

対照的に、統計的思考は相当な努力を必要とする。まず、注意力という貴重なリソースを動員しなければならない。これは、システム2にしかできないことである。『ファスト&スロー』で述べたように、システム2は熟考、意思的な努力、秩序を要する遅い思考を司る。[11] 統計的思考をするには、ごく初歩的なものを除けば専門的な訓練が必要だ。まず集合を見て、個々のケースは大きなカテゴリーに属す例だと考える。たとえばジョーンズ一家の立ち退きを一連の出来事の結果とはみなさない。ジョーンズ家と同じ予測的特徴を備えた大量のケースをあらかじめ分析したうえで、統計的に起こりうる（または起こりそうもない）結果だとみなす。

この二つの見方のちがいは、本書に繰り返し出てくるテーマである。ある一つのケースについて因果論的思考に頼るのは、予測エラーを生む原因となる。これに対して統計的思考をすれば、エラーを防ぐことが可能だ。なお本書では統計的思考をすることを「統計的視点」あるいは「外部の視点」を取り入れる、というふうに表現する。

とりあえずここでは、因果論的思考はごく自然に浮かんでくるものだということを強調しておきたい。本来は統計的にすべき説明もあっさりと因果論に脱線してしまう。「彼らは経験不足のため失敗した」とか「有能なリーダーがいたおかげで彼らは成功した」という説明を考えてみよう。この説明の反例を考えるのはたやすい。「経験のないチームが成功した」、「有能なリーダが失敗した」である。どちらも大いにありうることだ。つまり経験や有能なリーダーの存在と成功との相関性は、よく言っても控えめであり、おそらくはかなり低い。ところが因果論的思考は何のためらいもなく両者を結びつける。因果関係がすこしでもありそうだと考えると、私たちは相関性がいかに低くてもおかまいなしに、一方を他方の原因とする説明を労せず思いつく。かくして経験不足はまことにもっともな失敗の原因、有能なリーダーはまことにもっともな成功の原因として受け入れられる。

人間には因果論的思考しかできず、あとは思考停止しかないというのなら、こうした欠陥のある説明に頼るのもやむを得ないのかもしれない。だが因果論的思考と現実理解の錯覚は、将来予測の自信過剰に直結する。後段で述べるが、因果論的思考を好む傾向は、エラーの原因としてのノイズの無視にもつながる。なぜなら、ノイズは本質的に統計的思考によって認識されるものだからだ。

因果論的思考は世界を意味づける助けにはなるが、その世界の予測可能性は私たちが思うよりずっと低い。それなのに私たちが実際以上に予測可能だと考えてしまうのは、因果論的思考に原因がある。広い正常の谷では、動転するような出来事、つじつまの合わない出来事は存在しない。未来は過去と同じく予測可能に見える。この谷にいると、ノイズは聞こえず、目にも見えない。

## 理解の限界について話そう

「相関係数が〇・二〇（PC＝五六％）は、人間に関する事柄ではごく標準的な数字だ」

「相関関係は因果関係を意味しないが、因果関係は相関関係を意味する」

「大方の出来事は、予想してはいないが、起きても驚きはしない。こうした出来事には説明は不要だ」

「正常の谷に収まる出来事は、とりたてて予想はしていないにもかかわらず実際に起きても驚きはしない。なぜ起きたのか、すぐに説明がつく」

「どうしてこういうことになったのかわかったつもりでいるが、だからといって、こうなると予想できただろうか」

# 第4部　ノイズはなぜ起きるのか

ノイズやバイアスはなぜ生じるのだろうか。判断のばらつきやエラーは知性のどういうメカニズムで生まれるのだろうか。一言で言えば、ノイズの心理学についていてどれほどのことがわかっているのだろうか。第４部ではこうした疑問に取り組むことにしたい。

まず、多くの判断エラーの元凶はシステム１の速い思考にあることを示す。システム１は自動的に高速で働き、努力をあまり必要としない思考モードだ（『ファスト＆スロー』を参照されたい）。第13章では、システム１が依存する三つの重要な判断のヒューリスティクスを取り上げる。ヒューリスティクスとは、困難な問題に直面したときにかんたんに答えを見つけるための単純な手続きのことだ。こうしたヒューリスティクスは一方向に偏った予測可能なエラー（統計的バイアス）だけでなく、ノイズも生む。

続く第14章では、レベル合わせとそれに伴うエラーを取り上げる。レベル合わせとは、まったく異なるカテゴリーであるにもかかわらず一方の評価を他方にそろえることで、これもまたシステム１の得意技である。

第15章では、あらゆる判断に不可欠の小道具を取り上げる。それは、判断を行う際に使うものさしあるいは尺度である。適切な尺度の選定はよい判断を下す大前提だ。あいまいで不適切な尺度はノイズの重大な原因となる。

第16章では、おそらく最も興味深いタイプのノイズについて論じる。それは、さまざまな人がさまざまなケースで示す反応のパターンである。一人ひとりの個性と同じで、反応のパターンはランダムではなく、年月とともに安定していく。だがそうしたパターンが判断にどのような影響を与えるのか予測するのはむずかしい。

そして最後の第17章では、ノイズとその構成要素についてわかったことを復習する。ノイズがこれほどはびこっているのに、重要な問題だとめったに意識されないのはなぜか、という謎を最初に提起したことを覚えておられるだろうか。この謎に対する一つの答えがここから出てくる。

# 第13章 ヒューリスティクス、バイアス、ノイズ

本書は、人間の直感的な判断を取り上げたヒューリスティクスとバイアス研究プログラムの延長線上にある。このプログラムはかれこれ半世紀にわたって続けられており、その最初の四〇年分をまとめたものが『ファスト＆スロー』である[1]。同書では、直感的思考の驚くべき性質と欠陥を指摘し、その背後にある心理メカニズムを論じた。プログラムの重要な着眼点は、人間は困難な質問に直面したとき、簡単な質問に便宜的に置き換えて答えを出すということであり、この手続きを私たちはヒューリスティクスと名付けた。ヒューリスティクスを起動させるのは、だいたいにおいて速い直感的思考のシステム1である。システム1はとても役に立つし、まあまあ適切な答えをひねり出すことができる。だがときにバイアスを生じさせることもある。本書で系統的な判断エラーとか予測可能な判断エラーと呼ぶものは、システム1が生み出すバイアスである。

ヒューリスティクスとバイアス研究では、判断の個人差ではなく共通性に焦点を合わせ、判断

エラーを引き起こすプロセスは多くの人に共通することを示した。こうした経緯もあり、心理的バイアスという概念に親しんだ人は、心理的バイアスはつねに統計的バイアスを生むと考えがちだ。統計的バイアスとは、真の値からおおむね同一方向に偏ってずれている計測または判断を意味する。すくなくとも私たちは本書でこの意味で使っている。たしかに、心理的バイアスが広く共有された場合には統計的バイアスを生む。だが判断者にかかるバイアスの方向や度合いが異なる場合には、システムノイズを生むのである。もちろん心理的バイアスが統計的バイアスを生むにせよ、ノイズを生むにせよ、エラーを引き起こすことはまちがいない。

## 診断バイアス

判断にかかっているバイアスは、多くの場合、真の値を参照することによって突き止められる。エラーがおおむね一方向に偏っている場合には、バイアスが存在する。たとえばプロジェクトチームが完了までの日数を見積もるケースでは、見積もりの平均が実際に要する日数を大幅に下回ることが多い。このおなじみの心理的バイアスを「計画の錯誤（planning fallacy）」と言う。

だが、参照すべき真の値が存在しないというケースも少なくない。統計的バイアスは真の値がわかっていないと検知できないと私たちが強調したせいで、それでは真の値がわからないときはどうするんだ、と不審に感じた読者もおられよう。答えはこうだ。心理的バイアスは、判断に影響を与えるべきでない要素が統計的影響を与えている場合、または判断に影響を与えるべき要素

パネル1:
狙った標的は同じ

パネル2:
狙った標的はちがう

**図12：バイアス実験で標的の裏側から見たところ**

が与えていない場合にその存在を確認することができる。

　もうすこしわかりやすくするために、本書の冒頭で取り上げた射撃場の話に戻ろう。チームAとチームBが射撃を行い、私たちはその結果を標的の裏から見ているとする（図12）。この例では、標的の位置はわからない（つまり、真の値はわからない）。よって、両チームの着弾が標的の中心からどの程度ずれているのかはわからない。ただここで、パネル1ではA、Bともに同じ標的を狙い、パネル2ではそれぞれ別の標的を狙ったと説明されたとする。つまり後者では、チームAの標的とチームBの標的は離れている。

　すると標的の位置はわからなくても、どちらのパネルにも系統的なバイアスが存在することがわかる。パネル1では、両チームは同じところに着弾すべきなのに、だいぶ離れている。こうしたパターンは、次のような実験をすると見られる。二つのグループの投資家に同じ事業計画書を読ませる。ただし一方はおしゃれなフォントと上質紙を使っているのに対し、他方は平凡なフォントに普通紙である。内容とは無関係のこのちがいが投資家の判断にちがいを生じさせた場合、そこには心理的バイアスが存在する。立派なほうを読んだ投資家がひどく乗り気になったとか、ふつうのほうを読んだ投資家が出資を取りやめたといったことは知らなくても、本来同じであるべき判断にちがいが生じたというだけで、心理的バイアスの存在を確かめることができる。

パネル2では正反対のことが起きている。ちがう標的を狙ったのだから、チームAとチームBの着弾は離れていなければならないのに、まるで同じ標的を狙ったような具合になっている。こうしたパターンは、次のような実験をすると見られる。二つのグループに第4章のミカエル・ガンバルディの質問をする。ただしちょっとひねりが加えてあって、一方のグループにはガンバルディは二年後も地位を維持できているかと尋ねるのに対し、もう一方のグループには三年後も維持できているかと尋ねる。この場合、二つのグループの答えはちがっていなければおかしい。あきらかに、二年より三年維持するほうがむずかしいからだ。ところが二つのグループの答えはほとんど同じだった。[2]ちがう答えになるべきときに同じだったことは、判断に影響をおよぼすべき要素が無視されたことを意味する。このような心理的バイアスを「スコープ無反応性（scope insensitivity）」と言う。

一貫して現れる系統的な判断エラーはこれまで多くの分野で指摘されており、「バイアス」という言葉はいまやビジネスから政治、政策立案、法律まで、さまざまな場面で使われるようになった。広く使われるようになるにつれて、意味は次第に多義的になる。本書で私たちが使う心理学的な定義（ある特定のエラーおよびそれを引き起こす心理メカニズム）に加えて、ある種の集団に対する偏見（ジェンダーバイアス、人種バイアスなど）もバイアスと呼ばれている。さらに、ある人物が利益相反や政治的立場からバイアスがかかっていると目される場合など、特定の意見に肩入れするといった意味でも使われる。あらゆる心理的バイアスは統計的バイアスとノイズを生むという理由から、これらのバイアスも私たちは判断エラーの心理学的分析に含めている。

ただし、失敗をなんでも「バイアス」のせいにする風潮には、ここで強く異議を唱えておきたい。しかもそういう人に限って、それがどんなバイアスなのかを特定もしない。バイアスを都合よく失敗の原因にしたがる人は、「今後は意思決定におけるバイアスを排除すべく真摯に取り組んでまいります」のようなことを言う。しかしこのような発言は、「今後は失敗しないよう努める」と言っているにすぎない。もちろん、失敗の中には特定の心理的バイアスに起因する予測可能なエラーもある。そのような場合には、判断や意思決定におけるバイアス（およびノイズ）を減らす方策に効果が期待できる。だがありとあらゆる望ましくない結果をバイアスのせいにするのは、まったく意味がない。私たちとしては、「バイアス」という言葉ははっきり特定できるある種のエラーと、それを引き起こすメカニズムだけに限定して使うよう強く望む。

## 置き換え

ヒューリスティクスがどんなふうに起きるかを経験するために、ぜひ次の質問に答えてみてほしい。この質問には、ヒューリスティクスとバイアス研究プログラムの基本的なテーマがいくつも盛り込まれている。本書の他の例もそうだが、自分でやってみるとより多くを学べるはずだ。

ビルは三三歳です。頭はいいが、想像力に乏しく、一つのことにのめり込むタイプで、他人のことにはあまり関心がありません。学校では数学の成績がよく、社会科学や人文科学は不得意でした。

以下に、ビルの現在の職業や趣味を表す八つの選択肢を挙げました。よく読んでから、ビルに該当する確率が最も高いと考えるものを二つ選んでください。

□ビルは医者で、ポーカーが趣味である。
□ビルは建築家である。
□ビルは会計士である。
□ビルはジャズ演奏が趣味である。
□ビルはサーフィンが趣味である。
□ビルは新聞記者である。
□ビルは会計士で、ジャズ演奏が趣味である。
□ビルは登山が趣味である。

答えを記入したらもう一度八つの選択肢に戻り、ビルに最もよく似ているとあなたが思う説明を二つ選んでください。最初の答えと同じものを選んでも、別のものを選んでも結構です。

さあ、どうだろう。読者は最初の問いと二番目の問いで同じ答えを出した、と私たちは自信を持っている。多くの実験でそういう結果が出ているからだ。[3] だが、確率と類似性はまったく別物である。たとえば、次の二つの文章のうち、意味が通るのはどちらだろうか？

□ビルは、ジャズ演奏が趣味だという人のイメージとぴったり合う。

□ビルは、会計士でジャズ演奏が趣味だという人のイメージとぴったり合う。

はっきり言ってどっちもピンとこないと感じた読者もおられようが、しかしあきらかにすわりがいいのは二番目だ。「会計士でジャズ演奏が趣味」のほうがただ「ジャズ演奏が趣味」より説明文（数学が得意、一つのことにのめり込む、など）との共通点が多くなるからである。

では今度は、次の二つの文章のうち、どちらのほうが該当する確率が高い、つまりどちらのほうがありそうだろうか？

□ビルはジャズ演奏が趣味である。
□ビルは会計士で、ジャズ演奏が趣味である。

ここまでの流れで読者は二番目を選びたくなるかもしれない。だがそれは論理が許さない。ビルがジャズ演奏を趣味とする確率は、ビルが会計士で且つジャズ演奏を趣味とする確率より必ず高い。ほら、あの、集合を表すベン図を思い出そう。会計士で且つジャズ演奏を趣味とする集合は、ジャズ演奏を趣味とする大きな集合の中の一部でしかない。細部の描写を付け加えるにつれて、確率は下がる。たとえそのほうがあなたのイメージとぴったり合うとしても。

判断のヒューリスティクス理論では、人間はむずかしい質問に答えるときに往々にしてやさしい質問への答えを流用すると考える。では、どちらの質問のほうが答えやすいだろうか。「ビルはジャズ演奏が趣味の人のイメージにどのくらい近いですか?」と「ビルの趣味がジャズ演奏だという確率はどれほどでしょうか?」である。圧倒的に前者のほうがやさしい。そこで大方の人は確率を尋ねられたときに前者の答えで済ますことになる。

読者はこれで、ヒューリスティクスとバイアス研究プログラムの基本のアイデアを体験したわけである。つまり、むずかしい質問に答える代わりにやさしい質問に答える、ということだ。出された質問を別の質問に置き換えるのだから、当然エラーが生じる。これが置き換えバイアスと呼ばれる予測可能なエラーである。

この種のバイアスは、ビルの例でも見受けられる。確率の判断を求められたのに類似性の判断で置き換えたら、エラーが生じるに決まっているのだ。なぜなら確率判断は特別なロジックに制約されるからである。とくに重要なのは、ベン図は確率にのみ関係があり、類似性には当てはまらないことだ。そこで、多くの人が犯す論理エラーが生じることになる。これもまた予測可能である。

このほかに、統計の特性を無視する例もよく見かける。第4章のミカエル・ガンバルディの例を思い出してほしい。読者がもし大方の人と同じだとしたら、ガンバルディが二年後もCEOの地位を維持できている可能性を、与えられた情報だけから判断しようとしたはずだ。きっと、有能だが傲慢なガンバルディ氏があなたの抱く「成功するCEO」のイメージとどの程度一致するか、思いを巡らせたことだろう。

ミカエル・ガンバルディその人ではなく、無作為抽出したCEOが二年後もその地位にとどまっている確率という概念は、あなたの頭に浮かんだだろうか？　おそらく答えはノーだろう。だがあなたは、CEOが二年間持ちこたえるのはどの程度むずかしいのか、過去の統計を基準率(base-rate)情報とし、そこから確率を推定するというアプローチを思いついてもよかったはずだ。そんなことを誰が思いつくものか、と言う前にちょっと考えてほしい。ある受験生が合格する確率を見積もるとする。その場合、あなたはきっと志望校の倍率を参考にするだろう。その学校に合格することがそもそもどれほど困難かということ、すなわち基準率は重要な情報になるからだ。ガンバルディのケースも同じである。ＣＥＯが生き残る基準率は、ガンバルディが生き残る確率を推定する重要な参考情報である。受験生の問題でも、ガンバルディの問題でも、外部の視点に立つことすなわち統計的に考えることが必要だ。そうすれば、あなたの目の前の受験生は○○校の受験生という大きな集合の一人、ガンバルディはＣＥＯという大きな集団の一人として捉えることができる。このときあなたは特定のケースを因果論的に考えるのではなく、集合について統計的に考えることになる。

統計的視点を導入すればそれまでの見方とは大きなちがいが生まれ、重大なエラーを防ぐことができる。ほんの二、三分かけるだけで、アメリカ企業におけるＣＥＯの推定離職率が年一五％前後で推移していることがわかるはずだ。[4]この統計からすれば、平均的な新人ＣＥＯが二年生き残る確率はおおよそ七二％だと計算できる。もちろん、この数字はあくまで出発点だ。あとはガンバルディ固有の情報も考慮に入れて最終的な判断を下せばよい。だがもしあなたがガンバルディは有能だが傲慢だといった情報だけに頼って確率を推定するとしたら、基準率という重要な情報を無視したことになる（ここで裏事情を白状しておこう。ノイズの多い判断の例としてガンバルディ問題を考えついた時点では、これが「基準率の無視」と呼ばれるバイアスのみごとな例になっていることに気づかなかった。数週間後になってようやくそれに気づいた次第である。ことほどさように、基準率というものは自動的に頭に浮かぶものではない。わけ知りぶって本書を書いている私たち自身にとってさえも）。

別の質問への置き換えが行われるのは、類似性と確率に限った話ではない。もう一つの例として、頻度の判断を印象の強さに置き換えることが挙げられる。たとえば航空機事故の直後では、航空機事故の発生確率をひどく多めに見積もりがちになる。事故発生確率は非常に長期の平均に基づいて判断すべきなのに、最近の事故はかんたんに思い浮かべられるので、そちらに重みがつけられてしまう。このように、頻度の評価を思い出しやすさで置き換えることを「利用可能性ヒューリスティック（availability heuristic）」と呼ぶ。

ほかにも多くの例がある。と言うよりも、むずかしい判断をかんたんな判断に置き換えることのほうがふつうに行われているのが現実である。むずかしい質問に頭を悩ませずにやさしい質問に答えて済ますのは、ごく一般的な思考法だと言えるだろう。たとえば次のような質問に対して、私たちはかんたんな代用質問に答えて済ませている。

気候変動はほんとうにあるのか？
↓気候変動はあると主張する人を信用しているか？
この医者は腕がいいか？
↓この医者は自信ありげで威厳が備わっているか？

このプロジェクトは計画通り完了するか？
↓プロジェクトは現時点で計画通りか？
原子力エネルギーはほんとうに必要か？
↓原子力という言葉を聞くとぞっとするか？
自分の人生に満足しているか？
↓いま現在の気分はどうか？

どの質問も、別の質問に置き換えることですんなり答えが出てくるが、その答えは本来依拠すべき情報に正しい重み付けをしていない。となれば、エラーが生じることは避けられない。たとえば、人生の満足度を尋ねる質問に真剣に答えようとしたら、いま現在ご機嫌かどうかを確かめるだけでは済まないはずだ。ということは、いまの気分に過剰な重みを付けていることになる。同様に、確率の代わりに類似性を答えるのは基準率を無視している。基準率は、似ているかどうかを判断する際にはまったく無関係だからだ。また、事業計画書の立派な外見によって判断にちがいが出るのは、会社のほんとうの価値を評価することにほとんど（あるいはまったく）重みを付けていないことの表れである。いま挙げたことはどれも重み付けの誤りであり、それらは必ず判断に影響をおよぼし、エラーにつながる。

## 結論バイアス

『スター・ウォーズ』シリーズ第三作『ジェダイの帰還』の制作中にこんなエピソードがあった。[5] 監督のジョージ・ルーカスがタッグを組んだ脚本家のローレンス・カスダンと議論中に、カスダンがルーカスにこう助言したのだ。「ルーク［・スカイウォーカー］を殺したほうがいいと思う。レイア［・オーガナ］を後釜に据えればいい」。ルーカスは即座にこのアイデアを却下する。するとカスダンは重ねて、ルークを生かしておくなら誰か別の主要人物を死なせるべきだと提案した。ルーカスはこちらも拒絶し、「むやみに人を殺すべきじゃない」と言った。そこでカスダンは映画というものの本質について鋭い洞察を口にする。「愛する人が途中で命を落とすと映画の感情的な重みは増す。長い旅路はよりインパクトのあるものになるのだ」[6] ルーカスはまたしても直ちにきっぱりと答えた。「いやだね。それに、そんな考え方は信じない」

この思考プロセスは、あなたがビル（ジャズ演奏が趣味の会計士の彼だ）について考えたときとまったくちがう。ルーカスの答えをもう一度読んでみよう。「いやだね」が先で、「そんな考え方は信じない」は後だ。つまりルーカスはカスダンの意見に反射的に反応しており、この反応が彼の判断の動機になっている（たとえその判断が正しいとしても）。

この例に見られるのは、これまでに挙げたものとはちがうタイプのバイアスである。私たちはこれを「結論バイアス（conclusion bias）」と呼ぶ。結論バイアスとは、つまりは予断のことだ。

誰しもルーカスと同じく、はじめから特定の結論をめざして判断プロセスを開始することがすくなからずあるだろう。このとき働いているのは、あの直感的なシステム1だ。システム1はさっさと結論を出してよこす。そこで、情報を収集しあれこれ勘案する手間をかけずにすぐにその結論に飛びつくこともあれば、ちょっと待てと考え直してシステム2を起動し、予断を裏付けるような論拠を見つけ出すこともある。ただし後者の場合、選択的に偏って証拠集めをすることが多い。確証バイアス（自分の考えを裏付ける証拠ばかり探す）と社会的望ましさのバイアス（アンケートなどで自分をよく見せかけるような答えをする）のせいで、とかく私たちは、はじめから望んでいたか信じていた結論に有利になるよう、選択的に証拠を集めて都合よく解釈するきらいがある。[7]

人間は自分の判断を正当化するようなもっともらしい理屈を容易に見つけるものだ。そしてこれこそが自分の判断の論拠だと考えたがる。予断がどれほどしぶといかを確かめるには、自分の判断を支えていたはずの論拠が突然無効だと証明された場合を想像してほしい。たとえばカスダンは、「むやみに人を殺すべきじゃない」というルーカスの発言に対して、いやいや『ロミオとジュリエット』はどうなんだ、と指摘できたはずだ。また人気テレビドラマシリーズ『ザ・ソプラノズ　哀愁のマフィア』や『ゲーム・オブ・スローンズ』で誰も殺されなかったらおもしろくも何ともない、たぶん最初のシーズンで打ち切りになっていただろう、と主張してもよかった。だが賭けてもいいが、こうした強力な反証を挙げられても、ルーカスは考えを変えなかったにちがいない。それどころか、自分の信念を裏付けてくれるような新たな論拠を引っ張り出してくるだろう。たとえば、「スター・ウォーズだけは別だ」のように。

予断は、探せばいくらでも見つかる。ルーカスの反応のように、予断にはだいたいにおいて感情が含まれている。心理学者のポール・スロヴィックはこれを「感情ヒューリスティック（affect heuristic）」と呼ぶ。つまり感情を参照して判断を決めているのである。たとえば私たちは、支持する政治家のことは演説ぶりや立居振る舞いからネクタイの柄まで全部好きだが、きらいな政治家となると顔も見たくないし声を聞くのもいやだ。賢い企業が、自社のブランドが万人に愛されるようあの手この手を尽くすのはこのためである。ある年の講義が学生から高い評価を得た教授は、教材についても高評価を受けがちだが、翌年に講義の評価が下がると、同じ教材の評価まで下がってしまうことが多い。感情が絡んでいない場合でさえ、同じメカニズムが働く。あなたの信念のほんとうの理由はどうあれ、ともかくもその信念を支えてくれるような理由が見つかると、論理的にまちがっていても受け入れてしまう。[8]

「アンカリング効果（anchoring effect）」も、すこしわかりにくいが結論バイアスの一種だ。この効果は数字による暗示とも言うべきもので、何らかの定量的な判断を下す際に、最初に見せられた数字につなぎ留められてしまうことを指す。たとえでたらめに選ばれた数字だとわかっていても、である。アンカリング効果の存在を示す代表的な実験は、こうだ。[9]実験参加者は、相場がよくわからないいくつかの品物を見せられる。たとえばあまり聞いたことのないワインのボトルなどだ。次に、自分の社会保険番号の末尾二桁の数字をメモし、その金額でワインを買う気があるかどうかを答える。最後に、そのワインに出してもよいと考える金額を答える。すると、社会保険番号の数字が参加者の最終的な買値のアンカーとなったことがわかった。ある実験では、社会保険番号の末尾二桁が大きい数字だった参加者は八〇ドルを上回る値をつけ、低い数字だった参加者（二〇ドル以下）の三倍以上となった。

どう考えても、ワインの値段は社会保険番号に左右されるべきではない。にもかかわらず左右された。アンカリングはきわめて強固な効果であり、それもあって意図的に交渉で使われたりする。[10]バザールで値切るときも込み入ったビジネスの取引をするときも、たぶんあなたは相手より先に値段を提示しようとするだろう。その値段がアンカーとなり、相手は好むと好まざるとにかかわらずその数字に引きずられることになるからだ。人間は自分が見聞きしたことに意味を持たせようとするものなので、まったく関係のなさそうな数字を目にしても自動的にそれを思い出し、意味づけしようとする。

## 過剰な一貫性

ここでは第三のタイプのバイアスを体験できる実験を紹介しよう。二人のエグゼクティブ候補の説明を読んでほしい。説明は四つの形容詞で表現されており、形容詞は一枚ずつカードに書いてある。第一の候補者のカードをシャッフルして二枚とると、こう書かれていた。

頭がよい、粘り強い

カードはまだあと二枚あるのだから、ここで判断を下すべきではない。にもかかわらずあなたはすでに判断を下し始めており、この候補者に好感を抱いている。とくに急いで判断を下そうとしたわけではなく、自然にそうなったのであり、最後のカードを読むまで判断を保留するというふうにはならなかった。

続いて残り二枚のカードを読む。全部のカードを並べると次のようになった。

頭がよい、粘り強い、抜け目がない、規律を守らない

これでこの候補者に対するあなたの評価はちょっと下がるが、大幅に下がるほどではない。たとえば第二の候補者を考えてほしい。この候補者を形容するカードをシャッフルして引くと、次の順番になった。

規律を守らない、抜け目がない、粘り強い、頭がよい

お気づきのように、第二の候補者の説明には第一の候補者と同じ形容詞が使われており、ただ順番がちがうだけである。だが第二の候補者はあきらかにいやな感じだ。「抜け目がない」という形容詞は、第一の候補者では要領がいいといった感じであまり悪い印象を与えない。というのも、「頭がよい」、「粘り強い」のあとに来ているため、あなたはすでにこの候補者に（理由もなく）好感を抱いているからだ。ところが「規律を守らない」に続いて「抜け目がない」となると、ひどく印象が悪くなる。そうなると粘り強さも頭のよさも逆効果だ。抜け目がないうえに頭がよいのでは危険きわまりない。

この実験が浮き彫りにしたのは、私たちが「過剰な一貫性（excessive coherence）」と呼ぶバイアスである。[11] 人間は一貫性のある印象をあっと言う間に拵《こしら》え上げ、なかなか修正しようとしない。この例で言えば、さしたる根拠もないまま最初の候補者に好感を抱き、あとから悪材料が出てきても修正しようとしなかった。予断を持っているとき、それを裏付ける証拠ばかり探し矛盾する証拠は無視する確証バイアスも、あとから出てきた重要な証拠を過小評価する点で似ている（こうした現象は「ハロー効果（halo effect）」という言葉でも説明できる。ハローとは「後光」という意味だが、第一の候補者について形成された好印象は「頭がよくて粘り強い」という最初の形容詞の後光のおかげだからである）。

もう一つ例を挙げよう。アメリカでは、レストランチェーンにカロリー表示が義務付けられている。消費者が注文時にチーズバーガーやピザやサラダのカロリーを確かめられるようにするためだ。では実際にこの表示を見たら消費者は選択を変えるのだろうか？　調査しても確たる証拠は得られなかったが、一つ注目すべき調査結果が出た。[12] 消費者は、カロリー表示がメニューの左側にあるときのほうが右側にあるときより影響されやすいというのである。カロリー表示が左側にあると、消費者はまずそれを見て「うわ、高カロリーだ！」とか「案外カロリーが低いな」などと感じ、それから料理名を読むことになる。これに対して先に料理名が書いてあると、「うまそう！」とか「これ、嫌い」などと感じ、その印象が強いため、次にカロリー表示を読んでもあまり心が動かない。この仮説は、ヘブライ語を話す消費者で実験して確かめることができた。ヘブライ語は右から左へ書くため、カロリー表示が右側にあるほうが強く影響を受けたのである。

一般に人間は結論に飛びつきやすく、飛びついた結論にこだわりやすい。自分の意見はちゃんと証拠に基づいていると思っているが、その証拠なるものも、その解釈も、最初にパッと形成された判断にフィットするよう歪んでいることが多い。その結果、最初に即席に思いついたストーリーを最後まで押し通すことになる。このプロセスは、結論が正しいのであればもちろん申し分ない。だが最初の判断がまちがっていたら、それにしがみついて反証を無視するのはエラーを増幅させるだけだ。しかもこのプロセスは一度始まると制御できない。一度見聞きしたことはもう無視できないし、なかなか忘れられないからだ。法廷で裁判官はよく陪審員に対し、耳にした証拠や証言の中で証拠として採用できないものは無視するように指示するが、これは現実的な指示とは言えまい（それでも陪審評議の際、証拠として採用できない情報にあからさまに依拠した意見は却下できるので、多少は役に立つのかもしれない)。

## 心理的バイアスとノイズ

この章では、置き換えバイアス、結論バイアス、過剰な一貫性という三つのタイプのバイアスを駆け足で見てきた。この三種類はそれぞれ作用の仕方がちがう。置き換えバイアスは、証拠に対する重みの付け方を誤らせる。結論バイアスは、証拠を無視させるか、でなければ都合よく解釈させる。過剰な一貫性バイアスは、最初の印象の効果を増幅させ、その後に提示された矛盾する証拠を過小評価させる。これらはどれもバイアスであるから、当然ながら統計的バイアスを生じさせる。それだけでなく、ノイズも生みやすい。

まず、置き換えバイアスを考えてみよう。多くの人がビルは会計士である確率を、単に彼の描写が会計士のステレオタイプ(想像力に乏しい、他人のことに関心がない、数学が得意だ、等々)に似ているから、という理由で判断した。つまり確率を類似性で置き換えたわけである。この実験では、ほとんどの参加者に置き換えバイアスがかかっていた。全員が同じ置き換えをした場合には、バイアスはあってもノイズはない。だが言うまでもなく、置き換えは誰もが同じようにするものではない。仮に「気候変動はほんとうにあるのか」という質問を全員が「気候変動はあると主張する人を信用しているか」という質問に置き換えたとしても、各自の社交範囲やよく利用する情報源や支持政党などによって答えはちがってくるはずだ。つまり、作用するのは同じ心理的バイアスであっても、人によって異なる判断につながればノイズを生むことになる。

置き換えは、機会ノイズを生じさせることもある。「自分の人生に満足しているか」という質問を「いま現在の気分はどうか」という質問に置き換えたら、同じ人でもいまこの瞬間と次の瞬間とではちがう答えになるだろう。朝はご機嫌でも午後になるとストレスが溜まり、人生の満足度は全然ちがったものになりかねない。第7章で取り上げた機会ノイズには、心理的バイアスに由来するものがある。

結論バイアスすなわち予断もまた、バイアスとノイズの両方を生む。序章で取り上げた難民認定の申請では、審査官によって驚くべき差があったことを思い出してほしい。ある審査官は申請の五％しか許可しないが、別の審査官は八八％を許可していた。彼らに正反対の方向のバイアスが働いていたことは確実である。広い視野から見ると、個人によってバイアスがちがう方向にかかっていれば、大きなシステムノイズを引き起こすことになる。審査官ほぼ全員に同じ方向のバイアスがかかっていれば、システムにもバイアスがかかることは言うまでもない。

過剰な一貫性は、情報が提供される順序やその意味づけが判断者全員（または大多数）にとって同一かどうかによって、バイアスまたはノイズを生むことになる。たとえば、容姿端麗な応募者が面接官全員に好ましい第一印象を与えたとしよう。募集した職種が容姿とは無関係である場合、この最初のハロー効果はほぼ全員の判断を誤らせ、バイアスを生じさせる。

一方、多くの複雑な意思決定では情報収集が必要だが、その情報は基本的にランダムな順序で入ってくる。ここで、第2章で取り上げた保険会社の損害査定担当者を考えてみよう。保険事故に関して情報の入ってくる順序が査定担当者によってまちまちだったら、各自が受ける最初の印象は大きく異なるだろう。すると過剰な一貫性によってこのランダムな第一印象のちがいが保険金についての最終判断にランダムな歪みを引き起こすことになる。こうしてシステムノイズが生じる。

以上のように、心理的バイアスというメカニズムはほんとうにどこにでも顔を出す。そして往々にして集団的なエラーを引き起こす。だがバイアスつまり偏りの方向が個人によってちがったり（異なる予断）、バイアスの影響が状況によってちがったりすれば（異なるトリガー）、ノイズを生むことになる。

バイアスもノイズもエラーにつながる。となれば、心理的バイアスを減らせば判断の質は向上するはずだ。どうやってバイアスを減らすかについては第5部で集中的に取り上げる。この第4部では、いましばらく判断プロセスの探究を続けることにしたい。

## ヒューリスティクス、バイアス、ノイズについて話そう

「心理的バイアスはたしかにどこにでもある。だからといって、何でもかんでも漠然と〝バイア

ス〟のせいにすることは厳に慎まねばならない」

「熟考を要する質問をかんたんな質問で置き換えれば、エラーが起きるに決まっている。たとえば確率を判断すべきときに類似性で置き換えたら、基準率を無視することになる」

「結論バイアスがかかっていると、自分が最初に抱いた印象とつじつまが合うように証拠の解釈を歪めることになりやすい」

「第一印象というものはすぐに形成されてしまう。そうなるとそれにこだわり、対立する情報をあとから入手しても軽視しがちだ。こうした傾向を過剰な一貫性と言うらしい」

「心理的バイアスは、多くの人に同じバイアスがかかっている場合には統計的バイアスを生む。だがそれぞれにちがう方向にバイアスがかかっていれば、システムノイズを生むことになる」

# 第14章　レベル合わせ

空を見上げてください。二時間以内に雨が降りそうですか？

きっとあなたはこの質問に苦もなく答えるだろう。たとえば、こんな具合だ。「もうすぐ降ってくるよ」。このときあなたは、まず空の暗さを評価し、それを雨が降る・降らないという確率判断に置き換えている。

これは「レベル合わせ（matching）」の初歩的な例である。判断とは、何らかのものさしの目盛りを主観的な印象（またはその印象の一面）に合わせることだと第2部の冒頭で説明した。すなわち判断とは「人間の知性がものさしとなるような計測」である、と。この作業の基本的な構成要素がレベル合わせである。「いまの気分を〇～一〇点で評価すると何点ですか？」とか、「昨日行ったレストランを★一つから★五つの間で評価してください」といった質問をされたときにやるのがレベル合わせだ。〇〜一〇点や★の数による尺度に、いまの気分や食事体験に一致する目盛りを見つけることである。

## レベル合わせと一貫性

前章で出てきたビルにここでまた登場してもらおう。

「ビルは三三歳です。頭はいいが、想像力に乏しく、一つのことにのめり込むタイプで、他人のことにはあまり関心がありません。学校では数学の成績がよく、社会科学や人文科学は不得意でした」

前章ではこの説明を読んでビルの職業や趣味の確率を予想してもらい、大方の読者が確率を類似性に置き換えて判断することを示した。つまりビルが会計士である確率を判断すべきなのに、ビルが会計士のステレオタイプにどれほど似ているかを答えて済ませた。ではここで、前章で取り上げなかった点を掘り下げて考えてみよう。いったいどんなふうにその判断にいたったのか。

ビルについての説明を職業や趣味のステレオタイプに当てはめるのは、さほどむずかしい作業ではない。ビルは会計士には似ているが、ミュージシャンには似ていないし、サーファーにはもっと似ていない。この例一つとっても、レベル合わせがじつに便利に何にでも使える技であることがわかるだろう。とりわけ人間について判断するときがそうだ。きっと読者は、ビルについてどんな質問をされてもさほど苦労せず答えられるにちがいない。たとえば「ビルと二人だけで無人島に取り残されたらあなたはどう感じますか？」と尋ねられたら、読者はビルに会ったこともなく何か知っているわけでもないのに、もっともらしい答えをひねり出すことだろう。ではここに、大ニュースがある。ビルはじつは本格的な探検家で、卓越したサバイバル技術の持ち主なのだ！　この情報に読者はきっと仰天することだろう。これはたったいま、一貫性の形成に失敗することを経験したからである。

驚きは大きい。探検家だなんて、すでに抱いていたビルのイメージと全然合わないからだ。ともかくも、探検家の一文を説明に含めよう。

「ビルは三三歳です。頭はいいが、想像力に乏しく、一つのことにのめり込むタイプで、他人のことにはあまり関心がありません。学校では数学の成績がよく、社会科学や人文科学は不得意でした。大学時代から探検にのめり込み、いまでは卓越したサバイバル技術を身につけています」

さあ、どうだろう。これで「ジャズ演奏が趣味の会計士」とは全然ちがう人物像が形成されたのではないだろうか。おそらく新たなビルのイメージは、年中キャンプや登山をするたくましい男になったのではないかと想像される。同時にビルの総合的な印象は前ほど一貫性がなくなり、職業や趣味のステレオタイプと一致させるのがむずかしくなったことだろう。それでも、探検家だと知らされたときの最初の驚きや違和感は薄れたはずだ。

相矛盾する手がかりがいくつも出現すると、一貫性を持たせるのはむずかしくなるし、うまく証拠に当てはまる判断を下すことも困難になる。矛盾する手がかりの存在は複雑な判断につきものだから、複雑な判断では当然ながらノイズが大きくなる。たとえばガンバルディの問題では、説明の一部はＣＥＯ候補として有利だが一部は不利なので、複雑な判断に相当する。複雑な判断については第16章に譲ることにして、ここでは比較的単純な判断、とくに強さや大きさといった強度に関する判断に集中することにしたい。

## 度合いのレベル合わせ

　判断を当てはめる尺度の中には、数値ではなく質を表すものがある。たとえば職業や趣味や病気の診断がそうだ。これらは価値を目盛りで表せないような判断だ。赤より青がよいとか悪いとかいうことはない。

　一方、多くの判断は定量的であって、数字の目盛りで表示することが可能だ。寸法、重さ、明度や輝度、気温、音量、原価や利益、確率や頻度等々。これらはすべて定量的である。また抽象的な事柄、たとえば自信、精神力、魅力、怒り、恐怖、不道徳、刑罰の重さなども、五段階や一〇段階で表すことができる。

　こうした定量的な計測値の決定的な特徴は、目盛り上に表示されたどの二つをとっても「どっちが大きい（強い、多い、高い等々）？」という質問に答えられることだ。たとえば鞭打ちは手の甲をぴしゃりと叩くより重い罰だし、『ハムレット』のほうが『ゴドーを待ちながら』より好きだというふうに。こうした答えは、太陽のほうが月より明るいとか、象はネズミより重いとか、マイアミの平均気温はトロントより高いといった答えと同じくらいすらすらと出てくるだろう。

そのうえ人間は、全然関係のないものの大きさや強さのレベルをそろえる驚くべき直感力を持ち合わせている。[1] だから、その気になれば大好きなアーティストに対する愛をビルの高さで表現することだって可能だ（たとえばボブ・ディランへの愛は建物の高さで言えばエッフェル塔ぐらい、というふうに）。あるいは国内の政治情勢を気温で表すこともできなくはない（たとえばいまはとても平穏な状況だから、気温で言えば夏のコモ湖畔ってところかな、というふうに）。もし読者が「昨日行ったレストランの評価を小説の長さで表すとしたらどうだった？」と質問されたら、ずいぶんと変な質問だとは思っても、答えるのにそう苦労はしないだろう（たとえば、小説の長さで言えば『戦争と平和』ぐらいよかったよ、というふうに）。こんな強引なレベル合わせでさえ、回答者の意図するところは意外にもちゃんと伝わってくる。

なお通常の会話では、大きさなり強さなりの度合いは文脈によって大きくちがう。たとえば「彼女、だいぶお金を貯めたらしいよ」という発言は、成功したインベストメントバンカーについて言う場合とベビーシッターでコツコツ貯金した女子学生について言う場合ではスケール感がだいぶちがうだろう。さらに、「大きい」とか「小さい」という言葉の意味すら、基準次第でちがってくる。だから、「大きいネズミが小さいゾウの鼻をよじのぼっている」と言ってもちゃんと意味が通じる。

## レベル合わせ予測のバイアス

それではここで、レベル合わせがどのように行われ、どのように系統的な判断エラーを引き起こすかを実体験できる問題を出そう。[2] 例によって、読者はぜひ自分で考えてみてほしい。

ジュリーはある大学の学部生です。ジュリーに関する次の説明を読んでから、彼女のＧＰＡを○・○～○・四の間で推定してください：

ジュリーは四歳のときにすらすら本を読むことができました。現在の彼女のＧＰＡは何点でしょう？

読者がアメリカの成績評価システムを知っていれば、すぐに答えが思い浮かぶだろう。おそらく三・七か三・八に近いのではないだろうか。いま読者がすぐにジュリーのＧＰＡを推定できたのは、さきほど説明したレベル合わせを行ったからである。

第一段階で、ジュリーの識字能力がどの程度早熟かを評価する。これはたやすい。ジュリーがすらすら読めるようになった時期はかなり早いことを考えて、ある尺度のあるカテゴリーに彼女を位置付ける。この尺度で最高に位置付けられるのは、「天才的に早熟」のカテゴリーだ。きっと読者は、ジュリーは「天才的に早熟」ではないと考えるだろう（なにしろ二歳で字が読めるようになる子供もいるのだ）。ジュリーはおそらくその下のカテゴリーだ。つまり「かなり早熟だが天才的ではない」子供である。

第二段階では、大学生のジュリーのGPAを推定する。このとき読者はたぶん無意識のうちに「かなり早熟だが天才的ではない」という評価と一致するGPAを探したはずだ。こんな具合に、ジュリーの問題を読むとほとんど自動的に「レベル合わせ予測」が行われる。

いま説明したような評価とレベル合わせを慎重に行い、必要な計算をするには、それなりの時間がかかるものだ。だがシステム1の速い思考は本来複雑なはずのこの作業をいともかんたんにやってのける。レベル合わせは一風変わった知的メカニズムだが、それが行われている証拠ははっきりしており、多くの実験で確かめられている。たとえば次の二つの質問がそうだ。この種の質問をすると、一問目と二問目に同じ数字で答える人がきわめて多い[3]。

ジュリーのクラスには、子供のときにジュリーより早い年齢で字が読めるようになった学生が何%いるでしょうか?

ジュリーのクラスには、ジュリーよりGPAが高い学生が何%いるでしょうか?

一問目は答えやすい。ジュリーについて与えられた情報から直接判断すればよいからだ。二問目は最初の情報からかなり離れた予測であるから、当然ながらむずかしくなる。ところが最初の問いに答えると二問目も直感的に答えられてしまう。

この二つの質問は、「妥当性の錯覚」の箇所に登場した予測的判断の二段階評価に似ている（二人のエグゼクティブ候補モニカとナタリーについて、第一段階で与えられた情報に基づいて現在の評価を行い、第二段階で二年後の評価を予測したことを思い出そう）。ジュリーの一問目では与えられた情報そのものについてクラス内の位置付けを推定するのに対し、二問目ではその情報から予測したGPAの位置付けを推定しなければならないのだから、両者は別物である。それでも両者を切り離して考えるのはむずかしい。

ジュリーのGPAの直感的予測には、前章で取り上げた心理メカニズムが作用している。そう、むずかしい質問を簡単な質問に置き換える、あれだ。システム1はかんたんな質問に答えることで、むずかしい予測を単純化してのける。四歳のときのジュリーの識字能力がどの程度のものかをまず評価し、続いて年齢で表された読書年齢を点数で表すGPAに直接置き換えるのである。

とはいえ置き換えが起きるのは、与えられた情報が予測対象と関連性がある場合に限られる。たとえばジュリーについて知っている情報が「足が速い」とか「ダンスがへたくそ」だけだったら、GPAの予測に役立つ情報は皆無と言ってよい。だがすこしでもGPAの予測に関係のありそうな情報があれば、すぐさま置き換えに活用することになる。

だが尋ねられている質問を本来答えのちがう別の質問に置き換えるのだから、エラーは避けられない。字が読めるようになった年齢をGPAに置き換えるのは、いかにももっともらしく感じられるとしても、あきらかにばかげている。ジュリーが四歳だったときから大学生になるまでに起こりうる出来事を想像してみてほしい。大事故に遭ったかもしれないし、両親が離婚したかもしれない。すばらしい先生に出会って多大な影響を受けたかもしれない。あるいは妊娠したかもしれない。どれか一つが起きただけでも大学の成績に大きな影響を与えるだろう。

レベル合わせに基づく予測を正当化できるのは、ジュリーの場合で言えば、幼少時の識字能力と大学でのGPAとの間に完璧な相関性が認められるときだけだ。だが、そのような相関性はもちろん認められない。かといって、ジュリーが四歳で本をすらすら読めたという情報を完全に無視するのもまちがっている。なぜなら、字が読めるようになった年齢は長じてからのGPAとなにがしかの関係はあると思われるからだ。よって最善の予測は、「完全な情報がある」と「何も情報がない」の間にある。

では、何も情報がない状況ではどうやって予測すればいいのか。そういうときこそ、「統計的視点」の出番である。ジュリーのGPAを予測するように求められ、何の情報も与えられなかった場合に確実なのは、アメリカの大学生一般の平均を答えることだ。おそらく三・二といったところだろう。これが、統計的視点に基づく予測である。したがってジュリーのGPAの最善の予測は三・二より高く、最初に思いついた三・八より低いはずだ。この範囲のどこになるのかは、与えられた情報が予測にどの程度役立つかに左右される。幼少時の識字能力がGPAの予測変数としての信頼性が高いほど、三・八に近づく。しかしこの場合の信頼性はかなり低いので、三・二に近い数字にしておくのが無難だろう。このやり方は、レベル合わせに伴うエラーを修正するきわめて容易なテクニックである。くわしくは付録Cを参照されたい。

統計学的に言えばまったくばかげた予測に行き着くという事実にもかかわらず、与えられた情報をレベル合わせに使う誘惑に抵抗するのはむずかしい。セールスマネジャーは往々にして、営業成績が去年抜群によかった部下は今年もそうなると予想する。人事担当役員が輝かしいキャリアを積んできた採用候補者に出会うと、ゆくゆくは社長になるだろうと期待する。映画プロデューサーは、前作が大ヒットした監督は次もヒットを飛ばすだろうとそろばんを弾く。

こうしたレベル合わせ予測の例は、だいたいにおいて失望に終わる。一方、与えられた情報があまりにネガティブな場合には、レベル合わせで予測すると実際以上に悲観的になりやすい。与えられた情報に基づいてレベルを合わせる直感的予測は、情報がポジティブであれば過度に楽観的に、ネガティブであれば過度に悲観的になりがちだ（この種の予測エラーを専門的には「非回帰的」と表現する。なぜなら、「平均への回帰」という統計的現象を無視しているからだ）。

ただし、置き換えやレベル合わせがつねに予測を支配しているわけではない。システム1と2で言えば、直感的なシステム1は問題が持ち上がるとすぐさま答えを出してくるが、こうした直感が自信を持って言える答えになるためには、思慮深いシステム2の裏付けが必要になる。複雑な思考を要する場合には、システム2がレベル合わせ予測を却下することもある。現に、人間はポジティブな情報だとレベルを合わせたくなるが、ネガティブな情報だとそうはならない。たとえばジュリーが子供の頃なかなか字が読めるようにならなかったとしても、大学の成績をひどく低くはしたくないものだ。言うまでもなく与えられる情報が多ければ、こうした予測の非対称性は解消する。

あらゆる種類の直感的予測を修正する手段として、統計的視点、私たちの言う「外部の視点」の導入を推奨したい。たとえばマイケル・ガンバルディの将来予測では、まずは基準率（新規登用したＣＥＯの二年後の定着率）に判断を固定するとよい。またジュリーのＧＰＡの予測では、アメリカの大学生一般のＧＰＡの平均に固定することをおすすめする。こうした統計的視点に基づく予測を無視してよいのは、与えられた情報が予測に有効だと完全に信頼できるような、ごく容易な問題のときだけである。重大な判断に臨む際には、統計的視点を必ず取り入れなければならない。

## レベル合わせに伴うノイズ

あるカテゴリーを「大きい・小さい」といった度合いを表す目盛りに当てはめることに関して、人間はあまり有能ではない。このことが、レベル合わせの精度を下げる原因となる。そもそも「大きい」という形容詞がゾウにもネズミにも使われ、「金持ち」という形容詞がアラブの王様にも町内一の地主にも使われること自体、ノイズの大きな原因となる。

たとえば成功したインベストメントバンカーは「金持ち」にちがいない。だがどの程度の金持ちなのか。まずまず困らない程度か、一生かかっても使いきれないほどか、それとも莫大、巨万、天文学的……なのか。大勢の大金持ちの暮らし向きをくわしく説明されたとして、項目別の直接比較でもしない限り、「A級の金持ち」、「B級の金持ち」……に分類することなどできるだろうか。

大きさであれ、金持ちの程度であれ、私たちが度合いを明確に区別して目盛りに当てはめることのできる対象の数は限られている。一九五六年に発表され、いまや心理学では古典となっている論文「魔法の数は七、プラスマイナス二」のタイトルにもあるとおりだ。[4] この数を上回ると、エラーが頻出する。たとえば、AとBの直接比較ではBを高く評価しているのに、AをBより高いカテゴリーに分類してしまうといったことが起きる。

ここに四本の紐があるとしよう。紐の長さは三、六、九、一二センチである。あなたは一回に一本の紐を見せられ、一～四段階で長さの度合いを答えなければならない。一がいちばん短く、四がいちばん長い。これはかんたんだ。では次に一五センチの紐を一本加え、一～五段階で答える。これも（たぶん）まだかんたんである。ではどのあたりからエラーが出始めるのか？　もちろん、魔法の数七からだ。驚くべきことに、この数字は紐の長さとほとんど関係がない。紐の長さが三センチ刻みではなく四センチ刻みだったとしても、紐が七本を超えるとエラーが始まる。大きさの異なる音を聞く実験でも、明るさの異なる光を見る実験でも、ほぼ同じ結果が得られた。つまり受けた刺激の強度を該当する目盛りに当てはめる能力には限界があり、それは七前後だということである。

この限界は大いに問題だ。というのも、ちがうカテゴリーのレベルを合わせる能力は、そもそも度合いを目盛りに当てはめる能力を上回ることはできないからである。レベル合わせは融通無碍なシステム1の得意技であり、直感的判断の主力部分であるが、七つしか区別できないのではずいぶんと粗雑だと言わねばならない。

もっとも、「魔法の数」七が絶対的な制約というわけではない。階層的な分類を行うことで、より緻密な区別が可能になる。たとえば、裁判官は犯罪のカテゴリーに応じて量刑を決めるが、その犯罪自体も重大さのレベルが区別されている。ただしこの緻密なプロセスがうまく運用されるためには、カテゴリーがあらかじめ決められており、それぞれの境界が明確で、各カテゴリーは別物として扱われることが条件になる（たとえば強盗と窃盗は明確に異なり、どういうときに窃盗が強盗になるかも決められている。また強盗の中でも強盗致傷と強盗致死では量刑が異なる）。だがさきほど紐の長さを識別したときには、「長めの紐」と「短めの紐」を明確に切り離し、別のカテゴリーとして扱うことはできなかったはずだ。カテゴリー分けは意識しないとできない作業であり、システム1の速い思考モードに入っているときには行われない。

大きいとか強いといった度合いの識別能力の制約を克服する方法は、ちゃんとある。比較することだ。人間は、目盛りに当てはめるより比較をするほうがだいぶましなのである。

たくさんのレストランや歌手を二〇段階で評価するように言われたとしよう。五つの★をつけるならまずまず簡単にできるが、二〇段階となるとかなり困惑するはずだ。ピザJは★三つだとして、二〇段階では一一なのか、一二なのか？　この問題を解決するのは、いくらか時間はかかるがそうむずかしくない。まずはレストランなり歌手なりを五段階で評価する。これは問題なくできるだろう。すると、五つのカテゴリーができる。次に、それぞれのカテゴリーの中を四段階に分ける。これも、さほど苦労せずにできるだろう。たとえば★三つのカテゴリーの中にピザJとハンバーガーKがあったとして、どちらが好きかは決められるはずだし、★五つのカテゴリーの中でテイラー・スウィフトとボブ・ディランのどちらが好きかも決められるだろう。こうして単純化することにより、五つのカテゴリーそれぞれに四段階の評価ができる。★一つのカテゴリー、つまりいちばん嫌いなカテゴリーの中でさらにいちばん嫌いなレストランや歌手を決めるのはすこしやりにくいかもしれないが、なんとかできるはずだ。

これはごく単純な心理からだ。評価対象A、B、C……を直接比較するほうが、Aだけを出されたときより識別しやすい、ということである。紐の長さの実験でも同じことが言える。紐を順次見せられて長さを比べるほうが、一本だけ出されて長短を答えるよりずっとたやすい。もちろん、四本なり五本なりを同時に見比べるほうがずっと精度の高い判断ができる。

比較判断は多くの分野で役に立つ。たとえば、「金持ち」について漠然としたイメージしか持っていなくても、限られた範囲で金持ちAとBを比較するのは、金持ちAの裕福さの度合いを単独で評価するより易しい。また学生の論文を採点するときも、一本一本読んで評点を考えるより、最高から最低までランキングをつけるほうがたやすい。比較判断または相対判断は、カテゴリー判断や絶対判断より精度が高いのである。ただしさきほどのレストランと歌手の例からわかるように、より多くの時間と努力を要する。

明確な比較のできる目盛り上に評価対象を一つずつ当てはめていくやり方は、比較判断のメリットを部分的に活用したものと言える。教育や人事などでは、特定の母集団（受け持っている学級の生徒、同レベルの経験を持つプログラマーなど）について「最上位五％」や「上位二〇％」に割り当てる場面がよくある。だが尺度の適切な使用について評価者に責任を問う方法が存在しないので、評価の信頼性は乏しい。あきらかな評価の誤りを指摘できるのは、母集団の九〇％を「上位二〇％」に位置付けるといったケースが検出された場合に限られる。ノイズ対策の一つとしての比較判断の活用については、第5部でくわしく論じる。

判断の多くは、一つひとつのケースを何らかの尺度のカテゴリー（たとえば同意する度合いを七段階で表す）あるいは度合いを表す形容詞（たとえば、何かが起きる確率を「低い」か「きわめて低い」で表す）に当てはめる作業を必要とする。このようなレベル合わせはかなり粗雑なためノイズが多い。判断すべき内容に関しては合意ができていても、人によって「大きい」や「すぐれている」の解釈はまちまちである。こうしたとき、強制的に比較判断を行うしくみを確立しておけば、ノイズを減らせる可能性が高い[5]。次章では、まちがった尺度を使うことがいかにノイズを増やすかを論じる。

## レベル合わせについて話そう

「二人ともこの映画がすごくよかったという点ではたしかに一致した。だがあなたは私ほど感動していないように見える。使った形容詞は同じでも、使っている尺度がちがうのだろう」

「このテレビドラマシリーズはシーズン1がすばらしかったので、シーズン2もヒットすると思った。つまりレベル合わせ予測をして、みごとに外したわけだ」

「論文を採点するときに一貫性を保つのはむずかしい。順位をつけるほうがいいと思う」

# 第15章　尺度

今回は、読者に民事裁判の陪審員になったつもりで考えてほしい。訴訟の概要は次のとおりである。

「ジョーン・グラバー対ゼネラル・アシスタンス

六歳のジョーン・グラバーは市販のアレルギー薬アレフリーを誤って大量に飲んでしまい、長期入院を余儀なくされた。過剰摂取のために呼吸器系が損傷を受け、生涯にわたって呼吸器関連の病気、たとえば喘息や肺気腫にかかりやすくなると診断されている。アレフリーの瓶には子供が開けられないようにする安全キャップがついていたが、設計が不適切だった。

アレフリーを製造したのは、大手製薬会社ゼネラル・アシスタンスである（年間利益は一億～二億ドル）。同社はさまざまな市販薬を手がけている。連邦規則では、すべての医薬品の瓶に安全キャップをつけることが義務付けられているが、ゼネラル・アシスタンスはこの規則の意図を一貫して無視しており、同業他社で採用されているものに比べ大幅に欠陥率の高いキャップで済ませてきた。社内文書には〝このばかげた連邦規則はまったく不必要であり、われわれのカネを無駄にするものだ〟などとあり、キャップの件で罰を受ける可能性は低いとして、〝規則違反に対しては、将来キャップを改善するよう勧告されるのがせいぜいのところだろう〟と書かれている。アメリカ食品医薬品局から警告されたにもかかわらず、同社はいっさい対処しようとしなかった」

読み終わったら、次の三項目の質問に答える。ぜひとも十分に時間をとって答えを選んでほしい（次頁表）。

**1　怒り：**
被告の行動についてあなたの感じたことに最も近い表現のレベルを選んでください。

| まったく問題ない | | 好ましくない | | ひどい | | 激しい怒りを覚える |
|---|---|---|---|---|---|---|
| 0 | 1 | 2 | 3 | 4 | 5 | 6 |

**2　懲罰の意志：**
被告は補償的損害賠償のほかに懲罰を受けるべきでしょうか？　あなたが最も適切と思う懲罰のレベルを選んでください。

| 懲罰は不要 | | ゆるやかな懲罰 | | 厳しい懲罰 | | 非常に厳しい懲罰 |
|---|---|---|---|---|---|---|
| 0 | 1 | 2 | 3 | 4 | 5 | 6 |

**3　懲罰的損害賠償金の額：**
被告は補償的損害賠償金のほかに、罰として、また将来の類似の事件を防ぐために、懲罰的損害賠償金を払うべきでしょうか？　払うべきだとお考えの方は、適切と思う金額を空欄に記入してください。

（　　）ドル

この問題は、カーネマンとサンスティーンおよび友人のデービッド・シュカーデが一九九八年に行った共同研究で実験に使用したケースを簡略化したものである。[1] 本章ではこの研究の一部をくわしく検討し、読者にも体験してもらいたいと考えている。というのも、この研究はある意味でノイズ検査の模範例であり、本書のテーマの多くが反映されているからだ。

本章でとくに問題にするのは、判断者の使う反応尺度（response scale）である。尺度はノイズを引き起こす原因の一つで、評価はおおむね一致していても、使う尺度がちがうせいで判断がちがってしまうことがめずらしくない。たとえば〇〜六段階で部下の人事評価をする場合に、あなたは「まずまずよい」と判断して四点をつけ、別の人は同じく「まずまずよい」と判断して三点をつけるかもしれない。ましてあいまいな表現となればなおのことである。「合理的な疑いを超えて」[2]、「説得力のある証拠」、「起こりそうもないと考えられる」[3]といった表現が裁判では頻出するが、これらは解釈上の困難を生じさせると多くの研究が指摘する。これでは判断にノイズが多くなることは避けられない。出し手も受け手もちがう解釈をするからだ。

ジョーンのケースを分析したところ、あいまいな尺度が重大な結果を招いていることがわかった。とくに注目したのは懲罰的損害賠償に関するノイズである。さきほどの三番目の質問が示すように、アメリカなど一部の国では、被告の行動が著しく悪質の場合に懲罰的損害賠償を科すことが法律で認められている。懲罰的損害賠償は、原告の受けた被害の実額を補塡する補償的損害賠償に上乗せされる。ジョーンのケースでは、ゼネラル・アシスタンスの製品で健康被害が生じたことが認められて補償的損害賠償はすでに科されており、治療費や失った賃金などが補償された。懲罰的損害賠償のほうは、被告および同業者に対し二度とこうしたことを起こさないよう警告を発する意図がある。ゼネラル・アシスタンスのとった行動はあきらかに非難すべきものであり、懲罰的損害賠償を科すと陪審員が決定してもおかしくない。

とはいえ懲罰的損害賠償制度は、適用の有無や金額が予測不能であるという問題点を抱える。

同じように無責任な行動が損害賠償の対象になるかもしれないし、ならないかもしれず、なったとしても少額なのか莫大な金額なのか予想がつかない。本書の言葉を使うなら、制度自体にノイズが多い。懲罰的損害賠償請求はだいたいは却下され、仮に認められても補償的損害賠償にわずかばかりの上乗せに終わることが多い。その一方で、驚くほど巨額の賠償請求が認められるケースも稀にある。たとえばＢＭＷ対ゴア訴訟は世間の注目を集めた。[4] 原告は新車と思って購入したＢＭＷが再塗装された車だったため、重大な事実の隠蔽であるとして補償的損害賠償と懲罰的損害賠償を求めて訴えを起こした。このケースでは、四〇〇万ドルの懲罰的損害賠償が販売店に請求されている（この販売店は過去に再塗装した車一〇〇〇台を新車として一四州で売りさばいていた）。

懲罰的損害賠償に関する私たちの実験では、陪審員資格を持つ性別・人種・社会階層の多様な八九九人に、ジョーンのケースおよび類似の一〇件について判断を求めた。どのケースでも原告は何らかの健康被害を受け、その原因となった企業を訴え、補償的損害賠償を勝ち取っている。一〇件のうち六件では被告企業の収益に大規模・中規模のちがいを、残り四件では収益規模に加え被害の度合いにも重度・軽度のちがいを設けた。バージョンちがいを合計すると、用意したシナリオは全部で二八通りである。実験参加者には一〇件それぞれについていずれかのバージョンを割り当てて質問に答えてもらった。実験の目的は、懲罰的損害賠償を決める心理についての仮説を検証するとともに、尺度（とくに賠償金額）がノイズ発生に果たした役割を調べることにある。

## 怒りの置き換え仮説

正当な懲罰を決めるにはどうすればいいか――これは、哲学者や法学者が何世紀にもわたって頭を悩ませてきた問題である。だが私たちは、哲学者が困難と感じる問題もふつうの人にとってはいとも容易だと仮説を立てた。なぜなら、むずかしい問いをかんたんな問いに置き換えることで問題を単純化するからである。つまり、ゼネラル・アシスタンスにどの程度の懲罰を与えるかという質問を「自分はどれほど怒っているか」に置き換える。ものすごく怒っていれば巨額の賠償ということになるわけだ。

この怒りの置き換え仮説を検証するために、私たちはグループ分けした実験参加者にまず一問目（怒り）か二問目（懲罰）のどちらかに答えてもらった。次に、二八通りのシナリオについて二つの質問の答えの平均点を算出して比較した。すると置き換え仮説で予想したとおり、怒りと懲罰それぞれの平均点の間にはほぼ完全な相関関係が認められた。相関係数はなんと〇・九八（PC＝九四％）である。この強い相関性は、怒りの感情が懲罰の意志を決定づけることを意味しており、怒りの置き換え仮説を裏付けるものと言える。[5]

怒りの感情は懲罰を決定づける主要因ではあるが、ほかにも要因はある。おそらく読者は懲罰の意志を問われたとき、怒りの度合いを評価したときとは別の何かに注意を払ったのではないだろうか。もしそうだとしたら、それはジョーンの被害の度合いではないだろうか。ゼネラル・アシステスタンスの行動がいかに腹立たしいかは、結果を知らなくても評価できる。これに対して、懲罰を決める直感には報復の要素が関わってくる。乱暴に言えば「目には目を」ということだ。殺人未遂と殺人の扱いが法律上も陪審員の心証も異なり、殺すには至らなかった場合に懲罰がはるかに軽くなるのは、報復の要素で説明がつく。

原告の受けた被害の度合いが懲罰の意志には反映されても怒りとは無関係であることを証明するために、グループ分けした実験参加者にはジョーンを含む一〇件について「重度の被害」と「軽度の被害」のバージョンのどちらかに答えてもらった。重度のほうはさきほど示した「呼吸器系の疾患に生涯悩まされる恐れがある」（長期的な健康被害）で、軽度のほうは「数日の入院で済んだが、以来この事件がトラウマになってあらゆる種類の錠剤を極端に恐れるようになった。ビタミン剤や風邪薬などを両親が飲ませようとしても、ジョーンは怖がって泣き叫び手が付けられない」（子供のトラウマ体験）である。すると予想通り、怒りの度合いは重度（四・二四点）でも軽度（四・一九点）でもさして変わらなかった。このことは、怒りを引き起こすのは被告の行動であって結果ではないことを示す。一方、懲罰の意志は、重度の被害では四・九三点だったのに対し、軽度のほうでは四・六五点にとどまった。小さくはあるが統計的に有意な差である。懲罰的損害賠償の金額の中央値は、重度の被害では二〇〇万ドル、軽度のほうは一〇〇万ドルだった。他のケースでも同じような結果が得られた。

これらの実験結果からは、判断プロセスの重要な特徴が浮かび上がってくる。判断を下す過程では与えられた証拠のさまざまな面に重みをつけることが行われており、それが判断に気づかないうちに影響を与えているということだ。実験参加者は、どの程度の懲罰を与えるべきか判断するとき、司法は報復的でよいのかという深遠な哲学的問題に関わっていることを意識していない。それどころか、与えられたさまざまな情報のさまざまな面に重みをつけていることさえ気づいていないだろう。それでも、怒りを評価するときには原告の被害にまったく重みをつけず、懲罰を決めるときにはその同じ要素に大きな重みをつけた。実験では、参加者が重度または軽度の被害のどちらかしか見せられていないことに注意してほしい。だから重度の被害に厳しい罰を与えたのは、直接的な比較を行ったからではない。これはまさに、怒りと懲罰という異なるもののレベル合わせを自動的に行った結果なのである。このことは、参加者が遅い思考（システム２）ではなく速い思考（システム１）に頼っていたことを示す。

## 尺度のノイズ

では、実験の第二の目的である尺度のノイズに移ろう。ここでは、懲罰的損害賠償制度にはなぜノイズが多いのか、原因の解明を試みる。私たちの立てた仮説は、こうだ。陪審員は被告に懲罰を与えたいという点では合意しているが、この懲罰の意志を金額の尺度に当てはめるときに大きな差が出る、というものである。

私たちの実験では、同一ケースの判断に見られるノイズを三通りの尺度（怒り、懲罰の意志、懲罰的損害賠償金額）で比較することができる。ノイズの計測と分析は、連邦裁判所判事のノイズ検査（第6章参照）で使った方法を適用し、あるケースについて下された個々の判断の平均をバイアスのない正しい判断として扱った（お断りしておくが、これはあくまで分析のための仮定であって、平均が正しくない可能性は大いにある）。理想の世界では、陪審員はみな同じ尺度を使い、どのケースについても判断は完全に一致する。平均からの逸脱はすべてエラーであり、エラーはシステムノイズの原因となる。

第6章で指摘したとおり、システムノイズはレベルノイズとパターンノイズに分解できる。ジョーンのケースで言えば、レベルノイズはふだんからどの程度厳しめか甘めかという陪審員の間のばらつきを意味し、パターンノイズは陪審員個人の特定のケースへの反応が本人の平均からどの程度逸脱するかというばらつきを指す。そこで、判断全体の分散（ばらつき具合）を三つの要素に分解した。

判断の分散＝
公正な懲罰の分散＋レベルノイズの二乗＋パターンノイズの二乗

判断の分散を三要素に分解するこの分析は、さきほどの怒りの置き換え仮説の検証とは別に行った。その結果を図13に示す。[6] 三通りの尺度の中で最もノイズが少ないのは懲罰の意志だった。分散の五一％がシステムノイズだったが、これは裁判におけるノイズとおおむね同水準である。怒りの尺度はあきらかにノイズが多く、七一％だった。しかし群を抜いて成績が悪かったのは賠償金額の尺度で、なんと九四％がノイズだった！

この差は衝撃的である。というのも、三つの尺度が表す内容はほとんど同じだからだ。怒りの置き換え仮説ですでに検証したように、怒りの平均点と懲罰の意志の平均点の間にはほぼ完全な相関性が成り立っている。そして、懲罰の意志を答える質問と賠償金額を答える質問は、あきらかに趣旨は同じである。ゼネラル・アシスタンスにどの程度の懲罰を与えるべきかという質問に、一方は目盛りで、もう一方は具体的な金額で答えるというだけだ。それなのに、なぜ図13のような大きな差が出たのだろうか。

まず、怒りの質問では尺度がややあいまいに設計されている。一方の極端で「まったく問題ない」行動というものは、たしかに存在するかもしれない。だがその対極には不届きな企業に対する最大級の怒りが位置付けられるはずだが、そういうものの極限は果たして存在するのだろうか。「激しい怒りを覚える」というのは、いったいどの程度なのか。つまりこの怒りの尺度は上限があいまいであり、そこにノイズが生じる余地が存在する。

懲罰の意志のほうは、尺度がもうすこし具体的だ。「非常に厳しい懲罰」は「激しい怒りを覚える」よりは明確である。というのも、懲罰の上限は法律で定められているからだ。仮に読者が

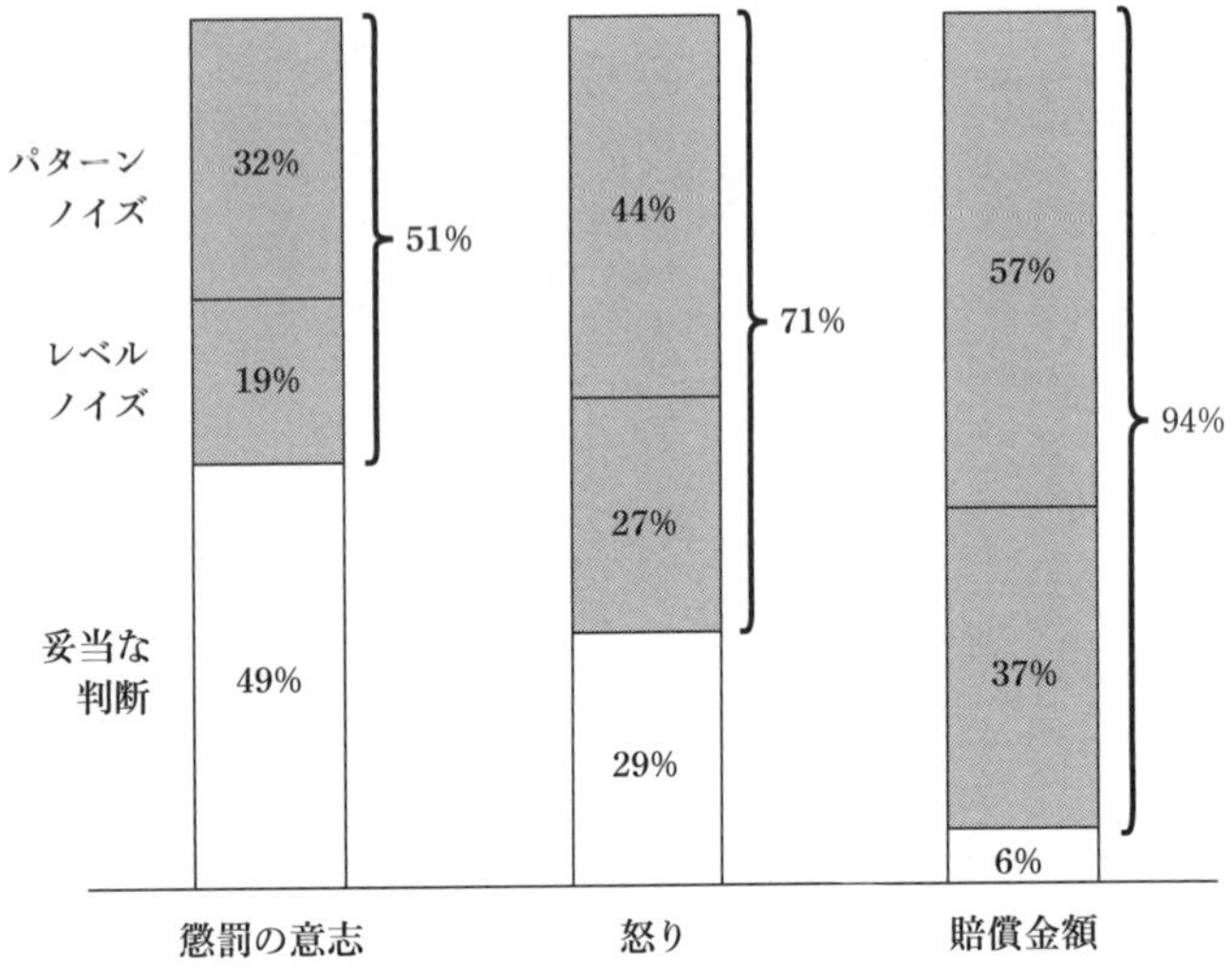


図 13：判断のばらつきの構成要素

被告を手ひどく懲らしめてやりたいと思っても、ゼネラル・アシスタンスのＣＥＯと経営チームを死刑にすることまでは要求しないだろう（そう願っている）。懲罰の意志の尺度は、上限がはっきりしている点で怒りの尺度よりあいまいさが少ない。そこで私たちが期待したとおり、ノイズが少なくなっている。

怒りと懲罰の意志はどちらも０〜６の目盛りで評価したが、賠償金額は回答者が数字を答える方式で、こちらのほうがはるかにノイズが入り込みやすい。

## 金額とアンカー

私たちの論文のタイトル「怒りは共通、金額はばらばら：懲罰的損害賠償の心理学」は、金額のノイズを雄弁に物語っている。実験参加者は、懲罰の意志に関する限りかなりの程度で一致していた。懲罰の意志と怒りの感情の間の相関係数が非常に高かったことは、すでに述べたとおりである。だが賠償金額のほうは容認しがたいほどノイズが多く、現実の法廷を反映するような結果になった。

理由は容易に想像がつく。たとえば読者が実験に参加し、ジョーンのケースで具体的な賠償金額を回答したとしよう。そのときさっと、自分がさしたる根拠もなく適当にこの数字を選んだとわかっていたはずだ。となれば、他の人だって適当に金額を答えるだろう。したがって、ひどくばらつきが多くなるに決まっている。これが、この場合のように判断者一人ひとりが数字を考える場合の尺度の特徴である。

ハーバード大学の伝説的な心理学者S・S・スティーブンスは、多くの主観的な経験や傾向の強度に関する感覚について驚くべき事実を発見した。人間は比率を強く感じるというのである。[7] たとえば、部屋のある照明を他の照明より「二倍明るく」調節することができる。また、懲役一〇年の感情的な重大性は懲役一年の一〇倍ではないことも理解している。スティーブンスはこの感覚尺度を比率尺度（ratio scale）と名付けた。

読者はきっと、お金に関しては比率で表現されるほうが直感的に理解しやすいと感じるのではないだろうか。「サラの給料は六割も上がったんだって！」とか、「あの大金持ちは一夜にして財産を半分失ったらしいぞ」というふうに。懲罰的損害賠償の金額の尺度は、懲罰の意図の比率尺度になっているはずである。比率尺度では、明示的に原点としてのゼロはあるが、上限はない。

スティーブンスは、比率尺度は一つのアンカー（専門的にはモジュラス（modulus）という）を介在させた場合、そのアンカーに固定できることも発見している。スティーブンスの研究室では、次のような実験を行った。被験者にある明るさの照明を見せ、「この明るさを一〇（または五〇または二〇〇）としたとき、他の照明の明るさに当てはまる数字を言ってください」と指示する。すると被験者は最初の明るさを参照し、言われた恣意的なアンカーに比例する数字で明るさを容易に答えられることが確かめられた。つまり最初のアンカーが二〇〇だった被験者は一〇だった被験者の二〇倍の数字を言うし、被験者の判断の標準偏差もアンカーに比例する。

第13章では、社会保険番号の最後の二桁をまず言ってもらってからワインの値決めをすると、つける値段が社会保険番号の数字に左右されるという愉快な実験結果を紹介した。さらに驚くのは、最初のアンカーがあとあとまで尾を引くことである。値決めをする品物のリストがあるとすると、最初のアイテムの値段がアンカーとなり、最後のアイテムまで影響を受ける。たとえばコードレス式トラックボールにかなりの高値をつけた被験者は、次のコードレス式キーボードにもそれに見合うような高い値段をつけやすい。人間は、品物の絶対的な価値よりも相対的な価値に敏感であるらしい。恣意的に決めた単一のアンカーがしぶとく影響をおよぼすことを指して、研究者は「恣意の一貫性（coherent arbitrariness）」と言う。[8]

ジョーンのケースで恣意的なアンカーの影響を理解するには、本章の冒頭に示したジョーン・グラバー対ゼネラル・アシスタンス訴訟の概要説明に次の文章が挿入されていたと想像してほしい。

「他の製薬会社が関与した類似の訴訟では、幼い少女が軽度のトラウマに悩まされた（ジョーンのケースの軽度の被害に相当）。この事案では、懲罰的損害賠償一五〇万ドルが科されている」

この文章があるだけで、ゼネラル・アシスタンスの懲罰の問題は突如としてはるかに容易になる。読者の頭には早くも金額がちらついているにちがいない。他の少女の被害とジョーンの被害とを対比させ、何倍かして（または比率で）金額を求めればよいのだ。軽度の被害にせよ、重度の被害にせよ、ゼロから考えるよりずっとかんたんである。

比率尺度で判断するときにアンカーが必要だとすると、それなしではどうしたらいいのか。スティーブンスはこう答える。アンカーが示されずに初めて尺度を使うときには、恣意的に選ぶほかない。するとこの最初の判断がアンカーとなり、その後は一貫して判断に影響をおよぼすことになる、と。

読者はジョーンのケースで賠償金額を決めるとき、アンカーなしに尺度を使わざるを得なかった。そこで読者は、ゼネラル・アシスタンスの払うべき懲罰的損害賠償を恣意的に決めたわけである。私たちの実験に参加した八九九人も同じだった。彼らも最初のケースでは恣意的に金額を決めた。だが彼らが判断を求められたのは一件だけではなく、一〇件である。そこで残り九件については一件目の判断がアンカーとなり、一貫性のある判断を下すことが可能になる。

スティーブンスの研究室での実験から、個人が設定したアンカーはその後の判断の絶対価値には多大な影響を与えるが、相対的な順位には何ら影響を与えないのではないかと推定できる。つまり最初の対象Aの評価が大きいとその後のB、C……の評価もそれに比例することになるが、A、B、C……間の大小関係には影響しない。この推論は驚くべき結論に行き着く。ジョーンのケースの賠償金額はひどくノイズが大きかったが、金額自体には各自の懲罰の意志が反映されていることだ。となれば、ドルで表示された絶対金額を相対的な点数表示にすれば、懲罰の意志を確かめられるはずである。

この仮説を検証するために、私たちはドル金額を各自の一〇件の金額ランキングに置き換えた。最も高い金額は一位、次の金額は二位……という具合である。こうすると、一〜一〇位の分布は実験参加者誰にとっても同じなので、個人間のエラー（レベルノイズ）は完全に排除できる（参加者は二八通りのシナリオのうち一〇件に答えたので、同じシナリオのグループごとに分析を行い、ここではその平均を報告している）。

結果は衝撃的だった。判断のノイズは、九四%から四九%に激減したのである（図14）。金額をランキングに置き換えてみると、各件に対する懲罰の度合いに関して参加者がかなりの程度一致していることがあきらかになった。[9] 現に金額ランキングのノイズは、懲罰の意志のノイズ（五一%）よりも小さかった。

## 不幸な現実

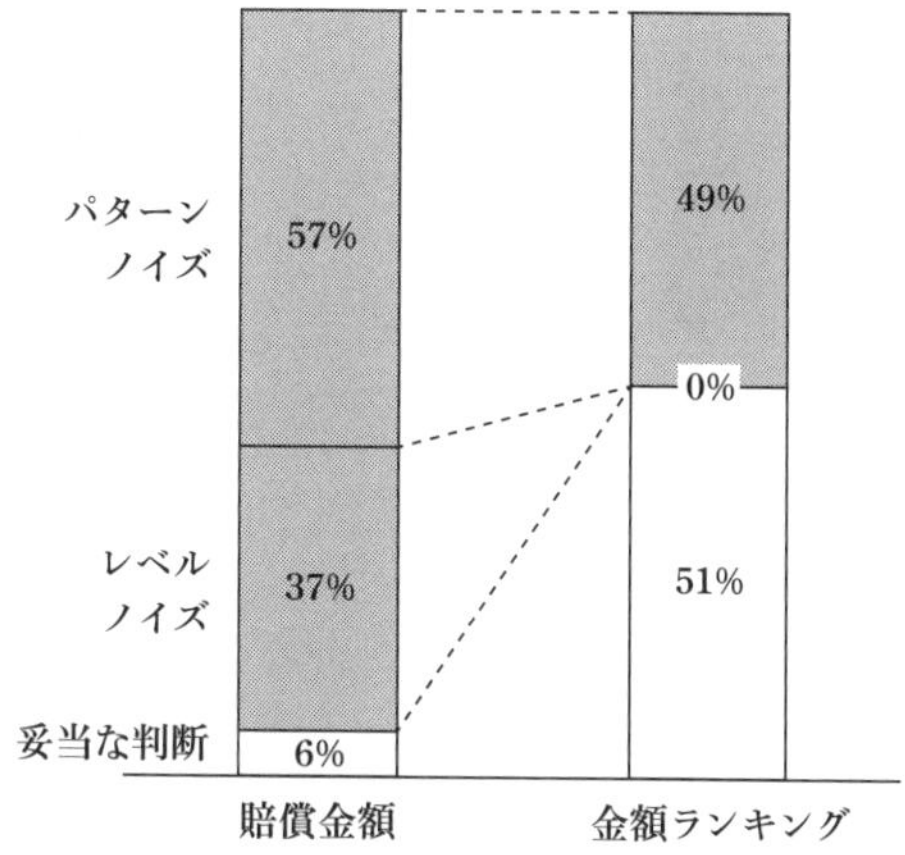


**図14：金額とランキングのノイズ**

この結果は、私たちの仮説と一致する。賠償金額はどのケースでも、一件目で下した恣意的な金額をアンカーとすることになる。一〇件の相対的な順位は判断者の意志を正確に反映しており、ノイズはきわめて小さい。とはいえ賠償金額の数字には、基本的には意味がない。二件目以降は、一件目で恣意的に選んだ金額に基づいているからだ。

残念ながら、現実の世界の陪審員は一〇件を連続的に判断するのではなく、最初で最後の一件に判断を下すことになっている。アメリカの裁判では、民事訴訟の陪審員は何ら指針となるアンカーなしに、たった一件の賠償金額を決めなければならない。他の事案の懲罰的賠償金の規模を陪審員に伝えることは法律で禁じられている。どうやら陪審員の正義感をもってすれば、原告の訴えから公正な懲罰を直接導き出せると考えているらしい。このような前提は、心理学からすれば噴飯ものだ。人間が持ち合わせていない能力を想定しているからである。司法制度は、人間にできることの限界をよくわきまえなければならない。

なるほど懲罰的賠償金の例は極端かもしれない。プロフェッショナルは、あのようにあいまいな尺度での評価を求められることはまずないだろう。そうはいっても、あいまいな尺度というものはどこにでもある。だから、懲罰的賠償金の例から引き出せる二つの教訓は、政府、企業、教育、スポーツなど幅広い分野で活かせるはずである。第一に、あいまいな尺度は大量のノイズを生むため、尺度の選択は判断のノイズ量に大きな影響を与える。第二に、絶対的な判断ではなく相対的な判断に置き換えるほうが、ノイズを減らせる可能性が高い。

## 尺度について話そう

「われわれの判断には大量のノイズがある。これは、各自の尺度の理解がちがうせいだろう」

「最初のケースがアンカーになって、ちょうど尺度上の基準点のように作用することを忘れないように」

「ノイズを減らしたければ、順位の判断に切り替えるほうがいい」

# 索 引


■アルファベット
BIN（バイアス、情報、ノイズ） ㊦ 107
BI-RADS ㊦ 124-125
DNA判定（鑑定） ㊤ 15 ㊦ 77, 81, 83-84
DSM ㊦ 126-127
GMA（一般知的能力） ㊦ 50-55, 102

■あ
アームストロング，J・スコット ㊦ 94
悪性黒色腫 ㊦ 118-119
明日はもっと貯蓄しようプラン ㊦ 63
後知恵 ㊤ 222-224 ㊦ 32-33, 249
『あなたを支配し、社会を破壊する、AI・ビッグデータの罠』（オニール） ㊦ 199
アプガー，ヴァージニア ㊦ 122, 290
アプガースコア ㊦ 122-124, 222, 255, 290-291
アプライド・サイコロジー誌 ㊦ 149
アボラヤ，アーメド ㊦ 127
アマゾンのメカニカルターク ㊦ 27
アルゴリズム ㊤ 16-17, 177, 179-180, 189-197, 205-206, 210-211, 215 ㊦ 39, 121-123, 185, 188, 198-204, 222, 253-255, 259, 261, 290-291
アンカリング効果 ㊤ 247 ㊦ 65
アンダーライター（保険引き受けの専門家） ㊤ 37, 39, 44, 46-48, 55, 60, 66, 71, 100, 117-118 ㊦ 250
安定したパターンノイズ ㊤ 14-15, 17, 23, 25, 27-30, 245, 252

■い
意思決定 ㊤ 11, 13, 56-57, 75, 97-99, 124-125, 153-154, 164, 187, 193-195, 198-199, 208-209, 211, 237, 253 ㊦ 34, 40, 43, 56-58, 61-63, 66-72, 96, 150, 158-159, 165-169, 174, 178-181, 199, 222, 229, 234, 251-253, 255, 258-259, 269, 271-272, 275, 286-287, 291
意思決定プロセス・オブザーバー ㊦ 61, 67-70, 72, 251, 272
意思決定の方法に関する調査 ㊦ 269
一致の錯覚 ㊦ 12 ㊤ 45-46, 49-51
イノセンス・プロジェクト ㊦ 84
因果的思考 ㊦ 35

■う
ウィリアムズ，トーマス ㊤ 27
ウェーバー，マックス ㊦ 233-234
『ヴェニスの商人』（シェークスピア） ㊦ 205
ウェルチ，ジャック ㊦ 137
内なるシグナル ㊤ 70, 73, 199, 208-211 ㊦ 246, 255
ウッドソン対ノースカロライナ州訴訟 ㊦ 196
『ウンコな議論』（フランクファート） ㊤ 127

■え
永遠のベータ版 ㊦ 102,104, 111
エドワード，ブル ㊤ 120

索　引

■お
オースティン，ウィリアム　㊤27
置き換えバイアス　㊤240, 252
オニール，キャシー　㊦199
オニール，シャキール　㊤115-116
オバーメイヤー，ジアド　㊤207
オバマ，バラク　㊤53, 55
「折れた足」の原則　㊤187
音楽ダウンロード　㊤137-141,147

■か
カーディー裁判　㊦233-234
カーネマン，ダニエル　㊤274 ㊦162, 165, 286-287, 289-290
ガウス，カール・フリードリヒ　㊤86-87, 89, 164, 215
科学捜査　㊤15, 17 ㊦40, 73-75, 78-79, 81, 83-85, 87-90, 256
科学捜査の確証バイアス　㊦81
確証バイアス　㊤246, 250 ㊦64-65, 79-83, 88-89, 91-92, 105
過剰な一貫性　㊤248, 250, 252-255 ㊦154, 254-255, 274
カスダン，ローレンス　㊤245-246
カッパ値　㊦116
カハナ，マイケル　㊤133-134
カブラネス，ホセ　㊤31 ㊦186
カリー，ステファン　㊤115-116
カロリー表示　㊤250-251
感情ヒューリスティック　㊤247
カント，イマニュエル　㊤128 ㊦48
ガンバルディの問題　㊤242, 259
官僚的正義　㊦229

■き
記憶力　㊤126, 130, 133-134 ㊦136
機械学習モデル　㊤180, 188-190
機械的予測　㊤164-165, 169, 193, 195, 206, 210
機会ノイズ　㊤16, 64, 112-113, 115, 118-120, 122, 125, 129, 131-135, 153, 193, 253 ㊦13-14 17, 23-24, 27-28, 30, 78-79, 83, 90-91, 94, 106, 119-120, 124, 133, 153, 184, 192, 245, 247-248, 288
気分操作　㊤125
基本的な帰属のエラー　㊦33
義務論的倫理学　㊤128
客観的無知　㊤16, 159, 198, 200, 202, 204-205, 207, 211-214, 219 ㊦99, 151, 246
強制的ランク付け（スタックランキング）　㊦137, 139-140, 142, 147
共通の規範　㊦48

■く
グーグル　㊦157-163
グッドセルの例　㊤82-85, 87, 95-96
クライアント　㊦264-265
グリーンブック　㊦62
クンセル，ネイサン　㊤49, 176-177

■け
計画の錯誤　㊤234 ㊦33, 62, 66, 275
刑事裁判　㊤15, 20, 24, 26, 28, 36, 109, 113 ㊦184, 229, 234, 240, 243, 267
ゲイツ，ビル　㊦53
ケインズ，ジョン・メイナード　㊦100
ケースバイケースの判断　㊦205, 232
結核　㊤13 ㊦118
結論バイアス　㊤245, 247, 252-253, 255
ケネディ，エドワード・M　㊤29
検査・再検査信頼性　㊤119
現状維持バイアス　㊦33, 66

検証可能な判断　㊤ 73-75 ㊦ 241
検証不可能な判断　㊤ 73
憲法　㊦ 196, 205, 222-223
倹約モデル　㊤ 184-186, 188

■こ
航空会社　㊦ 195, 227
交渉　㊤ 37-38, 126, 248
更生　㊤ 106 ㊦ 196
構造化面接　㊦ 150, 159, 161-163, 166-168, 181, 255
行動基準評価尺度　㊦ 144, 160
行動を律する　㊦ 220, 232
効用計算　㊤ 128
コーギル，ボー　㊤ 192
ゴールドバーグ，ルイス　㊤ 170-174, 176 ㊦ 14
国民投票　㊤ 141 ㊦ 100
誤差方程式　㊤ 90-92, 95-96, 98, 110
個人間信頼性　㊤ 70
個人間のエラー　㊤ 286
子供の保護　㊤ 13
コリガン，バーナード　㊤ 181-182
ゴルトン，フランシス　㊤ 121 ㊦ 75

■さ
最小二乗法　㊤ 86, 89-90, 164
裁判官　㊤ 14, 20, 23-34, 44-45, 52, 60, 77-78, 100-101, 103-113, 117, 119, 131, 186, 190-191, 194, 206, 251, 268 ㊦ 13, 16, 18-20, 24, 27, 29-31, 49, 52, 78-79, 84, 133, 172, 185, 195-196, 202, 210, 215, 233, 240, 244-245, 253
裁判官と事案の交互作用　㊤ 109
サイモンソン，ウリ　㊤ 130
採用面接　㊤ 14 ㊦ 14, 148-149, 151, 153, 155, 157-158, 169, 172
ザッカーバーグ，マーク　㊦ 53
サトパ，ヴィル　㊦ 106-108
差別　㊤ 25, 33, 96, 102, 132, 191-192 ㊦ 199-202, 208-209, 226, 235, 287
サリコフ，マラト　㊦ 107
サルガニック，マシュー　㊤ 137-140, 213
算術平均　㊤ 87-88
サンスティーン，キャス・R　㊤ 87-88
360 度評価　㊦ 132-137, 147

■し
恣意的な残虐行為　㊤ 25, 78
恣意の一貫性　㊤ 284
『ジェダイの帰還』（映画）　㊤ 245
子宮内膜症　㊦ 118
死刑　㊦ 196-197
事後方式　㊦ 61-62, 65-66, 251
自信　㊤ 46, 48, 68, 72-73, 77, 129, 136, 146, 149, 152, 154, 159, 167, 198-204, 208-209, 219, 226, 239, 243, 253, 259, 265 ㊦ 12-13, 16, 20, 33-34, 49-50, 57, 59, 64-66, 77, 94, 105, 156, 181, 246, 249-250, 254-255
自信過剰　㊦ 33-34, 57, 64-66, 94, 105, 246, 249
システム１　㊤ 230, 233, 246, 262-263, 265, 268, 279 ㊦ 11, 56, 278
システム２　㊦ 56 ㊤ 225, 246-265, 279
システムノイズ　㊤ 46, 48, 68, 72-73, 77, 129, 136, 146, 149, 152, 154, 159, 167, 198-204, 208-209, 219, 226, 239, 243, 253, 259, 265 ㊦ 12-13, 16, 20, 33-34, 49-50, 57, 59, 64-66, 77, 94, 105, 156, 181, 246, 249-250, 254-255
事前方式　㊦ 61-63, 66, 251
事前ミーティング　㊦ 268
自分の中の群衆　㊤ 122-123

シミュレーション　㊦ 29, 266
指紋鑑定　㊦ 74, 77-78, 80, 84-86, 90-91, 243
社会的影響　㊤ 24, 138, 139, 141, 144, 149, 151 ㊦ 175
社会的望ましさのバイアス　㊦ 246
尺　度　㊤ 60, 231, 257, 259, 261, 270-272, 274-276, 279-285, 288 ㊦ 25-26, 41-42, 56, 58-59, 106, 127, 130-131, 133, 138, 142-147, 159-160, 178-180, 190, 211, 244, 247-248, 257
重回帰分析　㊤ 170, 180-181 ㊦ 109
修正した予測　㊦ 281
シュカーデ，デービッド　㊤ 274
障害マトリクス　㊦ 228
情報カスケード　㊦ 108, 175 ㊤ 144-145, 147-148
情報の不完全性　㊤ 202
小惑星ケレス　㊤ 89-90
ジョブズ，スティーブ　㊦ 53
人工知能（AI）　㊤ 164, 179 ㊦ 39, 121
人事評価　㊤ 14, 17, 106, 156, 161-162, 164, 175-176, 201, 208, 275 ㊦ 41-42, 130-135, 137-138, 141-143, 145-147, 150, 157, 184, 193, 197, 216, 243
人種差別　㊤ 102, 191 ㊦ 199, 202
心臓病　㊤ 13 ㊦ 117
診断ガイド　㊦ 112, 115, 124, 126, 128, 255
診断精度　㊦ 117, 119, 128
心理的バイアス　㊤ 234, 236-237, 252-255 ㊦ 33-34, 39, 64, 66-67, 74, 107, 151, 247

■す

優れた判断力プロジェクト　㊦ 97, 101, 108
スコープ無反応性　㊤ 236
スティーブンス，S・S　㊤ 283-285
スティス，ケイト　㊤ 31 ㊦ 186
ストレス　㊤ 129, 253 ㊦ 120, 148
スリーストライク・ルール　㊦ 196, 229
スロヴィック，ポール　㊤ 247

■せ

正規分布（ガウス分布）　㊤ 82-85, 99, 105 ㊦ 141, 146, 242
政治的立場　㊤ 237
政治評論家　㊤ 74
脆弱な家庭と子供の幸福に関する調査　㊤ 213, 217
正常の谷　㊤ 212, 221-224, 226-227 ㊦ 32
精神医学　㊦ 121, 125-127
成人意思決定能力尺度　㊦ 56
制度　㊤ 20, 24, 29, 36, 275-276, 279, 288 ㊦ 141, 143, 145-147, 158, 184, 186, 189, 194, 196, 208, 211-214, 233-236, 261
世界人権宣言　㊦ 223, 234, 236
セカンドオピニオン　㊦ 91, 114, 121
積極的に開かれた思考態度　㊦ 58, 104, 250
絶対的な判断　㊤ 270, 288 ㊦ 257, 273
絶対的な評価　㊦ 145, 171, 179
セリエ，アンヌ・ロール　㊦ 65
1984 年量刑改革法　㊤ 29
線形回帰モデル　㊤ 164, 166, 169, 172-173, 176, 179-180 ㊦ 124
線形モデル（単純なモデル）　㊤ 164, 180-181, 187, 189-190, 196, 215 ㊦ 247
センタースコア　㊦ 124
全体としての一貫性　㊦ 12
選択的な注意と選択的な記憶　㊤ 69
『専門家の政治的判断』（テトロック）㊤ 203
専門家の判断　㊦ 58, 76, 79, 83, 121, 286
戦略的選択肢　㊤ 76-77 ㊦ 166-167

■そ
総合判断は最後に行う　㊦ 158, 161-162
相互評価　㊤ 182
創造性　㊤ 68 ㊦ 51, 180, 189, 215-219, 252
相対的な判断　㊤ 269, 288 ㊦ 137, 178, 257, 273
相対評価　㊦ 138, 141-142, 257
ソーシャルメディア　㊦ 194, 203, 225
測定　㊤ 86, 90 ㊦ 50, 75, 105
素朴実在論　㊤ 47

■た
ダートマス・アトラス・プロジェクト　㊦ 115
大統領科学技術諮問会議（PCAST）　㊦ 85, 87, 89
宝くじ　㊤ 14, 42 ㊦ 246
妥当性の錯覚　㊤ 167-168, 174, 208, 263
多様性　㊤ 42-43, 144, 192 ㊦ 16, 110-111, 273
段階的情報管理　㊦ 89
単純なモデル　㊤ 164, 169, 175, 177, 180, 193, 196
単純なルール　㊤ 156, 164, 172, 177, 180, 184, 188, 193, 196, 206 ㊦ 195, 247

■ち
知性　㊤ 60, 64, 134, 230, 256 ㊦ 50, 130-131, 237, 250
中央値　㊤ 41, 44, 87, 121, 150, 206, 278
超予測者　㊤ 205 ㊦ 102-105, 108, 111
直感　㊤ 17, 57, 87-89, 93-94, 156-158, 166, 168, 172, 181, 194, 198-199, 208-211, 233, 246, 260, 262-263, 265-266, 268, 278, 283 ㊦ 17, 35, 56, 58, 62, 90, 103, 149, 161-162, 164, 177, 179-180, 182, 184, 186, 197, 202, 227, 230, 241, 248-249, 255-257, 276-278, 280-281, 286-287, 290

■て
定着した知的能力　㊦ 51
デタラメ受容性　㊤ 127
テトロック，フィリップ　㊤ 203-205 ㊦ 97-99, 102, 104-107
デルファイ法　㊦ 96-97, 175, 180
天気　㊤ 112, 126, 130, 132, 134-135 ㊦ 58, 90, 96

■と
統計的バイアス　㊤ 96, 230, 234, 237, 252, 255 ㊦ 66, 107, 247, 270
統合　㊤ 143, 150 ㊦ 41, 43, 82, 93, 95-97, 105-106, 108-110, 121, 126, 135, 153, 156-158, 161, 175-176, 179, 190, 198, 212, 214, 223, 247, 254, 256, 259, 261
道徳，道徳性　㊤ 128-129, 259 ㊦ 48, 205, 210, 212, 219
道徳的価値観　㊤ 129 ㊦ 210, 212, 219
透明性　㊤ 186 ㊦ 201
ドーズ，ロビン　㊤ 180-184
特許審査　㊤ 15 ㊦ 26, 250
トドロフ，アレクサンダー　㊦ 27, 29
賭博者の錯誤　㊤ 131
トレーニング　㊤ 188-189, 191-192, 215 ㊦ 143-146, 200, 259
ドレフュス，アルフレド　㊦ 75
ドロール，イティエル　㊦ 78-81, 83, 86-89
トロッコ問題　㊤ 128

■な
ナッジ　㊦ 62-63, 65, 70
ナッシュ，スティーブ　㊤ 115-116
難民認定　㊤ 14, 28, 253

■に
乳癌診断　㊦ 122
乳癌のマンモグラフィ診断　㊦ 119
認知スタイル　㊦ 54, 57-60, 104, 250
認知バイアス　㊤ 74, 131, 202 ㊦ 56, 88, 94, 235, 249
認知反射テスト（CRT）　㊦ 55-56

■の
ノイズ検査　㊤ 16, 18, 21, 37, 40-41, 44-47, 49, 51-52, 66, 79, 82, 84-85, 94-96, 100-102, 105, 112-113, 132, 274, 280 ㊦ 24, 26-27, 38, 78-79, 87, 90, 184, 193, 228, 241, 251, 260-261, 263-267, 269, 271
ノイズ削減　㊤ 57, 93 ㊦ 43, 108, 121, 124-125, 127-128, 144-145, 165, 186-187, 189, 191-192, 194-197, 202-203, 206-208, 211-212, 216-217, 229, 244, 251, 259-260
脳の働きにおける内因性のばらつき　㊤ 134

■は
ハーシュマン，アルバート　㊦ 194
パーセント一致率（PC）　㊤ 156, 158, 163, 166-167, 171, 174, 182-185, 201, 206, 210, 215, 227, 277 ㊦ 18, 51, 151-152, 161
バイアスの排除　㊤ 93 ㊦ 61-62, 72
バイアスの盲点　㊦ 67, 88
媒介評価プロトコル（MAP）　㊤ 17 ㊦ 165-166, 168, 178-181, 190, 198, 223, 255-256
賠償金額　㊤ 150-151, 276, 280-283, 285-287 ㊦ 25
陪審員による法の無視　㊦ 229
ハヴェル，ヴァーツラフ　㊦ 195
白衣シンドローム　㊦ 113
パシュラー，ハロルド　㊤ 120-124
外れ値　㊤ 48 ㊦ 281
パターンエラー　㊤ 108 ㊦ 13-15, 17
パターンノイズ　㊤ 107-113, 153, 174, 190-191, 280, 282 ㊦ 12-17, 20, 23-30, 36, 106, 110, 126, 133, 139, 152, 244-245, 248, 252-253, 270
ハラン，ウリエル　㊦ 57
ハルパーン批判的思考評価　㊦ 57
ハロー効果　㊤ 250, 253 ㊦ 136, 139, 172
バロン，ジョナサン　㊦ 58
ハワード，フィリップ　㊦ 217-218
判決　㊤ 23, 25, 27-28, 32-33, 112, 179 ㊦ 18, 46, 84, 94, 98, 208-210, 238
反実仮想思考　㊤ 56-57
判断ハイジーン　㊤ 17 ㊦ 40, 42-43, 61, 70-72, 74, 89-90, 95, 108, 110, 114, 135, 139, 157-158, 165, 179-181, 186-187, 191, 193, 198, 209, 217, 231, 251, 255, 257-259, 261, 271
『反動のレトリック』（ハーシュマン）　㊦ 194
反応尺度　㊤ 274

■ひ
非回帰的エラー　㊤ 265
ピタゴラスの定理　㊤ 91-92 ㊦ 14
ビッグファイブ理論　㊤ 170 ㊦ 18
ヒューマンライツ・ファースト（人権擁護委員会）　㊤ 24
ヒューリスティック　㊤ 243, 247 ㊦ 49
標準偏差　㊤ 63, 83-85, 91, 103-106, 284 ㊦ 242
病理学　㊦ 116, 118-119, 122
比率尺度　㊤ 283-285
疲労　㊤ 129, 153 ㊦ 120

■ふ
『ファスト＆スロー』（カーネマン）㊤225, 230, 233㊦162
ブースティング　㊦63, 65, 70
フェイスブック　㊦194, 225-226
フォーガス，ジョセフ　㊤125-126
フォールズ，ヘンリー　㊦75
不確実性　㊤39, 65, 72, 167, 201-202, 208, 224㊦12, 151, 219
複雑な判断の構造化　㊦42, 158, 217
不適切な線形モデル　㊤180-181
ブライア，グレン・W　㊦100
ブライア・スコア　㊦100-101, 106
ブライヤー，スティーブン　㊤30
フランクファート，ハリー　㊤127
フランケル，マービン　㊤24-26, 29-30, 32-34, 45, 76, 78, 101-102, 105, 195㊦184, 195
フリースロー　㊤115-117, 134-135
プロジェクトチーム　㊤234㊦62, 65, 264, 266, 268, 270-271
プロジェクトマネジャー　㊦266
プロパブリカ　㊦199
分解度　㊦101
分割統治法　㊦254

■へ
平均二乗誤差（MSE）㊤86, 88, 89-91, 94-96, 98, 163, 215㊦22, 23, 32, 95, 101, 240-242, 281
平均絶対偏差（MAD）㊤104-105㊦27
平均への回帰　㊤265㊦275, 277, 280-281
ペニークック，ゴードン　㊤127
ヘルツォーク，ステファン　㊤122-124
ベルティヨン，アルフォンス　㊦75
ヘルトヴィヒ，ラルフ　㊤122-124
偏見　㊤25, 33, 96, 106, 237㊦75, 199, 249, 274, 287
ベンサム，ジェレミー　㊤128㊦48
弁証法的自助努力　㊤123

■ほ
放射線　㊤179㊦46, 115-116, 119, 122, 124, 241, 245
北米プロバスケットボールリーグ（NBA）㊤115
保険会社　㊤20-21, 36-42, 44-46, 49-50, 66-67, 84, 97, 100, 254㊦16, 25, 48, 52, 78, 197, 225, 238, 240, 243, 261, 265, 267, 288
保険会社の損害査定担当　㊤20, 38, 254㊦49, 265
保釈の決定　㊤188
ボック，ラズロ　㊦157-158, 284
ホフマン，ポール　㊤170

■ま
マーク，プライス　㊤115
マクラナハン，サラ　㊤213
マショー，ジェリー　㊦229
『マネー・ボール』（マイケル・ルイス）㊤194
魔法の数は七　㊤267

■み
ミール，ポール　㊤165-169, 172, 178, 187, 194, 209
ミニ・デルファイ法　㊦97

■む
ムーア，ドン　㊦98
ムクニック，レブ　㊤142-143
無知の否定　㊤208-209, 211

ムッライナタン，センディル　㊤188-190, 207

■め
メイシー，マイケル　㊤141
メイフィールド，ブランドン　㊦73-74, 77, 82, 85, 87-88
メラーズ，バーバラ　㊤205　㊦57, 97, 106-107

■も
モアウェッジ，キャリー　㊦64

■や
ヤング，クリスタル　㊤32

■ゆ
ユー，マーティン　㊤176-177

■よ
抑止力　㊦189
予測市場　㊦96
予測的判断　㊤16-17, 63, 70-71, 76-78, 80, 94, 96-99, 156, 161, 167, 174-177, 196, 198, 200, 202, 206, 263 ㊦41, 57-58, 94, 240, 246
『予測の原理』（アームストロング）　㊦94

■ら
ラフラー，ジョー・キャロル　㊦208-209
ラムジ＝ノガレス，ジャヤ　㊤132
ランキング　㊤138-140, 142, 269, 286-287 ㊦15, 137-139, 267

■り
リープリッヒ，サミュエル　㊦127
リスク回避　㊦214
リスペクト専門家　㊦46-50, 54, 58
リトフ，イレーナ　㊦57
利用可能性ヒューリスティック　㊤243
臨床的および機械的予測　㊤164-166, 206
臨床的判断　㊤162-163, 166, 168, 171, 177, 181, 194

■る
ルイス，マイケル　㊤194
ルーカス，ジョージ　㊤245-247
ルールと規範　㊦221, 224-225, 227, 231-232, 235

■れ
レベル合わせ　㊤230, 256-257, 259-262, 264-266, 268, 270-271, 279　㊦10, 138, 248, 276-277, 280-281
レベルエラー　㊤106-107 ㊦16
レベルノイズ　㊤105, 107, 110-113, 153, 190-191, 193, 280, 282, 286-287 ㊦23-26, 28-31, 130, 133, 139, 147, 196, 244, 270
連邦量刑委員会　㊤29, 102

■ろ
ローゼンツワイグ，フィル　㊦34
ローン審査　㊤131

■わ
『ワーク・ルールズ！』（ボック）　㊦157
ワイナー，ハワード　㊤183
ワイン品評会　㊤66, 76, 117

# 原 注

## 序章

1 スイスの数学者ダニエル・ベルヌーイは推定問題に関する論文で、射撃ではなく弓と矢を使って論じた。Bernoulli, "The Most Probable Choice Between Several Discrepant Observations and the Formation Therefrom of the Most Likely Induction," *Biometrika* 48, no. 1–2 (June 1961): 3–18, https://doi.org/10.1093/biomet/48.1–2.3.
2 Joseph J. Doyle Jr., "Child Protection and Child Outcomes: Measuring the Effects of Foster Care," *American Economic Review* 95, no. 5 (December 2007): 1583–1610.
3 Stein Grimstad and Magne Jørgensen, "Inconsistency of Expert Judgment-Based Estimates of Software Development Effort," *Journal of Systems and Software* 80, no. 11 (2007): 1770–1777.
4 Andrew I. Schoenholtz, Jaya Ramji-Nogales, and Philip G. Schrag, "Refugee Roulette: Disparities in Asylum Adjudication," *Stanford Law Review* 60, no. 2 (2007).
5 Mark A. Lemley and Bhaven Sampat, "Examiner Characteristics and Patent Office Outcomes," *Review of Economics and Statistics* 94, no. 3 (2012): 817–827. See also Iain Cockburn, Samuel Kortum, and Scott Stern, "Are All Patent Examiners Equal? The Impact of Examiner Characteristics," working paper 8980, June 2002, www.nber.org/papers/w8980; and Michael D. Frakes and Melissa F. Wasserman, "Is the Time Allocated to Review Patent Applications Inducing Examiners to Grant Invalid Patents? Evidence from Microlevel Application Data," *Review of Economics and Statistics* 99, no. 3 (July 2017): 550–563.

## 第1章

1 Marvin Frankel, *Criminal Sentences: Law Without Order*, 25 Inst. for Sci. Info. Current Contents / Soc. & Behavioral Scis.: This Week's Citation Classic 14, 2A-6 (June 23, 1986), available at http://www.garfield.library.upenn.edu/classics1986/A1986C697400001.pdf.
2 Marvin Frankel, *Criminal Sentences: Law Without Order* (New York: Hill and Wang, 1973), 5.

3 Frankel, *Criminal Sentences*, 103.
4 Frankel, 5.
5 Frankel, 11.
6 Frankel, 114.
7 Frankel, 115.
8 Frankel, 119.
9 Anthony Partridge and William B. Eldridge, *The Second Circuit Sentence Study: A Report to the Judges of the Second Circuit August 1974* (Washington, DC: Federal Judicial Center, August 1974), 9.
10 US Senate, "Comprehensive Crime Control Act of 1983: Report of the Committee on the Judiciary, United States Senate, on S. 1762, Together with Additional and Minority Views" (Washington, DC: US Government Printing Office, 1983). Report No. 98–225.
11 Anthony Partridge and Eldridge, *Second Circuit Sentence Study*, A-11.
12 Partridge and Eldridge, *Second Circuit Sentence Study*, A-9.
13 Partridge and Eldridge, A-5–A-7.
14 William Austin and Thomas A. Williams III, "A Survey of Judges' Responses to Simulated Legal Cases: Research Note on Sentencing Disparity," *Journal of Criminal Law & Criminology* 68 (1977): 306.
15 John Bartolomeo et al., "Sentence Decisionmaking: The Logic of Sentence Decisions and the Extent and Sources of Sentence Disparity," *Journal of Criminal Law and Criminology* 72, no. 2 (1981).（くわしくは第６章を参照されたい）See also Senate Report, 44.
16 Shai Danziger, Jonathan Levav, and Liora Avnaim-Pesso, "Extraneous Factors in Judicial Decisions," *Proceedings of the National Academy of Sciences of the United States of America* 108, no. 17 (2011): 6889–92.
17 Ozkan Eren and Naci Mocan, "Emotional Judges and Unlucky Juveniles," *American Economic Journal: Applied Economics* 10, no. 3 (2018): 171–205.
18 Daniel L. Chen and Markus Loecher, "Mood and the Malleability of Moral Reasoning: The Impact of Irrelevant Factors on Judicial Decisions," *SSRN Electronic Journal* (September 21, 2019): 1–70, http://users.nber.org/dlchen/papers/Mood_and_the_Malleability _of_Moral_Reasoning.pdf.
19 Daniel L. Chen and Arnaud Philippe, "Clash of Norms: Judicial Leniency on Defendant Birthdays," (2020) available at SSRN: https://ssrn.com/abstract=3203624.
20 Anthony Heyes and Soodeh Saberian, "Temperature and Decisions: Evidence from 207,000 Court Cases," *American Economic Journal: Applied Economics* 11, no. 2 (2018): 238–265.
21 Senate Report, 38.

22 Senate Report, 38.
23 以下で引用された：Jeffrey Rosen, "Breyer Restraint," *New Republic*, July 11, 1994, at 19, 25.
24 United States Sentencing Commission, Guidelines Manual (2018), www.ussc.gov/sites/default/files/pdf/guidelines-manual/2018/GLMFull.pdf.
25 James M. Anderson, Jeffrey R. Kling, and Kate Stith, "Measuring Interjudge Sentencing Disparity: Before and After the Federal Sentencing Guidelines," *Journal of Law and Economics* 42, no. S1 (April 1999): 271–308.
26 US Sentencing Commission, *The Federal Sentencing Guidelines: A Report on the Operation of the Guidelines System and Short-Term Impacts on Disparity in Sentencing, Use of Incarceration, and Prosecutorial Discretion and Plea Bargaining*, vols. 1 & 2 (Washington, DC: US Sentencing Commission, 1991).
27 Anderson, Kling, and Stith, "Interjudge Sentencing Disparity."
28 Paul J. Hofer, Kevin R. Blackwell, and R. Barry Ruback, "The Effect of the Federal Sentencing Guidelines on Inter-Judge Sentencing Disparity," *Journal of Criminal Law and Criminology* 90 (1999): 239, 241.
29 Kate Stith and José Cabranes, *Fear of Judging: Sentencing Guidelines in the Federal Courts* (Chicago: University of Chicago Press, 1998), 79.
30 543 U.S. 220 (2005).
31 US Sentencing Commission, "Results of Survey of United States District Judges, January 2010 through March 2010" (June 2010) (question 19, table 19), www.ussc.gov/sites/default/files/pdf/research-and-publications/research-projects-and-surveys/surveys/20100608_Judge_Survey.pdf.
32 Crystal Yang, "Have Interjudge Sentencing Disparities Increased in an Advisory Guidelines Regime? Evidence from Booker," *New York University Law Review* 89 (2014): 1268–1342; pp. 1278, 1334.

**第2章**

1 保険会社のエグゼクティブが、担当者が日々扱っているものとよく似た代表的なケースを用意してくれた。不動産・災害専門の損害査定担当者用に6件、金融リスク専門の引受担当者用に4件である。検査参加者には営業日に半日のオフが与えられ、各自2件か3件の評価を行った。評価は必ず1人で行うよう指示された。検査の目的が判断のばらつきを調べるためであることは伏せられた。検査の結果、48人の引受担当者による判断86件、68人の損害査定担当者による判断113件を入手することができた。
2 Dale W. Griffin and Lee Ross, "Subjective Construal, Social Inference, and Human Misunderstanding," *Advances in Experimental Social Psychology* 24

(1991): 319–359; Robert J. Robinson, Dacher Keltner, Andrew Ward, and Lee Ross, "Actual Versus Assumed Differences in Construal: 'Naive Realism' in Intergroup Perception and Conflict," *Journal of Personality and Social Psychology* 68, no. 3 (1995): 404; and Lee Ross and Andrew Ward, "Naive Realism in Everyday Life: Implications for Social Conflict and Misunderstanding," *Values and Knowledge* (1997).

**第2部**

1 標準偏差は、分散（数値データのばらつき具合）と呼ばれる別の統計量から導き出される。分散を計算するには、平均からの偏差の分布を知り、次にそれぞれの偏差の二乗を計算する。分散は二乗した偏差の平均であり、標準偏差は分散の平方根である。

**第4章**

1 R. T. Hodgson, "An Examination of Judge Reliability at a Major U.S. Wine Competition," *Journal of Wine Economics* 3, no. 2 (2008): 105–113.
2 意思決定の専門家の中には、意思決定とは複数の選択肢の中から選ぶことだと定義し、定量的な判断は、可能な選択肢が連続的であるような特殊なケースだとみなす人もいる。この見方では、判断は意思決定の特殊なケースということになる。だが私たちのアプローチはこれとはちがう。私たちは、意思決定とは各選択肢についての評価的判断に基づいて選ぶことだと考える。つまり私たちの見方では、意思決定は判断の特殊ケースである。

**第5章**

1 最小二乗法を最初に発表したのは、フランスの数学者アドリアン＝マリ・ルジャンドルで、1805年のことである。ガウスは、自分は10年以上前に使っていたと主張し、のちにこの方法を活用して誤差論と誤差曲線を開発し、誤差曲線にはガウスの名が付けられている。どちらが先だったかは長らく論争の的になってきたが、歴史学者はガウスの主張を認める傾向にあるようだ。(Stephen M. Stigler, "Gauss and the Invention of Least Squares," *Annals of Statistics* 9 [1981]: 465–474; and Stephen M. Stigler, *The History of Statistics: The Measurement of Uncertainty Before 1900* [Cambridge, MA: Belknap Press of Harvard University Press, 1986]).
2 私たちは、ノイズを誤差の標準偏差と定義している。したがって、ノイズの二乗は誤差の分散ということになる。分散は、「二乗の平均から平均の二乗を差し引いたもの」と定義される。平均誤差はバイアスであるから、

「平均の二乗」はバイアスの二乗となる。よって、（ノイズ）$^2$ = MSE − （バイアス）$^2$となる。

3 Berkeley J. Dietvorst and Soaham Bharti, "People Reject Algorithms in Uncertain Decision Domains Because They Have Diminishing Sensitivity to Forecasting Error," *Psychological Science* 31, no. 10 (2020): 1302–1314.

第6章

1 Kevin Clancy, John Bartolomeo, David Richardson, and Charles Wellford, "Sentence Decisionmaking: The Logic of Sentence Decisions and the Extent and Sources of Sentence Disparity," *Journal of Criminal Law and Criminology* 72, no. 2 (1981): 524–554; and INSLAW, Inc. et al., "Federal Sentencing: Towards a More Explicit Policy of Criminal Sanctions III-4," (1981).

2 量刑は、懲役、禁錮、罰金いずれの組み合わせでもよいとした。分析にあたっては、単純化のため、懲役年数に焦点を合わせ、禁錮と罰金は棚上げしている。

3 複数のケース＋複数の判断者になると、第5章で紹介した誤差方程式にこの分散を反映した項を取り込む必要が出てくる。具体的には、すべてのケースについての平均誤差をグランドバイアスと定義し、誤差がケースごとにちがうと前提すると、ケースバイアスの分散が存在することになる。よって、方程式は次のようになる：
MSE = （グランドバイアス）$^2$ + （ケースバイアスの分散） + （システムノイズ）$^2$.

4 本章で扱った数字は、以下のもとの調査に基づいている。
まず、調査報告では分散の45%は犯罪および犯罪者に起因するとしている（John Bartolomeo et al., "Sentence Decisionmaking: The Logic of Sentence Decisions and the Extent and Sources of Sentence Disparity," *Journal of Criminal Law and Criminology* 72, no. 2 [1981], table 6）。しかし私たちは、裁判官に提示されるすべての情報（犯罪歴、武器の使用など）を含めた各事案の影響に関心があった。私たちの定義では、こうした特徴はすべて事案由来のケース分散（true case variance）の一部であって、ノイズではない。このため私たちはケース分散における各事案の特徴同士の相互作用を再統合した（これらは分散合計の11%を占めた。Bartolomeo et al., table 10を参照されたい）。その結果、ケース分散の比率は56%、裁判官の影響（レベルノイズ）は21%、分散合計における相互作用は23%となった。したがってシステムノイズは分散合計の44%ということになる。

適正な量刑の分散は、Bartolomeo et al., 89にある各事案の平均量刑を列挙した表から計算することができる。すると、分散は15となる。これが分

散合計の56%に当たるとすれば、分散合計は26.79、システムノイズの分散は11.79となる。すでに述べたように分散の平方根が標準偏差であり、これは3.4年となる。

裁判官による主な影響すなわちレベルノイズは、分散合計の21%である。その平方根が裁判官のレベルノイズの標準偏差ということになり、これは2.4年となる。

5 この3.4年という数字は、16事案の量刑について分散の平均を求め、平方根を計算したものである。注4を参照されたい。

6 足し算としたのは、厳しめの裁判官は懲役につねに一定年数を足すとの仮定からである。しかしこの仮定は正しくない可能性がある。おそらく、平均量刑に比例する年数だけ足す可能性のほうが高いだろう。この問題はもとの報告では無視されており、この点の重要性を評価する術はない。

7 Bartolomeo et al., “Sentence Decisionmaking,” 23.

8 次の等式が成り立つ：

$$(\text{システムノイズ})^2 = (\text{レベルノイズ})^2 + (\text{パターンノイズ})^2.$$

表は、システムノイズは3.4年、レベルノイズは2.4年であることを示している。計算は理解の助けとなるために掲げたもので、実際の数値は丸め誤差により多少ちがう。

## 第7章

1 See http://www.iweblists.com/sports/basketball/FreeThrow Percent_c.html, consulted Dec. 27, 2020.

2 See https://www.basketball-reference.com/players/o/onealsh01.html, consulted Dec. 27, 2020.

3 R. T. Hodgson, “An Examination of Judge Reliability at a Major U.S. Wine Competition,” *Journal of Wine Economics* 3, no. 2 (2008): 105–113.

4 Stein Grimstad and Magne Jørgensen, “Inconsistency of Expert Judgment-Based Estimates of Software Development Effort,” *Journal of Systems and Software* 80, no. 11 (2007): 1770–1777.

5 Robert H. Ashton, “A Review and Analysis of Research on the Test–Retest Reliability of Professional Judgment,” *Journal of Behavioral Decision Making* 294, no. 3 (2000): 277–294. なお著者は、分析した41件の調査のうち、機会ノイズの評価を目的としたものは1つもなかったと書き添えている。「どのケースも、信頼性の計測が行われたのは他の調査目的の副産物にすぎなかった」（Ashton, 279）。となれば、機会ノイズに関心が持たれるようになったのは比較的最近だということになる。

6 Central Intelligence Agency, *The World Factbook* (Washington, DC: Central Intelligence Agency, 2020). 引用した数字には、空から認識できるすべての

空港および飛行場が含まれる。滑走路は舗装・未舗装を含み、閉鎖または放置された施設も含む。

7 Edward Vul and Harold Pashler, "Crowd Within: Probabilistic Representations Within Individuals."

8 James Surowiecki, *The Wisdom of Crowds: Why the Many Are Smarter Than the Few and How Collective Wisdom Shapes Business, Economies, Societies, and Nations* (New York: Doubleday, 2004).（ジェームズ・スロウィッキー『群衆の智慧』小高尚子訳、角川 EPUB 選書、2014 年）

9 判断の平均の標準偏差（私たちの定義によるノイズ）は、判断件数の平方根に比例して減少する。

10 Vul and Pashler, "Crowd Within," 646.

11 Stefan M. Herzog and Ralph Hertwig,"Think Twice and Then: Combining or Choosing in Dialectical Bootstrapping?," *Journal of Experimental Psychology: Learning, Memory, and Cognition* 40, no. 1 (2014): 218–232.

12 Vul and Pashler, "Crowd Within," 647.

13 Joseph P. Forgas, "Affective Influences on Interpersonal Behavior," *Psychological Inquiry* 13, no. 1 (2002): 1–28.

14 Forgas, "Affective Influences," 10.

15 A. Filipowicz, S. Barsade, and S. Melwani, "Understanding Emotional Transitions: The Interpersonal Consequences of Changing Emotions in Negotiations," *Journal of Personality and Social Psychology* 101, no. 3 (2011): 541–556.

16 Joseph P. Forgas, "She Just Doesn't Look like a Philosopher...? Affective Influences on the Halo Effect in Impression Formation," *European Journal of Social Psychology* 41, no. 7 (2011): 812–817.

17 Gordon Pennycook, James Allan Cheyne, Nathaniel Barr, Derek J. Koehler, and Jonathan A. Fugelsang, "On the Reception and Detection of Pseudo-Profound Bullshit," *Judgment and Decision Making* 10, no. 6 (2015): 549–563.

18 Harry Frankfurt, *On Bullshit* (Princeton, NJ: Princeton University Press, 2005).（ハリー・G・フランクファート『ウンコな議論』山形浩生訳、ちくま学芸文庫、2016 年）

19 Pennycook et al., "Pseudo-Profound Bullshit," 549.

20 Joseph P. Forgas, "Happy Believers and Sad Skeptics? Affective Influences on Gullibility," *Current Directions in Psychological Science* 28, no. 3 (2019): 306–313.

21 Joseph P. Forgas, "Mood Effects on Eyewitness Memory: Affective Influences on Susceptibility to Misinformation," *Journal of Experimental Social Psychology* 41, no. 6 (2005): 574–588.

22 Piercarlo Valdesolo and David Desteno, "Manipulations of Emotional Context Shape Moral Judgment," *Psychological Science* 17, no. 6 (2006): 476–477.

23 Hannah T. Neprash and Michael L. Barnett, "Association of Primary Care Clinic Appointment Time with Opioid Prescribing," *JAMA Network Open* 2, no. 8 (2019); Lindsey M. Philpot, Bushra A. Khokhar, Daniel L. Roellinger, Priya Ramar, and Jon O. Ebbert, "Time of Day Is Associated with Opioid Prescribing for Low Back Pain in Primary Care," *Journal of General Internal Medicine* 33 (2018): 1828.

24 Jeffrey A. Linder, Jason N. Doctor, Mark W. Friedberg, Harry Reyes Nieva, Caroline Birks, Daniella Meeker, and Craig R. Fox, "Time of Day and the Decision to Prescribe Antibiotics," *JAMA Internal Medicine* 174, no. 12 (2014): 2029–2031.

25 Rebecca H. Kim, Susan C. Day, Dylan S. Small, Christopher K. Snider, Charles A. L. Rareshide, and Mitesh S. Patel, "Variations in Influenza Vaccination by Clinic Appointment Time and an Active Choice Intervention in the Electronic Health Record to Increase Influenza Vaccination," *JAMA Network* Open 1, no. 5 (2018): 1–10.

26 記憶に関しては、以下を参照されたい。Joseph P. Forgas, Liz Goldenberg, and Christian Unkelbach, "Can Bad Weather Improve Your Memory? An Unobtrusive Field Study of Natural Mood Effects on Real-Life Memory," *Journal of Experimental Social Psychology* 45, no. 1 (2008): 254–257. For comment on sunshine, see David Hirshleifer and Tyler Shumway, "Good Day Sunshine: Stock Returns and the Weather," *Journal of Finance* 58, no. 3 (2003): 1009–1032.

27 Uri Simonsohn, "Clouds Make Nerds Look Good: Field Evidence of the Impact of Incidental Factors on Decision Making," *Journal of Behavioral Decision Making* 20, no. 2 (2007): 143–152.

28 Daniel Chen et al., "Decision Making Under the Gambler's Fallacy: Evidence from Asylum Judges, Loan Officers, and Baseball Umpires," *Quarterly Journal of Economics* 131, no. 3 (2016): 1181–1242.

29 Jaya Ramji-Nogales, Andrew I. Schoenholtz, and Philip Schrag, "Refugee Roulette: Disparities in Asylum Adjudication," *Stanford Law Review* 60, no. 2 (2007).

30 Michael J. Kahana et al., "The Variability Puzzle in Human Memory," *Journal of Experimental Psychology: Learning, Memory, and Cognition* 44, no. 12 (2018): 1857–1863.

## 第8章

1 Matthew J. Salganik, Peter Sheridan Dodds, and Duncan J. Watts, "Experimental Study of Inequality and Unpredictability in an Artificial Cultural Market," *Science* 311 (2006): 854–856. See also Matthew Salganik and Duncan Watts, "Leading the Herd Astray: An Experimental Study of Self-Fulfilling Prophecies in an Artificial Cultural Market," *Social Psychology Quarterly* 71 (2008): 338–355; and Matthew Salganik and Duncan Watts, "Web-Based Experiments for the Study of Collective Social Dynamics in Cultural Markets," *Topics in Cognitive Science* 1 (2009): 439–468.
2 Salganik and Watts, "Leading the Herd Astray."
3 Michael Macy et al., "Opinion Cascades and the Unpredictability of Partisan Polarization," *Science Advances* (2019): 1–8. See also Helen Margetts et al., *Political Turbulence* (Princeton: Princeton University Press, 2015).
4 Michael Macy et al., "Opinion Cascades."
5 Lev Muchnik et al., "Social Influence Bias: A Randomized Experiment," *Science* 341, no. 6146 (2013): 647–651.
6 Jan Lorenz et al., "How Social Influence Can Undermine the Wisdom of Crowd Effect," *Proceedings of the National Academy of Sciences* 108, no. 22 (2011): 9020–9025.
7 Daniel Kahneman, David Schkade, and Cass Sunstein, "Shared Outrage and Erratic Awards: The Psychology of Punitive Damages," *Journal of Risk and Uncertainty* 16 (1998): 49–86.
8 David Schkade, Cass R. Sunstein, and Daniel Kahneman, "Deliberating about Dollars: The Severity Shift," *Columbia Law Review* 100 (2000): 1139–1175.

**第3部**

1 パーセント一致率（PC）は、ケンダルのWと密接に関係づけられる。このWは、一致係数とも呼ばれる。

2 Kanwal Kamboj et al., "A Study on the Correlation Between Foot Length and Height of an Individual and to Derive Regression Formulae to Estimate the Height from Foot Length of an Individual," *International Journal of Research in Medical Sciences* 6, no. 2 (2018): 528.

3 PCは、2つの正規変量の同時分布であるとの前提で計算されている。表に示した数値は、この前提に基づく近似値である。表を作成してくれたジュリアン・パリスにこの場を借りてお礼申し上げる。

**第9章**

1 Martin C. Yu and Nathan R. Kuncel, "Pushing the Limits for Judgmental Consistency: Comparing Random Weighting Schemes with Expert Judgments," *Personnel Assessment and Decisions* 6, no. 2 (2020): 1–10. 専門家の予測の相関係数 0.15 は、全部で 847 件から成る 3 つのサンプルの重みをつけない平均である。ここに挙げたのは単純化した説明であり、実際の研究とは異なることをお断りしておく。

2 加重平均を算出するときには、すべての予測変数が比較可能な単位で計測されていることが条件になる。最初に掲げた例では、0~10 段階で採点することでこの条件が満たされている。しかしつねに条件が満たされるとは限らない。たとえば採用時の評価では経験年数も適性試験の結果も 0~10 の数字で表示されることがある。多重回帰プログラムではこうした予測変数を予めすべて標準得点に変換する。標準得点は、母集団の平均からの距離を計測するもので、標準偏差が基準単位となる。たとえば、適性試験の平均が 55 で、標準偏差が 8 だったら、標準得点 +1.5 は、適性試験の点数 67 に該当する。個別データを標準化することで、各自の判断の平均または分散におけるエラーの痕跡を排除できることが特徴である。

3 多重回帰の重要な特徴は、各予測変数の最適の重みが他の予測変数に左右されることにある。ある予測変数が他の予測変数と強い相関関係にある場合、その予測変数に等しい重みをつけるべきではない。それでは二重にカウントすることになるからだ。

4 Robin M. Hogarth and Natalia Karelaia, "Heuristic and Linear Models of Judgment: Matching Rules and Environments," *Psychological Review* 114, no. 3 (2007): 734.

5 このフレームワークは、こうした文脈では広く使われるもので、判断レンズモデルと言う。以下を参照されたい。Kenneth R. Hammond, "Probabilistic Functioning and the Clinical Method," *Psychological Review* 62, no. 4 (1955): 255–262; Natalia Karelaia and Robin M. Hogarth, "Determinants of Linear Judgment: A Meta-Analysis of Lens Model Studies," *Psychological Bulletin* 134, no. 3 (2008): 404–426.

6 Paul E Meehl, *Clinical Versus Statistical Prediction: A Theoretical Analysis and a Review of the Evidence* (Minneapolis: University of Minnesota Press, 1954).

7 "Paul E. Meehl, *Clinical Versus Statistical Prediction: A Theoretical Analysis and a Review of the Evidence* (Northvale, NJ: Aronson, 1996), preface.

8 "Paul E. Meehl," in Ed Lindzey (ed.), *A History of Psychology in Autobiography*, 1989.

9 "Paul E. Meehl," in *A History of Psychology in Autobiography*, ed. Ed Lindzey (Washington, DC: American Psychological Association, 1989), 362.

10 William M. Grove et al., "Clinical Versus Mechanical Prediction: A Meta-Analysis," *Psychological Assessment* 12, no. 1 (2000): 19–30.

11 William M. Grove and Paul E. Meehl, "Comparative Efficiency of Informal (Subjective, Impressionistic) and Formal (Mechanical, Algorithmic) Prediction Procedures: The Clinical-Statistical Controversy," *Psychology, Public Policy, and Law* 2, no. 2 (1996): 293–323.

12 Lewis Goldberg, "Man Versus Model of Man: A Rationale, plus Some Evidence, for a Method of Improving on Clinical Inferences," *Psychological Bulletin* 73, no. 6 (1970): 422–432.

13 Milton Friedman and Leonard J. Savage, "The Utility Analysis of Choices Involving Risk," *Journal of Political Economy* 56, no. 4 (1948): 279–304.

14 Karelaia and Hogarth, "Determinants of Linear Judgment," 411, table 1.

15 Nancy Wiggins and Eileen S. Kohen, "Man Versus Model of Man Revisited: The Forecasting of Graduate School Success," *Journal of Personality and Social Psychology* 19, no. 1 (1971): 100–106.

16 Karelaia and Hogarth, "Determinants of Linear Judgment."

17 予測変数の不完全な信頼性についての相関係数の補正は、減衰補正と呼ばれる。これを求める式は、補正 $r_{xy} = r_{xy}/\sqrt{r_{xx}}$ で、式中の $r_{xx}$ は、信頼係数（予測変数の分散における真の分散の比率）である .

18 Yu and Kuncel, "Judgmental Consistency."

19 均等加重平均と無作為加重平均については次章でくわしく述べる。重みは小さい数字であること、正しい意味を表すことが必要である。

## 第10章

1 Robyn M. Dawes and Bernard Corrigan, "Linear Models in Decision Making," *Psychological Bulletin* 81, no. 2 (1974): 95–106. ドーズとコリガンは、均等加重も提案している。第9章で取り上げた実績予測に関する研究は、このアイデアの応用例である。

2 Jason Dana, "What Makes Improper Linear Models Tick?," in *Rationality and Social Responsibility: Essays in Honor of Robyn M. Dawes*, ed. Joachim I. Krueger, 71–89 (New York: Psychology Press, 2008), 73.

3 Jason Dana and Robyn M. Dawes, "The Superiority of Simple Alternatives to Regression for Social Sciences Prediction," *Journal of Educational and Behavior Statistics* 29 (2004): 317–331; Dana, "What Makes Improper Linear Models Tick?"

4 Howard Wainer, "Estimating Coefficients in Linear Models: It Don't Make No Nevermind," *Psychological Bulletin* 83, no. 2 (1976): 213–217.

5 Dana, "What Makes Improper Linear Models Tick?," 72.

6 Martin C. Yu and Nathan R. Kuncel, "Pushing the Limits for Judgmental Consistency: Comparing Random Weighting Schemes with Expert Judgments," *Personnel Assessment and Decisions* 6, no. 2 (2020): 1–10. 前章同様、報告された相関性は3つのサンプルの重みを付けない平均である。比較は次の3つのサンプルについて行われた。プロフェッショナルの判断の相関係数は 0.17、0.16、0.13、均等加重モデルは 0.19、0.33、0.22 である。

7 Robyn M. Dawes, "The Robust Beauty of Improper Linear Models in Decision Making," *American Psychologist* 34, no. 7 (1979): 571–582.

8 Dawes and Corrigan, "Linear Models in Decision Making," 105.

9 Jongbin Jung, Conner Concannon, Ravi Shroff, Sharad Goel, and Daniel G. Goldstein, "Simple Rules to Guide Expert Classifications," *Journal of the Royal Statistical Society, Statistics in Society*, no. 183 (2020): 771–800.

10 Julia Dressel and Hany Farid, "The Accuracy, Fairness, and Limits of Predicting Recidivism," *Science Advances* 4, no. 1 (2018): 1–6.

11 これら2つの例は、きわめて少ない変数セットに基づく線形モデルである(保釈モデルの場合には、モデルをかんたんな計算式に変換する丸め方式で得た重みの近似値に基づいている)。「不適切なモデル」の別のタイプは、単変数ルールである。こちらはたった1つの変数だけを考慮し、他はすべて無視する。以下を参照されたい。Peter M. Todd and Gerd Gigerenzer, "Précis of Simple Heuristics That Make Us Smart," *Behavioral and Brain Sciences* 23, no. 5 (2000): 727–741.

12 P. Gendreau, T. Little, and C. Goggin, "A Meta-Analysis of the Predictors of Adult Offender Recidivism: What Works!," *Criminology* 34 (1996).

13 データセットのサイズは、データ数と予測変数との比で考える。ドーズの「頑健で美しい」という言葉は、最適加重モデルが考査検証で均等加重モデルを上回る前の段階で、この比が最低でも 15~20:1 であることを意味する。Dana and Dawes, "Superiority of Simple Alternatives" ではもっと多くのケースを扱っており、望ましい比を 100:1 以上としている。

14 J. Kleinberg, H. Lakkaraju, J. Leskovec, J. Ludwig, and S. Mullainathan, "Human Decisions and Machine Predictions," *Quarterly Journal of Economics* 133 (2018): 237–293.

15 アルゴリズムは、トレーニングデータのサブセットで訓練され、その後に別の無作為抽出されたサブセットで予測能力を評価される。

16 Kleinberg et al., "Human Decisions," 16.

17 Gregory Stoddard, Jens Ludwig, and Sendhil Mullainathan, e-mail exchanges with the authors, June–July 2020.

18 B. Cowgill, "Bias and Productivity in Humans and Algorithms: Theory and Evidence from Résumé Screening," paper presented at Smith Entrepreneurship Research Conference, College Park, MD, April 21, 2018.

19 William M. Grove and Paul E. Meehl, "Comparative Efficiency of Informal (Subjective, Impressionistic) and Formal (Mechanical, Algorithmic) Prediction Procedures: The Clinical-Statistical Controversy," *Psychology, Public Policy, and Law* 2, no. 2 (1996): 293–323.

20 Jennifer M. Logg, Julia A. Minson, and Don A. Moore, "Algorithm Appreciation: People Prefer Algorithmic to Human Judgment," *Organizational Behavior and Human Decision Processes* 151 (April 2018): 90–103.

21 B. J. Dietvorst, J. P. Simmons, and C. Massey, "Algorithm Aversion: People Erroneously Avoid Algorithms After Seeing Them Err," *Journal of Experimental Psychology General* 144 (2015): 114–126. 以下も参照されたい。A. Prahl and L. Van Swol, "Understanding Algorithm Aversion: When Is Advice from Automation Discounted?," *Journal of Forecasting* 36(2017): 691–702.

22 M. T. Dzindolet, L. G. Pierce, H. P. Beck, and L. A. Dawe, "The Perceived Utility of Human and Automated Aids in a Visual Detection Task," *Human Factors: The Journal of the Human Factors and Ergonomics Society* 44, no. 1 (2002): 79–94; K. A. Hoff and M. Bashir, "Trust in Automation: Integrating Empirical Evidence on Factors That Influence Trust," *Human Factors: The Journal of the Human Factors and Ergonomics Society* 57, no. 3 (2015): 407–434; and P. Madhavan and D. A. Wiegmann, "Similarities and Differences Between Human–Human and Human–Automation Trust: An Integrative Review," *Theoretical Issues in Ergonomics Science* 8, no. 4 (2007): 277–301.

## 第11章

1 E. Dane and M. G. Pratt, "Exploring Intuition and Its Role in Managerial Decision Making," *Academy of Management Review* 32, no. 1 (2007): 33–54; Cinla Akinci and Eugene Sadler-Smith, "Intuition in Management Research: A Historical Review," *International Journal of Management Reviews* 14 (2012): 104–122; and Gerard P. Hodgkinson et al., "Intuition in Organizations: Implications for Strategic Management," *Long Range Planning* 42 (2009): 277–297.

2 Hodgkinson et al., "Intuition in Organizations," 279.

3 Nathan Kuncel et al., "Mechanical Versus Clinical Data Combination in Selection and Admissions Decisions: A Meta-Analysis," *Journal of Applied Psychology* 98, no. 6 (2013): 1060–1072. 個人の意思決定についてのさらなる論議は24章を参照されたい。

4 Don A. Moore, *Perfectly Confident: How to Calibrate Your Decisions Wisely*

(New York: HarperCollins, 2020).
5 Philip E. Tetlock, *Expert Political Judgment: How Good Is It? How Can We Know?* (Princeton, NJ: Princeton University Press, 2005), 239 and 233.
6 William M. Grove et al., "Clinical Versus Mechanical Prediction: A Meta-Analysis," *Psychological Assessment* 12, no. 1 (2000): 19–30.
7 Sendhil Mullainathan and Ziad Obermeyer, "Who Is Tested for Heart Attack and Who Should Be: Predicting Patient Risk and Physician Error," 2019. NBER Working Paper 26168, National Bureau of Economic Research.
8 Weston Agor, "The Logic of Intuition: How Top Executives Make Important Decisions," *Organizational Dynamics* 14, no. 3 (1986): 5–18; Lisa A. Burke and Monica K. Miller, "Taking the Mystery Out of Intuitive Decision Making," *Academy of Management Perspectives* 13, no. 4 (1999): 91–99.
9 Poornima Madhavan and Douglas A. Wiegmann, "Effects of Information Source, Pedigree, and Reliability on Operator Interaction with Decision Support Systems," *Human Factors: The Journal of the Human Factors and Ergonomics Society* 49, no. 5 (2007).

## 第12章

1 Matthew J. Salganik et al., "Measuring the Predictability of Life Outcomes with a Scientific Mass Collaboration," *Proceedings of the National Academy of Sciences* 117, no. 15 (2020): 8398–8403.
2 サンプル全数は4242世帯である。一部の世帯はプライバシー上の理由で分析から除外された。
3 コンペティションの主催者は、精度の評価に平均二乗誤差（MSE）を使用した。比較を容易にするために、各モデルのMSEを「役立たず」の予測（どのケースもトレーニング用データセットの平均と同じになるような予測）を基準に評価している。わかりやすくするために、私たちはこの評価結果を相関係数で表した。MSEと相関係数の関係性は次の式で表すことができる。$r^2$ = (Var〔Y〕− MSE)/Var (Y)。式中のVar(Y)は結果変数の分散、(Var〔Y〕− MSE)は予測された結果の分散を表す。
4 F. D. Richard et al., "One Hundred Years of Social Psychology Quantitatively Described," *Review of General Psychology* 7, no. 4 (2003): 331–363.
5 Gilles E. Gignac and Eva T. Szodorai, "Effect Size Guidelines for Individual Differences Researchers," *Personality and Individual Differences* 102 (2016): 74–78.
6 但し書きを１つ付け加えておかねばならない。このコンペティションは既存の記述データセットを使用している。データ数はきわめて大きいが、特定の結果を予測するために用意されたものではない。この点は、テトロッ

クの調査対象だった専門家たちとは重要なちがいである。テトロックの調査では、専門家は必要と考えた情報を自由に使うことができた。つまり、データベースには入っていないが自分で収集した情報を使って立ち退きの予測変数を見つけることが可能だった。したがってこのコンペティションは、立ち退きその他の結果が本質的に予測不能であることを証明したとは言えない。証明したのは、社会科学者が利用するこのデータセットに基づいた場合の予測不能性である。

7 Jake M. Hofman et al., “Prediction and Explanation in Social Systems,” *Science* 355 (2017): 486–488; Duncan J. Watts et al., “Explanation, Prediction, and Causality: Three Sides of the Same Coin?,” October 2018, 1–14, 以下で閲覧できる：Center for Open Science, https://osf.io/bgwjc.

8 これと深く関係する分類に外延的思考と内包的思考がある。以下を参照されたい。Amos Tversky and Daniel Kahneman, “Extensional Versus Intuitive Reasoning: The Conjunction Fallacy in Probability Judgment,” *Psychological Review* 4 (1983): 293–315.

9 Daniel Kahneman and Dale T. Miller, “Norm Theory: Comparing Reality to Its Alternatives,” *Psychological Review* 93, no. 2 (1986): 136–153.

10 Baruch Fischhoff, “An Early History of Hindsight Research,” *Social Cognition* 25, no. 1 (2007): 10–13, doi:10.1521/soco.2007.25.1.10; Baruch Fischhoff, “Hindsight Is Not Equal to Foresight: The Effect of Outcome Knowledge on Judgment Under Uncertainty,” *Journal of Experimental Psychology: Human Perception and Performance* 1, no. 3 (1975): 288.

11 Daniel Kahneman, *Thinking, Fast and Slow*. New York: Farrar, Straus and Giroux, 2011.（ダニエル・カーネマン『ファスト＆スロー――あなたの意思はどのように決まるか？』村井章子訳、ハヤカワ NF 文庫、2014 年）

## 第 13 章

1 Daniel Kahneman, *Thinking, Fast and Slow* (New York: Farrar, Straus and Giroux, 2011).（カーネマン『ファスト＆スロー』）

2 但し書きを１つ付け加えておかねばならない。判断バイアスを研究している心理学者なら、各グループが５人構成であることに満足しないはずだ。それは次のもっともな理由からである。判断にはノイズが多いのだから、各グループの着弾が図 12 の示すようにクラスターを形成することはまずない。バイアスのかかる度合いによって結果はばらつくと同時に、すべての変数を完全に無視することもない。たとえば、実験参加者の数が非常に大きければ、スコープ無反応性が不完全であることがわかるはずだ。ガンバルディの離職に割り当てられる平均確率は、２年より３年のほうがわずかに高い。それでも、これは本来あるべき差のごく一部にすぎないため、ス

コープ無反応性の記述は適切である。

3　Daniel Kahneman et al., eds., *Judgment Under Uncertainty: Heuristics and Biases* (New York: Cambridge University Press, 1982), chap. 6; Daniel Kahneman and Amos Tversky, "On the Psychology of Prediction," *Psychological Review* 80, no. 4 (1973): 237–251.

4　たとえば以下を参照されたい。Steven N. Kaplan and Bernadette A. Minton, "How Has CEO Turnover Changed?," *International Review of Finance* 12, no. 1 (2012): 57–87. 以下も参照されたい。Dirk Jenter and Katharina Lewellen, "Performance-Induced CEO Turnover," Harvard Law School Forum on Corporate Governance, September 2, 2020, https://corpgov.law.harvard.edu/2020/09/02/performance-induced-ceo-turnover.

5　W. Rinzler, *The Making of Star Wars: Return of the Jedi: The Definitive Story* (New York: Del Rey, 2013), 64.

6　Cass Sunstein, *The World According to Star Wars* (New York: HarperCollins, 2016).（キャス・R・サンスティーン『スター・ウォーズによると世界は』山形浩生訳、早川書房、2017年）

7　ここでは判断プロセスの開始時点で予断が存在していた単純なケースを取り上げている。しかし実際には、そのような予断が存在しなかった場合でも、証拠が積み上がるにつれて特定の結論に突き進むバイアスが作用することがある。これは、単純化や一貫性を求める傾向に起因する。仮の結論が浮上してくると、確証バイアスがそれを裏付ける新しい証拠を探したり、それに有利な解釈をしたりする。

8　これを信念バイアス（belief bias）と呼ぶ。以下を参照されたい。J. St. B. T. Evans, Julie L. Barson, and Paul Pollard, "On the Conflict between Logic and Belief in Syllogistic Reasoning," *Memory & Cognition* 11, no. 3 (1983): 295–306.

9　Dan Ariely, George Loewenstein, and Drazen Prelec, "'Coherent Arbitrariness': Stable Demand Curves Without Stable Preferences," *Quarterly Journal of Economics* 118, no. 1 (2003): 73–106.

10　Adam D. Galinsky and T. Mussweiler, "First Offers as Anchors: The Role of Perspective-Taking and Negotiator Focus," *Journal of Personality and Social Psychology* 81, no. 4 (2001): 657–669.

11　形容詞の順序を変える実験を最初に発表したのは以下の論文である。Solomon E. Asch, "Forming Impressions of Personality," *Journal of Abnormal and Social Psychology* 41, no. 3 (1946): 258–290.

12　Steven K. Dallas et al., "Don't Count Calorie Labeling Out: Calorie Counts on the Left Side of Menu Items Lead to Lower Calorie Food Choices," *Journal of Consumer Psychology* 29, no. 1 (2019): 60–69.

第14章

1 S. S. Stevens, "On the Operation Known as Judgment," *American Scientist* 54, no. 4 (December 1966): 385–401. レベル合わせという言葉の私たちの使い方は、スティーブンスより範囲が広い。スティーブンスは比率に限定している。これについては、第15章で扱う。
2 この例は、以下で最初に取り上げられた。Daniel Kahneman, *Thinking, Fast and Slow* (New York: Farrar, Straus and Giroux, 2011).（カーネマン『ファスト&スロー』）
3 Daniel Kahneman and Amos Tversky, "On the Psychology of Prediction," *Psychological Review* 80 (1973): 237–251.
4 G. A. Miller, "The Magical Number Seven, Plus or Minus Two: Some Limits on Our Capacity for Processing Information," *Psychological Review* (1956): 63–97.
5 R. D. Goffin and J. M. Olson, "Is It All Relative? Comparative Judgments and the Possible Improvement of Self-Ratings and Ratings of Others," *Perspectives on Psychological Science* 6 (2011): 48–60.

第15章

1 Daniel Kahneman, David Schkade, and Cass Sunstein, "Shared Outrage and Erratic Awards: The Psychology of Punitive Damages," *Journal of Risk and Uncertainty* 16 (1998): 49–86, https://link.springer.com/article/10.1023/A:1007710408413; and Cass Sunstein, Daniel Kahneman, and David Schkade, "Assessing Punitive Damages (with Notes on Cognition and Valuation in Law)," *Yale Law Journal* 107, no. 7 (May 1998): 2071–2153. 研究費は単発契約によりエクソンが負担した。ただし費用は研究者に支払われたわけではない。またデータへの干渉はいっさいなく、学術専門誌への発表前には結果も知らせていない。
2 A. Keane and P. McKeown, *The Modern Law of Evidence* (New York: Oxford University Press, 2014).
3 Andrew Mauboussin and Michael J. Mauboussin, "If You Say Something Is 'Likely,' How Likely Do People Think It Is?," *Harvard Business Review*, July 3, 2018.
4 *BMW v. Gore*, 517 U.S. 559 (1996), https://supreme.justia.com/cases/federal/us/517/559.
5 道徳的判断における感情の役割については、以下を参照されたい。J. Haidt, "The Emotional Dog and Its Rational Tail: A Social Intuitionist Approach to Moral Judgment," *Psychological Review* 108, no. 4 (2001): 814–834; Joshua

Greene, *Moral Tribes: Emotion, Reason, and the Gap Between Us and Them* (New York: Penguin Press, 2014).（ジョシュア・グリーン『モラル・トライブズ――共存の道徳哲学へ』竹田円訳、岩波書店、2015 年）

6　これほどノイズが多いのに、怒りと懲罰の意志の間に高い相関性（相関係数 0.98）が存在し、怒りの置き換え仮説を裏付けているのはふしぎだと読者は感じたかもしれない。だが、相関係数は判断の平均から計算されることを思い出せば、疑問は氷解するだろう。100 の判断の平均をとれば、ノイズ（＝判断の標準偏差）は 10 分の 1 に減る。多くの判断を統合すればノイズは影響因子ではなくなる。くわしくは 21 章を参照されたい。

7　S. S. Stevens, *Psychophysics: Introduction to Its Perceptual, Neural and Social Prospects* (New York: John Wiley & Sons, 1975).

8　Dan Ariely, George Loewenstein, and Drazen Prelec, " 'Coherent Arbitrariness': Stable Demand Curves Without Stable Preferences," *Quarterly Journal of Economics* 118, no. 1 (2003): 73–106.

9　ランキングへの変換は、判断間の距離が保存されないため、情報の喪失を伴う。事案が 3 つだけあるときに、1 人の陪審員が 1000 万ドル、200 万ドル、100 万ドルの懲罰的賠償金を提示したとしよう。あきらかにこの陪審員は、最初の 2 つの事案の懲罰にあとの 2 つより大きな差を設けるつもりだった。しかしこれをランキングに変換すると、それぞれの差は順位だけになり、均等になってしまう。この問題は、判断を標準得点に変換すれば解決できる。

NOISE《ノイズ》〔上〕
組織はなぜ判断を誤るのか？

2021年12月10日　初版印刷
2021年12月15日　初版発行

＊

著　者　ダニエル・カーネマン
　　　　オリヴィエ・シボニー
　　　　キャス・R・サンスティーン
訳　者　村《むら》井《い》章《あき》子《こ》
発行者　早 川　浩

＊

印刷所　中央精版印刷株式会社
製本所　中央精版印刷株式会社

＊

発行所　株式会社　早川書房
東京都千代田区神田多町2−2
電話　03-3252-3111
振替　00160-3-47799
https://www.hayakawa-online.co.jp
定価はカバーに表示してあります
ISBN978-4-15-210067-2　C0011
Printed and bound in Japan
乱丁・落丁本は小社制作部宛お送り下さい。
送料小社負担にてお取りかえいたします。

# ファスト&スロー（上・下）

——あなたの意思はどのように決まるか？

Thinking, Fast and Slow

ダニエル・カーネマン

村井章子 訳

友野典男 解説

ハヤカワ文庫NF

**心理学者にしてノーベル経済学賞に輝くカーネマンの代表的著作！**

直感的、感情的な「速い思考」と意識的、論理的な「遅い思考」の比喩を使いながら、人間の「意思決定」の仕組みを解き明かす。私たちの意思はどれほど「認知的錯覚」の影響を受けるのか？　あなたの人間観、世界観を一変させる傑作ノンフィクション。

ハヤカワ・ノンフィクション

# 実力も運のうち
# 能力主義は正義か？

THE TYRANNY OF MERIT

マイケル・サンデル

鬼澤 忍訳

46判上製

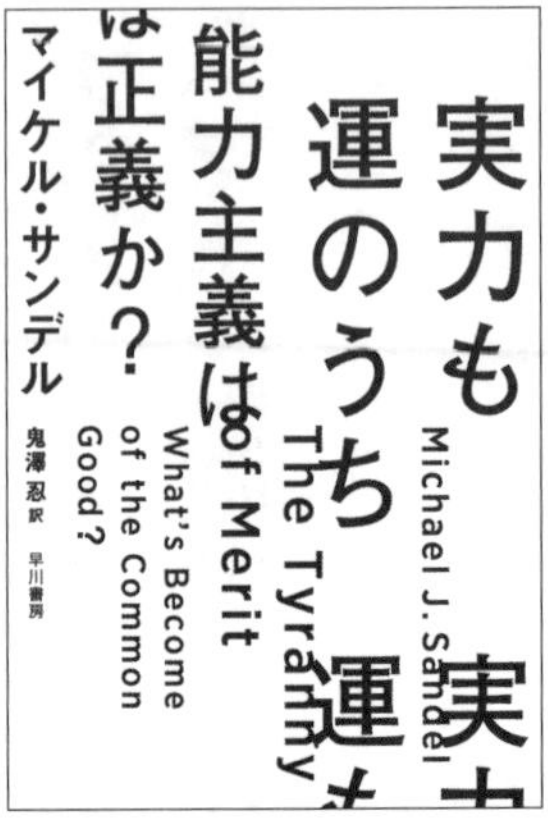


**サンデル教授の新たなる主著！**

出自に関係なく、人は自らの努力と才能で成功できる——こうした能力主義《メリトクラシー》の夢は残酷な自己責任論と表裏一体であり、勝者と敗者の間に未曾有の分断をもたらしている。この難題に解決策はあるのか？　ハーバード大の超人気教授の新たなる主著。解説／本田由紀